中文社会科学引文索引（CSSCI）收录
国家哲学社会科学文献中心收录
中国知网（CNKI）收录
"北大法宝"数据库收录

西北政法大学高等教育研究所｜主办

法学教育研究

2023年（第42卷）

范九利 主编

法律出版社
LAW PRESS·CHINA
北京

法学教育研究 （第四十二卷）

Contents

理 论 探 讨

论中国法学新兴学科的生成与发展

——以法社会学为分析视角

刘　毅*

摘　要：社会发展推动学科建设，当代中国法学新兴学科可以分为第一代新兴学科和第二代新兴学科，分别对应着工业社会和后工业社会。第一代法学新兴学科包括经济法学、社会法学、环境资源法学和知识产权法学，第二代法学新兴学科包括科技法学、网络信息法学、金融法学、财税法学、教育法学、卫生法学、文化娱乐法学等，它们不同于传统的部门法学，而是体现出行业法、产业法、领域法和应用法学的属性，同时也具有学科交叉的特点。

关键词：学科建设　法学学科　新兴学科　法社会学

一、序言

当代中国的法学学科体系建设，存在学科结构不合理、学科体系不完善、新兴学科开设不足、学科

---

* 刘毅，北京理工大学法学院副教授，法学博士。研究方向：比较法、法律史、法理学。

交叉融合不够等问题,面临升级转型传统学科、发展新兴学科和支持交叉学科等多方面的任务。新兴学科的出现是社会科学发展规律的体现,社会发展和法律实践中产生的新问题和新需求,需要新的研究思路和范式,发展新兴学科是构建中国特色法学体系的重要任务。[①]

所谓法学新兴学科,首先区别于法学理论、法律史、民法、刑法、宪法等传统法学学科,后者构成了法学学科的"四梁八柱",既是法学的基础和骨架,也是法学新兴学科和交叉学科得以产生和发展的土壤与环境。其次区别于法学与经济学、政治学、社会学、统计学、教育学、心理学等其他社会科学交叉融合而产生的交叉学科。[②] 交叉学科体现的是两个或以上学科的特征和属性,而法学新兴学科则仍然属于法学的学科和知识范畴,是传统法学学科之外的延伸与突破,是社会发展特别是工业化、现代化、信息化时代的产物。

正如著名法社会学家欧根·埃利希(Eugen Ehrlich)所言:"在当代以及任何其他的时代,法的发展的重心既不在于立法,也不在于法学或司法判决,而在于社会本身。"[③]根据马克思主义唯物史观,法律和法学作为上层建筑,其演进和发展在很大程度上可以说是社会演进与发展的结果与产物。[④] 传统的刑法、民法、诉讼法等学科是如此,[⑤]新兴的法学

---

① 参见张文显:《关于构建中国特色法学体系的几个问题》,载《中国大学教学》2017 年第 5 期。

② 马怀德教授认为,还应当打通法学学科内各二级学科之间的学科壁垒,重点促进公私法融合,在民刑交叉、行刑交叉、民行交叉上做文章,提高各学科之间的融合度。参见马怀德:《构建中国特色法学学科体系》,载《中国高校社会科学》2017 年第 4 期。

③ [奥]欧根·埃利希:《法社会学原理》,舒国滢译,中国大百科全书出版社 2009 年版,"作者序"。

④ 参见[德]卡尔·马克思:《〈政治经济学批判〉序言》,载中共中央马克思恩格斯列宁斯大林著作编译局编:《马克思恩格斯选集》(第 2 卷),人民出版社 1972 年版。

⑤ 就世界各大法律文明演进的一般规律来说,法律的最初样态总是以刑法为主,辅之以一定程度的民法,正如英国法律史学家梅因所总结的:"所有已知的古代法都有一个共同的特点使它们和成熟的法律学制度显然不同,最显著的差别在于刑法和民法所占的比重。……我以为可以这样说,法典愈古老,它的刑事立法就愈详细、完备。"(参见[英]亨利·萨姆奈·梅因:《古代法》,沈景一译,商务印书馆 1997 年版,第 207 页)在中国法制史上,"夏有乱政,而作禹刑;商有乱政,而作汤刑"(《左传·昭公六年》),这里所说的"刑"即刑法无疑(参见梁治平:《"法"辨》,载《中国社会科学》1986 年第 4 期)。罗马法在发展初期就区分了"公法"与"私法",所谓"公法",便是今日宪法与行政法的前身;而包含了人法、物法和诉讼法的罗马私法则演化为现代民法和民事诉讼法。在欧洲法典化时代,法国皇帝拿破仑·波拿巴于 19 世纪初年主持制定的民法、民事诉讼法、刑法、刑事诉讼法、宪法、商法诸法典,进一步促进了传统法学学科的形成。

学科更是如此。

回顾我国40余年改革开放的历史进程,已经基本实现了工业化、城市化的现代化发展目标,正在向数字化、信息化的更高阶段迈进,中国社会呈现出工业化与后工业化、现代化与后现代迭加共存的复杂局面。法学学科的发展与当代中国的社会现实紧密关联,也呈现出迭代发展的态势和特点,在工业化、现代化催生出的第一代法学新兴学科方兴未艾之时,又涌现出了与后工业化、后现代相对应的第二代法学新兴学科。具体来说,第一代法学新兴学科包括经济法学、社会法学、知识产权法学与环境资源法学等;第二代法学新兴学科则包括科技法学、网络信息法学、计算法学、金融法学、财税法学、教育法学、卫生法学、文化娱乐法学、体育法学、传媒法学等。

从法社会学的外部视角来考察,无论是第一代还是第二代法学新兴学科,其产生和发展均与人类社会的演化进程息息相关,是对社会发展和法律实践中产生的新问题和新需求的解答和回应。从法学研究和法学教育的内部视角来分析,法学新兴学科在新的社会形态和社会发展阶段下产生的新思路和新范式,也是马克思主义经典理论"社会存在决定社会意识"在法学学科发展问题上的实践例证。本文从法社会学视角对中国法学新兴学科的生成与发展进行考察与分析,旨在发现和总结其中蕴含的社会科学发展规律,为创新建设中国特色法学体系提供些许思路和建议。

二、第一代法学新兴学科的产生背景与学科特点

综上所述,法学新兴学科中还可以进一步划分为第一代法学新兴学科和第二代法学新兴学科,第一代法学新兴学科主要包括经济法、社会法、知识产权法和环境资源法,这些学科虽然在当下看来似乎"由来已久",并不新鲜,但是与已有数千年历史的刑法、民法、诉讼法等传统法学学科相比较,当然属于新生事物,且方兴未艾、正值壮年。从法社会学的

角度考察之,这些第一代法学新兴学科有着共同的时代背景,即它们都是现代化、现代性或现代社会的产物,具有鲜明的现代性烙印,更准确地说,这些学科是为了弥补和纠正现代性问题而出现的,因此也可以被称为“现代法学学科”。

它们都与传统法学学科有着千丝万缕的联系,有的是传统法学学科派生而来的,有的是传统法学学科交叉而生的,有的则是与传统法学学科相生相克的。以我国的经济法学科为例,改革开放 40 余年以来经历了从“懵懂到自觉”的过程,尤其是在调整范围和学科特色方面,曾经与传统的民法学科有着长期的“瑜亮之争”,甚至形成此消彼长的竞争态势。⑥ 但是随着社会主义市场经济体制改革的深化发展,“经济法与政府积极有为的市场经济天然契合,维护公平竞争、平衡协调国民经济,经济法在社会主义市场经济的追求中得天独厚,对经济、社会的规范和推动作用愈加突出”⑦。简言之,我国的经济法学科同改革开放一样经历了一个“摸着石头过河”的过程,实现了从“舶来品”到“本土化”,从经济法与民商法纠缠不清、相互排斥,到逐步探索出自身的学科特色和发展方向并实现学科独立自主的过程。如今,经济法学科依然是国务院学位委员会认定的法学二级学科之一,经济法课程已然是教育部确定的法学专业核心课程之一。不仅如此,随着中国特色社会主义法律体系的形成,经济法学科的研究领域也在不断拓展,知识体系也趋于科学合理,未来仍有非常宽广的发展空间。⑧

---

⑥ 经济法学家史际春回顾指出:“1986 年《中华人民共和国民法通则》颁布,导致经济法忽然陷入低谷。原因是随着改革开放,市场的作用与日俱增,民法作为传统学科在法学院系很快恢复其强势地位,而经济法‘浅薄幼稚’、众说纷纭,在有关经济法与民法和其他法律部门关系的争议中,否定经济法的观点占了上风。一时间,若干年内,经济法教学受到削弱,甚至被取消,曾经的经济法学者或主动或被动地被边缘化,去研究‘商法’或者将经济法的内容置换为商法。”参见史际春:《改革开放 40 年:从懵懂到自觉的中国经济法》,载《东方法学》2018 年第 6 期。

⑦ 史际春:《改革开放 40 年:从懵懂到自觉的中国经济法》,载《东方法学》2018 年第 6 期。

⑧ 目前经济法的内容体系主要包括规划和产业法、财税法、金融法、竞争法、产品质量与消费者法、对外经贸合作法等大类。参见史际春:《改革开放 40 年:从懵懂到自觉的中国经济法》,载《东方法学》2018 年第 6 期。

我国的社会法学科则经历了一个破茧而出、化蛹成蝶,逐步迈向独立学科的艰辛历程。虽然早在2001年第九届全国人大常委会就已经将社会法确定为构成中国特色社会主义法律体系的七个法律部门之一,⑨但是在法学教育实践中,2007年教育部高校法学学科教学指导委员会决定新增"劳动与社会保障法"(而不是"社会法")为16门核心课程之一;⑩2011年教育部颁布的《学位授予和人才培养学科目录》中,首先并没有单设社会法作为法学二级学科,其次作为社会法之核心组成部分的劳动法学和社会保障法学仍被归入民商法学的领域。⑪ 由此可见,社会法学作为第一代新兴法学学科,虽已完成形式上的"正名"工作,即从官方到学术界都已认可社会法是当代中国法学体系中的重要组成部分,并建立起全国性的学术研究团体,⑫但是仍然需要从传统的公法和私法体系中走出来,建构起自身独特且独立的学术研究领域和学术话语体系。⑬

环境资源法作为法学新兴学科,相较于经济法与社会法的发展较为顺遂,可能与改革开放初期我国就借鉴西方法治国家的成熟经验有关,加上我国环境问题伴随经济发展而遽然显现,因此依法治理环境与资源问题的紧迫性也就不言而喻,被迅速提上了国家大政方针的议事日程,

---

⑨ 这七个法律部门分别为宪法及宪法相关法、民法商法、行政法、经济法、社会法、刑法、诉讼与非诉讼程序法,后来又增加了环境资源法与军事法,形成了九个法律部门组成的中国特色社会主义法律体系。

⑩ 2018年教育部发布的《法学类专业教学质量国家标准》规定了法学专业核心课程采取"10+X"分类设置模式,其中"10"是指法学专业学生必须完成的10门专业必修课,包括法理学、宪法学、中国法律史、刑法、民法、刑事诉讼法、民事诉讼法、行政法与行政诉讼法、国际法和法律职业伦理。"X"指各院校根据办学特色开设的其他专业必修课,包括经济法、知识产权法、商法、国际私法、国际经济法、环境资源法、劳动与社会保障法、证据法和财税法,"X"选择设置门数原则上不低于五门。

⑪ 按照国家2011年颁布的《学位授予和人才培养学科目录》,在法学门类之下有法学一级学科,在法学一级学科之下有10个二级学科,其中第5个为民商法学,即030105民商法学(含劳动法学、社会保障法学)。

⑫ 中国社会法学研究会作为国家级的社会法学专业学术团体,经中国法学会批准在民政部登记于2012年7月28日成立,是具有独立法人资格的全国性法学社会团体。

⑬ 2018年,中国人民大学法学院林嘉教授申报的国家社科基金重大项目"我国社会法的概念、原则、理论与实践"获得立项(项目编号:18ZDA140),标志着我国社会法学的基础理论研究向更高层次推进。

环境法学也就当仁不让地成了重要的新兴法学学科。环境法学者在回顾学科发展史时也总结指出:"中国环境法学在法学学科回复构建初期就作为独立的法学学科存在,而与传统法学呈分立性、独立性状态,其时代任务被预先塑造——为不断成长的国家环境立法和环境行政需要服务。"⑭

一般认为,"知识产权属于民事财产权利,知识产权法属于财产法,是现代民法制度的重要组成部分"。⑮ 的确,知识产权法虽然属于民法的分支,却是一个另类的分支,因为就知识产权的属性来说,一方面,知识产权为私权,因此知识产权的产生、行使和保护,适用民法的基本原则和基本规则,离开了民事权利体系,知识产权就会成为无源之水、无本之木,无法找到其相应的归属;另一方面,知识产权又属于无形财产权,包括创造性成果权、经营性标记权和经营性资信权。⑯ 这些因现代科学技术和工商业发达而带来的新生事物和现象,远远超出了传统民法的视域,需要知识产权法这门全新的也是现代的新兴学科来开创一个开放的、动态的、不断创新的制度体系。

第一代法学新兴学科还有一个共同的特性,即它们一方面既非纯粹的公法,亦非纯粹的私法;另一方面也可以说兼具公法与私法的属性,因此很多学者将其称为传统的公法/私法之外的"第三法域"。以社会法为例,曾有学者指出,社会法的法律性质介于公法与私法之间,其目的在于从社会整体利益出发保护劳动者,维护社会安定,保障市场健康发展。⑰ 或者说,社会法的特殊性在于其是以社会公共利益的维护作为其基本的价值追求,是在传统公私法之间衍生出的新领域。⑱ 还有学者认为,社会法的基本特征是以社会整体利益为本位,把公法和私法的调整

---

⑭ 汪劲:《环境法学的中国现象:由来与前程——源自环境法和法学学科发展史的考察》,载《清华法学》2018 年第 5 期。

⑮ 刘春田主编:《知识产权法》(第 5 版),高等教育出版社 2015 年版,第 3 页。

⑯ 吴汉东主编:《知识产权法》(第 5 版),法律出版社 2014 年版,第 11 页。

⑰ 王家福:《社会主义市场经济法律制度建设问题》,载肖扬主编:《社会主义市场经济法制建设讲座》,中国方正出版社 1995 年版。

⑱ 种明钊主编:《社会保障法律制度研究》,法律出版社 2000 年版,第 19 ~21 页。

方法结合起来,强调社会整体利益的福利性平衡。[19] 经济法学者同样指出:“经济法既不同于注重保护私人利益的传统私法,也不同于强调保护国家利益的传统公法,它更追求的是一种从资源配置到财富分配,从调整手段到调整目标的和谐或称协调,这种追求是经济法的一种基本理念,是经济法不同于传统部门法的一种基本精神。”[20]环境法学者则提出了更为现代的理念,即认为现代法律体系至少由两类规则构成:“一类是人与人关系的规则体系——包括传统的公法、私法,另一类是人与自然的生命共同体规则——环境法。”[21]并且进一步以自然资源配置为例,阐释了民法、经济法与环境法的关系:“比如,有关自然资源配置的法律规范体系最重要的有三个——民法、经济法、环境法,民法更多体现市场规律,关照个体利益,追求效率;经济法更多体现社会规律,关照社会利益,追求公平;环境法更多体现生态规律,关照人类利益,追求安全。”[22]

就以社会整体利益为本位而言,可以把经济法、社会法、环境资源法和知识产权法集合在一起,可以说,社会整体利益是这些第一代新兴法学学科的共同出发点,这也是它们区别于传统法学学科的重要特征和属性。

第一代新兴法学学科虽然已经各自取得独立学科的地位,但是还有很多方面需要完善。一方面,伴随我国法治建设的不断推进,经过40余年的奠基与发展,第一代新兴法学学科均已建构起自己的学科基础与知识体系,无论在立法司法、法学教育还是法学研究中,都确立了堪与传统法学学科相提并论的地位与角色。如前所述,在业已形成的中国特色社会主义法律体系中,经济法、社会法和环境资源法列入其中;在教育部确定的法学专业课程“10 + X”中,经济法、知识产权法、环境资源法、劳动与社会保障法,都在备选也是必选的“X课程”之中。在近年的立法成

---

⑲ 孙笑侠:《法的现象与观念》,山东人民出版社2001年版,第92页。

⑳ 张守文:《论经济法的现代性》,载《中国法学》2000年第5期。

㉑ 吕忠梅:《环境法回归 路在何方?——关于环境法与传统部门法关系的再思考》,载《清华法学》2018年第5期。

㉒ 吕忠梅:《环境法回归 路在何方?——关于环境法与传统部门法关系的再思考》,载《清华法学》2018年第5期。

果中,经济法、社会法、环境资源法和知识产权法占据了相当大的比例。在司法实践中,因应社会发展和法治建设的实际需求,上至最高人民法院,下至基层法院,纷纷设立知识产权法庭或者专门的知识产权法院,㉓以及专门的环境资源法庭㉔。这些成就足以说明,第一代法学新兴学科已经发展成为比较成熟、相对独立的法学学科和知识体系,甚至可以说已然自成一体、开宗立派,成为当代中国法学体系的重要组成部分。但是,相较于传统法学学科,这些新兴学科仍有很大的提升与发展空间,仍有各自的困惑和问题。

三、第二代法学新兴学科的产生背景与学科特点

如果说第一代法学新兴学科是在现代性和工业社会的背景下产生的,那么第二代法学新兴学科则对应的是正在演进中的后现代和后工业社会。后工业社会这一概念的权威阐释者是美国社会学家丹尼尔·贝尔(Daniel Bell),他在其初版于1973年的著作《后工业社会的来临》中,以预言家的姿态作出了后工业社会即将到来的时代展望,㉕待此书于1999年重版时,一个全球性后工业社会已经变成现实。一般认为,一个国家的国民生产总值中,第三产业的占比超过了第二产业,就可以认为这个国家已经超越了工业化阶段,进入了后工业社会阶段。欧美发达国家大多在“二战”后完成了从工业社会到后工业社会的演进,我国则是

㉓ 2014年8月31日,第十二届全国人民代表大会常务委员会决定在北京、上海、广州设立知识产权法院。

㉔ 2014年7月3日,最高人民法院决定设立专门的环境资源审判庭。2019年,最高人民法院批准在南京设立全国首家环境资源法庭。2019年11月7日,兰州环境资源法庭在甘肃矿区人民法院揭牌成立,这是最高人民法院批准设立的全国第二家跨地域集中管辖环境资源案件专门法庭。

㉕ Daniel Bell, *The Coming of Post-Industrial Society* , New York: Basic Books, 1973. 该书于1976年再版,于1999年增补大量篇幅后重新出版,商务印书馆和新华出版社分别于1984年和1997年根据1976年英文版翻译出版中译本,后浪出版公司联合江西人民出版社于2018年根据1999年英文版出版中译本。

在2015年首次实现了第三产业占GDP比重超越第二产业,初步迈入了后工业社会时代。[26]

在《后工业社会的来临》一书中,丹尼尔·贝尔认为,现代工业社会正在进入一个新的发展阶段,这个新阶段中的社会是以信息和服务为基础的,其将代替老的工业社会,发展成为后工业社会。后工业社会的典型特征是从工业经济向服务业经济的转换,并伴随职业结构分布、统治力量、社会决策机制等一系列的转换。在后工业社会,起支配作用的不再是工业而是科学,这个新时期的主角不再是工程师而是理论家。根据贝尔的定义,“后工业社会”的主要特点有:(1)在经济上,由制造业经济转向服务性经济;(2)在职业上,专业与科技人员取代企业主而居于社会的主导地位;(3)在中轴原理上,理论知识居于中心,是社会革新和制定政策的源泉;(4)在未来方向上,技术发展是有计划、有节制的,重视技术鉴定;(5)在制定政策上,依靠新的“智能技术”。[27]

以上这些半预言式的对后工业社会的展望和描述,在2023年的今天,竟然几乎完全变成了现实,特别是其中对信息与知识的极端重要性、智能科技的重要地位,以及网络化工作模式的凸显,令人叹为观止。相信现代的人们都会深刻体会到后工业时代所带来的巨大变化:计算机、互联网已经渗透到我们生活的方方面面,甚至从根本上改变了整个社会的生产方式和生活样态,在21世纪的第一个20年间,信息技术和数字技术更是取得了突飞猛进的发展,大数据、云计算、区块链、人工智能,这些曾经是科学家和实验室里的成果如今已然变成现实,如果说在工业社会的晚期我们在等待一个计算机时代和互联网时代,那么在这个后工业社会的初期,我们已经迎来一个以算法、大数据和人工智能为核心标志

---

[26] 统计数据显示,1952年我国第一、第二、第三产业占比为51∶20.9∶28.2,此后第一产业占比逐步降低,到2018年已降至7.2%;第二产业占比先升后降,2006年达到最高点47.9%,随后降低到2018年的40.7%;第三产业占比稳步提升,2015年第三季度首次突破50%,2018年已提升至52.2%,经济学家厉以宁和许小年都认为,中国已经初步进入后工业化时代,当然同时也有更为谨慎的判断,如工业和信息化部原部长李毅中就认为“我们现在是工业化的中后期”。

[27] 参见[美]丹尼尔·贝尔:《后工业社会的来临》,高铦、王宏周、魏章玲译,江西人民出版社2018年版,第10~11页。

的数字时代。

根据马克思主义“社会存在决定社会意识”的经典命题,法学学科在后工业社会这样一个全新的时代也迈进了一个全新的阶段,诸多法学新兴学科与后工业社会的新兴业态和新兴领域相伴而生,涌现出许许多多新的法学概念和名称,令人目不暇接。其中,有些只是对某些新颖的法学问题或法律现象的一种命名,尚且达不到新兴学科的程度;有些属于啼声初试、羽翼待丰的初始发展阶段;有些则已经从青涩发展到成熟状态,但需要学术界和官方为之正名背书,方可升堂入室。本文着重讨论的是第三种,即已经具备一个比较成熟的法学学科的诸种要件,且已经得到社会层面的广泛认同,但需要在学理层面予以辨析、界定与规范,才能真正确立其作为第二代新兴法学学科的角色与地位。

在这些基本成熟的第二代法学新兴学科中,可以大致分类三类,分别对应着后工业时代在科技、经济和文化三大领域的发展和进步。首先,一方面,由于科学技术成为后工业社会的主导性推动力,科技进步和创新日益成为增强国家综合实力的主要途径和方式,因此作为宏观性法学知识体系的科学技术法焕发出勃勃生机;另一方面,作为21世纪新兴科技的互联网、大数据和人工智能的突飞猛进,更是带动了信息网络法和计算法学的横空出世。

其次,随着产业经济从工业化迈向后工业化的升级换代,银行、证券、保险等金融产业,以航空业为代表的交通运输行业,以房地产为代表的建筑产业,以及因互联网、现代物流和传统商业嫁接而生的电子商务产业,促成了相应的金融法(含银行法、证券法、保险法等)、财税法、航空法、房地产法和电子商务法的兴起。

最后,后工业时代的到来,同时还意味着社会基本矛盾的转变,即从改革开放初期人民日益增长的物质文化需要同落后的社会生产之间的矛盾,转变为人民日益增长的美好生活需要和不平衡不充分的发展之间的矛盾,因此,在经济建设之外,教育、卫生、文化(娱乐)、体育、旅游、传媒等事业(产业)在最近20多年间取得了长足的发展,对应的教育法、卫生法、文化娱乐法、体育法、旅游法和传媒法都逐渐成为法学领域的生力军。接下来,本文将从科技、经济和文化这三个方面分别阐述新兴法学学科在我国的发展现状。

(一)科技领域的新兴法学学科

作为整个科技领域综合性法学学科的科学技术法(以下简称科技法),其实并不算一门全新的法学学科,世界范围内的科技法兴起于20世纪60年代,我国的科技法学则起步于20世纪80年代末。随着1988年中国科学技术法学会的成立,以及1993年《中华人民共和国科学技术进步法》和1996年《中华人民共和国促进科技成果转化法》等重要科技法律法规的颁行,我国的科技法研究和学科建设正式起步,并一度保持了良好的发展势头,1992年国务院学科委员会曾将科技法学确定为法学的一个新的独立学科,这极大地推动了科技法学的学科建设。[28] 但是不可否认的是,在之后的10多年间,我国科技法学的发展进入了一个"瓶颈"期,不仅在学科层面被合并进宪法与行政法,失去了独立学科地位,而且在教学科研领域也逐渐被边缘化,甚至关于科技法学的知识体系和调整对象这些基本问题仍在探讨之中。[29] 但是时间进入21世纪之后,科学技术尤其是通信、互联网、人工智能以及生命科学的发展可谓日新月异,极大地改变了人类生产生活的格局和面貌,同时也对原有的生活空间和社会秩序形成了冲击和挑战,正如前述丹尼尔·贝尔的论断,在后工业时代,科学技术已经替代制造业成为社会进步的驱动力。正是在此意义上,在后工业社会,科技法的春天才真正到来,也正是基于此原因,我们将科技法归入第二代新兴法学学科。

作为后工业时代新兴法学学科的科技法学,应该重新思考和建构自身的知识谱系和理论框架,一方面如部分学者所主张的,将相关宪法规范和《科学技术进步法》作为我国的科技基本法,[30]并在此基础上从横向和纵向两个维度展开,即继续推进科技进步管理法、科技进步奖励法、科

---

[28] 参见曹昌祯:《科技法学——新兴法律交叉学科》,载《科技与法律》2007年第1期。

[29] 参见谭启平、朱涛:《科技法的调整对象重述》,载《科技与法律》2011年第2期。

[30] 参见朱涛:《论中国科技法的双重体系及其建构》,载《科技与法律》2016年第5期。

技评估法、科技成果转化法和科技劳动法等普遍性科技法律问题的研究;[31]另一方面以开放的姿态引入各类前沿科技法律问题或法律领域,如生物技术法学、[32]网络信息法学、计算法学等。

后工业时代也可以被命名为互联网时代,互联网引发的是一场全方位、全领域的社会变革,互联网扁平化、去中心化的结构及不断进步的信息技术,带来了信息传播方式的巨大变化,推动了平台经济和网络社会的快速发展,给传统生产方式、销售方式及社会结构造成直接冲击,从而使政府管理方式面临巨大挑战。但是正如法律学者的深刻反思:"在互联网时代,法律的滞后性更加显著,传统法律理念、制度、技术等面临全面挑战,很多法律规定已不适应互联网时代的现实。法律人需要去认识、理解和研究互联网,跟上时代进步步伐。"[33]为此,2002 年 9 月,由国务院信息化工作办公室、公安部、工信部、国家安全部、国家保密局、中国社会科学院法学研究所共同发起,经中国法学会批准,成立了中国法学会信息法学研究会,后更名为中国法学会网络与信息法学研究会,同时还创立了会刊《信息网络法学研究》。[34] 关于网络信息法学学科建设,目前中国社会科学院法学研究所已经成功申报设立了网络信息法目录外二级学科,招收网络信息法专业的法律硕士研究生,并开设了《网络信息法》课程。北京大学知识产权学院成立了专门的互联网研究中心,并由张平教授主编出版了《网络法律评论》集刊。[35] 教材建设方面,目前已出版的有张楚教授等主编的《信息网络法教程》(高等教育出版社 2017 年版)。此外,还有来自产业界的腾讯研究院主持编辑的《网络法论丛》系列丛书(中国政法大学出版社出版,已出版3 卷)。当然,作为新兴学科,关于学科内涵、外延、特色以及研究方法等基本问题仍在探讨和发展之

---

[31] 参见倪正茂:《论科技法的体系》,载《学习与探索》1998 年第 3 期。

[32] 也有学者主张应该将生物技术法学进一步发展为"生命法学",并确立其独立的部门法地位。参见刘长秋:《论生命法的独立部门法地位——兼对我国生命法学研究的未来展望》,载《东方法学》2008 年第 5 期。

[33] 周汉华主编:《网络信息法学研究》(总第 1 期),中国社会科学出版社 2017 年版,"卷首语"。

[34] 该刊由周汉华主编,中国社会科学出版社出版,已出版6 期。

[35] 该集刊自2001 年创刊,由北京大学出版社出版,已出版21 卷。

中，甚至如何命名——“信息网络法”“信息与网络法”“网络信息法”，或者是“网络法”——的问题仍未有定论。不过无论如何命名以及如何确定其理论边界，这门新兴学科已经得到学术界、实务界和产业界的共识，并得到学者充分严谨的论证。[36]

作为近年来最新登上法学殿堂的计算法学，是大数据时代信息技术与分析算法高度发展，并与丰厚的法学知识相互结合的产物，属于典型的新兴交叉法学。在大数据和人工智能技术的广泛深度影响下，一方面，法律纠纷和诉讼呈爆炸式增长态势，信息超载成为一种无形压力；另一方面，案件信息的电子化、无纸化诉讼等增强技术又成为法律适用的一种客观需求，“计算法学正是伴随着数据挖掘与人工智能技术的发展在法律发展及法律适用的客观需求而产生”[37]。计算法学从计量法学演进而来，[38]“其概念用意和深刻旨向，既遵循了法律实证研究中以数据为中心的基本立场与核心理念，又有效检视了法教义学对法律制度的预设判断和价值基础，并在研究发展中最大限度地实现了法学与其他社会科学、工程科学以及自然科学知识门类之间的交叉与融合”[39]。

计算法学虽然出道问世方才数年时间，却已经在法学界引起广泛关注和热烈反响，这方面的研究成果不断见诸法学期刊和学术会议，更有清华大学引领潮流，率先成立智能法治研究院，并与清华法学院一起举办计算法学国际论坛，探讨计算法学领域的基础理论和新问题，促进计算法学人才培养并凝聚计算法学的国际共识。从法学学科发展的角度来看，如果说法学领域中的其他学科主要是以其调整法律关系的不同而界分，那么计算法学则是以其独特的方法论区别于其他学科，以研究方

---

[36] 参见来小鹏：《论作为独立法律部门的网络法》，载《法学杂志》2019 年第 11 期。

[37] 张妮、徐静村：《计算法学：法律与人工智能的交叉研究》，载《现代法学》2019 年第 6 期。

[38] 关于计量法学的论述，参见屈茂辉：《计量法学基本问题四论》，载《太平洋学报》2012 年第 1 期。

[39] 于晓虹、王翔：《大数据时代计算法学兴起及其深层问题阐释》，载《理论探索》2019 年第 3 期。

法的特殊性规定了自身的特殊性。[40] 这一点对于法学学科的未来发展具有非常重要的启示意义。

(二)经济领域的新兴法学学科

在后工业时代,社会生产的重心已经由制造业和采矿业转向了高端服务业,其中主要包括丹尼尔·贝尔所说的第三产业(交通运输和公用事业)和第四产业(商业、金融业、保险业和地产业),因此而催生出全新的法学学科:金融法(含银行法、证券法、保险法等)、财税法、航空法、房地产法和电子商务法。

金融法是对金融活动、金融交易、金融发展创新进行规制和监管的法律,金融法调整的领域广泛,累计的法律规范数量众多,诸如公司、银行、证券、保险、期货、基金、票据、担保等领域,皆为金融法的调整范围。[41] 金融法学原本是经济法学的一个分支,由于后工业时代金融服务业的迅猛发展,金融活动和金融产业在整个国民经济和社会发展中的重要地位不言而喻,因此,金融法学也很快破土而出,发展为独立的新兴法学学科。不仅如此,由于金融领域不同产业形式如银行、证券、保险等都有自身相对独特的发展路径,因此在学科发展方面,既有金融法学的宏观研究,也有各个分支领域的单边突进。[42] 但是这种形势上的繁荣局面并不能掩盖金融法学的一些深层次问题,例如,有学者指出我国金融法学研究长期存在着概念化、技术化和简单移植化的问题,[43]另有学者主张应当以领域法为范式指引,重构金融法学的体系架构。[44]

---

[40] 参见于晓虹、王翔:《大数据时代计算法学兴起及其深层问题阐释》,载《理论探索》2019 年第 3 期。

[41] 参见李曙光:《金融法若干前沿问题探讨》,载《中国应用法学》2020 年第 1 期。

[42] 就全国性研究机构来说,就分别有中国法学会银行法学研究会、中国法学会证券法学研究会和中国法学会保险法学研究会,但是并没有一家全国性的银行法学研究机构,其中缘由值得思考。

[43] 参见唐应茂:《金融法中的社会科学》,载《北大法律评论》2016 年第 2 期。

[44] 参见刘博涵:《论金融法学体系的建构、重塑与拓展——基于领域法学视角的考察》,载陈云良主编:《经济法论丛》总第 34 期,社会科学文献出版社 2019 年版。

财税法学在我国属于起步比较晚，[45]但发展比较快的法学新兴学科。同金融法一样，财税法最初也是经济法的一个分支，局限于宏观调控的功能与目标。但是在我国改革开放不断深化，国家治理能力和治理体系走向现代化的进程中，[46]我国的财税法学在理论研究、制度构成、学科建设等方面都取得了较大突破，基本形成了以公共财产法为学科属性，以领域法学为研究方法，以推动国家法治进程为学科目标的综合化、多元性和立体化的学科特点。[47] 最能体现财税法学作为新兴法学学科发展成就的一项指标就是在2018年教育部发布的法学本科专业教学质量国家标准中，财税法学被列为“10 + X”课程中的专业必修课之一。

航空法学和房地产法学都是后工业时代法学学科的后起之秀，它们都属于传统部门法学之外的“领域法学”，也在一定程度上属于产业法学，如航空法学和房地产法学都是紧密结合航空业和房地产业的发展而建构自身的知识体系。房地产法是规范房地产开发、交易、权属、使用乃至保障行为的法律规范的总和，房地产法以物权法、合同法等民事基本法律为基础，同时又受到诸多行政法律、法规的规制。相应地，房地产法学的内容体系就包括房地产权属法律制度、房地产开发法律制度、房地产交易法律制度、房地产使用法律制度和农村房地产法律制度。[48] 广义的航空法是指规定领空主权、管理空中航行和民用航空活动的法律规范的总称，是调整民用航空活动及其相关领域中产生的社会关系的法律，具体来说包括航空运输法、航空经济法、航空安保法、航空行政法、航空物权法、航空环保法和航空劳动法等。[49]

---

[45] 据财税法学者刘剑文考证，“财税法”这个概念是在1993年司法部组织全国成人高等教育法学统编教材《财税法教程》(法律出版社)中第一次出现的。参见刘剑文：《学科突起与方法转型：中国财税法学变迁四十年》，载《清华法学》2018年第4期。

[46] 《中共中央关于全面深化改革若干重大问题的决定》中提出“财政是国家治理的基础和重要支柱”。

[47] 参见刘剑文：《学科突起与方法转型：中国财税法学变迁四十年》，载《清华法学》2018年第4期。

[48] 参见王雷：《论房地产法学内容体系的构建》，载《朝阳法律评论》2015年第1期。

[49] 参见郝秀辉：《从统计看中国航空法学的崛起——中国航空法学30年发展研究综述(三)》，载《北京航空航天大学学报(社会科学版)》2010年第4期。

如果说商法是工商业时代的制度基础,那么电子商务法则是后工业和互联网时代的“新商法”。众所周知,在过去的10多年间,我国的电子商务产业取得了突飞猛进的发展,产值和规模堪称世界领先。这方面的立法工作也并不落后,特别是《中华人民共和国电子商务法》于2018年8月31日颁布并于2019年1月1日实施之后,这方面的法学研究和法学教育也进入了快速发展的阶段。很多法学院开始设立电子商务法课程,北京市法学会率先成立了电子商务法治研究会,北京大学设立了电子商务法研究中心,电子商务法的教材和案例汇编也纷纷出版。[50] 总之,我国的电子商务法学也许尚不具备独立法学学科的条件,但是其先天具备的互联网基因和后工业时代特征,已经体现出一个新兴法学学科的充分潜质。

(三)社会文化领域的新兴法学学科

在后工业时代,发展最快的还有我们通常所说的“教科文卫”事业,自然推动了教育法、卫生法、文化娱乐法、体育法、旅游法和传媒法等广义的文化领域法律新兴学科相继突破原有的部门法框架,迈上独立发展的“快车道”。

我国教育法学经历了20世纪80年代的起步阶段和90年代的热点阶段及21世纪初期的平稳发展阶段,在近10年进入了学科发展的成熟阶段,成为独立法学学科的条件基本成熟,主要表现在教育法调整对象的特殊性日益彰显、教育法立法建设的体系化日趋健全、教育法调整方法的多样性日渐鲜明、教育法学科指称的完整性日益成熟。[51] 教育法学者在研究中也逐步确立了教育法学的理论基础,即受教育权与国家义务、学术自由与办学自主、人本目标与思想尊严、契约属性与双重义务等。并进一步提出,教育法学作为相对独立的二级学科,可以同时隶属于教育学和法学,有利于吸收交叉学科的知识,形成互补,促进专业之间

---

[50] 参见赵旭东主编:《电子商务法》,高等教育出版社2019年版;孙祥和主编:《电子商务法律实务》,中国人民大学出版社2019年版;郭锋等编著:《中华人民共和国电子商务法法律适用与案例指引》,人民法院出版社2018年版。

[51] 参见彭宇文:《教育法地位再探——兼论教育法学学科建设》,载《教育研究》2020年第4期。

的交流和合作。[52]

自2020年年初以来,卫生法(又称医事法或健康法)特别是公共卫生法受到全社会前所未有的高度关注。其实,卫生法学早在20世纪70年代就已进入美国法学院的课堂,20世纪80年代逐步发展成为法学学科的一个新的分支领域,时至今日,美国有20多所高校的法学院设立了卫生法的硕士学位,卫生法律师已经成为全美最热门的律师执业领域之一。[53] 我国的卫生法学教育与研究起步于20世纪90年代,目前我国开设卫生法学教育的院校已达50余所,包含本科、硕士、博士三个层次,关于医药卫生法律的专门研究机构也应运而生,如西北政法大学医药卫生法律与政策研究中心、清华大学法学院卫生法研究中心和中国政法大学卫生法研究中心等。从立法的角度来说,我国卫生法领域已经制定了10余部法律,约40部行政法规,地方性法规、行政规章多达数百部,可以说,中国特色卫生法律体系已基本确立。[54] 但是,卫生法学作为一门学科的建设还非常薄弱,对很多理论问题还未能进行充分的研究,对很多现实问题还未能给出有效的解决方法,在卫生法人才培养上也缺乏规范统一的方案。[55] 卫生法学是医学与法学学科交融的复合型学科,它既有别于其他部门法学,也有别于自然科学学科中的医学,就其研究范围来说,大致包括医事法、药事法、公共卫生法、医疗保障法和伦理法等内容。在当前全球性公共卫生危机的背景下,在我国医患矛盾依然严峻的形势下,在生物基因医疗争议巨大的问题下,卫生法学作为后工业社会的新兴前沿法学学科,可谓任重道远。

娱乐法(Entertainment Law)最初发源于美国加州好莱坞,已有近半个世纪的历史。美国娱乐法是一种典型的产业法,因娱乐产业的兴起而

---

[52] 参见湛中乐、苏宇:《教育法学的理论体系与学科建设初论》,载《北京师范大学学报(社会科学版)》2016年第2期。

[53] 参见孟彦辰:《美国卫生法课程体系设置及其启示》,载《法学教育研究》2019年第4期。

[54] 参见解志勇:《卫生法基本原则论要》,载《比较法研究》2019年第3期。

[55] 参见刘霞、石东风:《关于卫生法学学科建设的探讨》,载《医学与法学》2020年第2期。

兴起,随着娱乐产业的升级换代和边界拓展而不断发展壮大,所有与娱乐产业相关的法律都可以被纳入娱乐法的范围。[56] 近年来,随着我国文化娱乐产业的蓬勃发展,与美国娱乐法相同或类似的法律问题和法律服务在中国也开始萌生、发展并走向成熟,其调整范围、规范形式以及与产业发展的密切关联性,都与美国娱乐法大同小异。但是在我国的经济社会文化背景下,采用"文化娱乐法"的概念更为恰当。我国的文化娱乐法不仅服务于营利性的文化产业,同时还有公益性和公法性的一面,不仅是与文化娱乐产业联系密切的产业法,也是与文化娱乐领域(包括营利性和非营利性事务)相关的领域法。就其发展前景而言,文化娱乐法是典型的后工业时代产物,一方面,"文化娱乐"是"美好生活"即后工业社会美好生活方式的集中体现;另一方面,文化娱乐产业正在与互联网、大数据、人工智能等高科技相结合,产生了互联网视听、网络游戏、电子竞技、网络直播等全新的文化娱乐形式,对文化娱乐法提出了全新的课题与挑战。因此,可以说文化娱乐法既是一个开放的体系、一个综合的体系,也是一个面向未来的需要不断创新的体系,文化娱乐法在中国尚有非常广阔的发展空间。

体育法、传媒法、旅游法与文化娱乐法有着相同的社会经济文化背景,都具有产业法和领域法的特性,而且相互之间还有一定程度的重叠和交叉。例如,文化娱乐法的分支中诸如广播、电视、出版、广告、互联网和新媒体,都是传媒法的范畴;体育法中的"竞技体育"部分尤其是其中以体育赛事为核心的体育产业应当被纳入文化娱乐法的范围,因为其中涉及的赛事组织、赛事经营、体育明星经纪、广告以及相关知识产权法律事务,与演艺明星、文艺演出以及与文化娱乐相关的知识产权问题,基本属于同一类型的法律问题,可以归入同样的法律领域。与"文体不分家"一样,文化和旅游同样是"你中有我、我中有你"的关系,因此,作为新兴学科的旅游法,其实与文化娱乐法也有着非常密切的联系,尤其是在"迪士尼""环球影城"等主题公园领域,其中的法律规范和法律问题

---

[56] Corey Field, *Entertainment Law: Fundamentals and Practice*, Cognella Academic Publishing, 2018, p. 21.

可谓异曲同工。在我国大力发展体育事业,已经举办过2008年奥运会、2022年冬奥会等大型体育赛事的社会背景下;在我国积极发展旅游事业,旅游业产值持续高速增长的大好形势下;在当代信息技术不断推动传媒产业升级换代的时代冲击下,体育法、旅游法和传媒法这些后工业社会的新兴法学学科得到了巨大的发展机遇,但是我们也要看到,“新兴”的另一面也意味着缺少深厚的学术积累、广泛的社会认可和充分的发展平台。以发展平台为例,这几门新兴学科在传统的法学名校往往受重视程度不够,而只是在一些与其专业或产业相关的专业性院校,才有其一席之地,例如,体育法在北京体育大学、西安体育学院等体育院校,传媒法在中国传媒大学,旅游法在北京第二外国语学院等。不过随着这些学科自身的发展壮大,以及全社会和法学界的认识进一步深化,这些新兴学科从边缘走向主流应是指日可待。

四、法学新兴学科的前景展望

综上所述,第一代和第二代法学新兴学科,其区别在于第一代新兴学科对应的是现代性和现代工业社会,第二代新兴学科对应的是后工业社会或信息社会,但是二者共同作为法学新兴学科,还是具有很多共同特征的,也存在诸多共性的问题,值得予以进一步的分析和评价,并据此提出对法学新兴学科建设的建议和展望。

首先,很多法学新兴学科在性质上属于对应于现实社会某一行业或产业的行业法或产业法,而不是传统法学学科纯粹学理意义上的理论法学或部门法。所谓行业法(Occupational Law),是指以国家涉及行业的法律为基础,通过政府涉及行业的行政法规和行政规章、地方立法机关以行业为背景的地方性法规等,形成的行业体系的总称。如果作广义解释,还包括各行业组织制定的自治性规范。[57] 例如,前文提到的教育法、

---

[57] 参见孙笑侠:《论行业法》,载《中国法学》2013年第1期。

卫生法、体育法、传媒法等。从另一个角度来考察,我们也可以把很多法学新兴学科称为产业法,产业(industry)更多的具有市场经济和营利性的特征,如金融法、航空法、房地产法、文化娱乐法等。还有一些新兴学科既不属于行业法,也不属于产业法,如环境法、财税法、信息网络法等,关于这些领域的法学研究,我们可以称之为"领域法学"。

领域法学(Field of Law)是我国学者近年来提出的一个法学新概念,最早运用于对财税法这一法学新兴学科的定性,[58]后来推广到所有法学新兴或交叉学科,并得到广泛回应和积极认同。如前所述,随着我国现代化的不断推进和后工业时代的到来,涌现出许多以问题为中心,以各个领域法现象、法规范为研究对象的新兴学科和交叉学科,这些学科的研究对象往往是某一重大社会领域中具有整合性、交叉性、复杂性的法律现象,无论从学理层面去建构、解释、适用这些领域法规范,还是从治理层面去回应、协调、解决这些领域问题,传统的部门法理论都难以胜任。[59] 因此,领域法学概念的提出,阐明了法学新兴学科、交叉学科存在的客观性,证成了新兴法学领域研究的正对性,解决了新兴学科、交叉学科的定位与归宿问题。同时,这也是对我国传统法理学的适度突破和丰富,有助于法学研究消除学科壁垒,加强重点领域立法而逐步淡化部门立法色彩,更好地与改革决策相衔接,为领域法治的规范设计和协同建构提供重要的理论支撑。[60]

其次,法学新兴学科往往同时也是交叉学科。例如,前文提到的科技法、卫生法、体育法、金融法、教育法等,都需要结合两种甚至两种以上不同学科的知识和方法,才能充分展开对该新兴学科的研究和探索。这一点从这些新兴学科的主要学术发表平台的名称上便可见一斑,如科技

---

[58] 刘剑文教授2013年第一次明确提出财税法学是领域法学的概念,认为财税法学是一个以财税为领域,法为基本元素,融经济学、政治学和社会学于一体的应用型的"领域法学学科"。参见刘剑文:《作为综合性法律学科的财税法学——一门新兴法律学科的进化与变迁》,载《暨南学报(哲学社会科学版)》2013年第5期。

[59] 参见刘剑文:《超越边缘和交叉:领域法学的功能定位》,载刘剑文等:《领域法学:社会科学的新思维与法学共同体的新融合》,北京大学出版社2019年版,第2页。

[60] 参见刘剑文:《超越边缘和交叉:领域法学的功能定位》,载刘剑文等:《领域法学:社会科学的新思维与法学共同体的新融合》,北京大学出版社2019年版,第3~4页。

法的期刊《科技与法律》,卫生法的期刊《医学与法学》,体育法的论文则大多数发表在《体育科学》《体育学刊》这样的体育专业学刊上。尤其是新近问世的计算法学,最能体现学科交叉互补并创新的特点,大部分法学新兴学科都是在社会科学领域内的交叉,而计算法学则是跨越自然科学和社会科学,而且是结合最新最前沿的科技发展成果,对法学学科发展是一种颠覆性的创新,非常值得关注和期待。

再次,这些法学新兴学科基本上都属于应用法学的范畴。在传统法学学科中,理论法学几乎占据了半壁江山,尤其在法学初建时期,法理学、法律史、比较法学、法社会学等理论法学学科的重要性可以说远高于应用法学,因为学科初建正是打基础的阶段,需要从概念、理论、体系和方法等方面为一个学科进行学理上的正当性论证,否则一个学科在自然科学或社会科学的殿堂里无法立足,更谈不上发展壮大。但是在理论法学已经趋于完备化,民法、刑法、诉讼法等基础部门法学科也发展成熟之后,法学的实践特性就开始完全占据主导地位,法学的新兴学科因此也都属于以现实问题为导向的应用法学。

最后,法学新兴学科的学科建设仍然在路上,尤其是第二代法学新兴学科,在后工业社会的时代背景下,社会发展的客观需要催生了新的法学实践领域和相关的法律规范,但是一个新兴的法学领域要想发展为成熟而独立的法学学科,仍有很长的路要走。其中最重要的就是建立自身的范畴概念体系,“没有范畴概念体系,就不可能有自己的知识体系和思想体系,因而也就不可能有这些新兴学科作为一门独立学科的学术地位……发展新兴学科,必须注重凝练出新的范畴和概念,必须移植、转化一批范畴和概念,赋予其特定内涵;必须以马克思主义法学的理论和方法为指导,在揭示研究对象客观规律的基础上赋予权利、义务、责任等法学基本范畴以新兴学科的认识内涵。要在提炼、移植、转化、深化范畴和概念的基础上,形成一系列具有原理性、解释力和想象力的命题,为新兴学科的知识和理论大厦构建‘四梁八柱’”[61]。

---

[61] 张文显:《迈向科学化现代化的中国法学》,载《法制与社会发展》2018年第6期。

这方面的理论探索已经在一些新兴法学学科中展开,例如,在卫生法学科中对卫生法基本原则的研究,[62]在体育法学科中对体育权作为一项新兴人权的探讨,[63]在教育法学科中对教育法理论体系的思考,[64]在金融法学科中重构金融法律关系,[65]在财税法学科中将"公共财产法"确立为核心范畴,[66]以及环境资源法学者提出要将环境权确立为环境法的基石范畴,[67]在数字法学中把数据用益权作为建构学科知识体系的重要组成部分,[68]等等。所谓法学新兴学科只是个阶段性的概念,不可能永远"新兴"下去,发展趋势当然是从新兴走向成熟,从破茧而出走向独立自主。在当下中国法学新兴学科中,第一代已经基本成熟,已经或正在形成自身独立的知识体系和思想体系;第二代则需要迎头赶上,尽快建立自己的范畴概念体系,进而形成知识体系和思想体系。

此外,无论是法学传统学科,还是新兴学科和交叉学科;无论在法学学科内部,还是法学与其他社会科学和自然科学之间,在未来的法学研究和学科建设中,都应该尽可能超越学科的藩篱,促成与其他学科的对话,融合不同学科的知识,综合可用的学科知识和方法,从现实问题中把握理论价值,将形而上的理论研究和具体的制度研究相结合,进一步完善既有的理论体系和制度构造,为法律和法学动态而稳定的发展作出应有的贡献。[69]

---

[62] 参见解志勇:《卫生法基本原则论要》,载《比较法研究》2019年第3期。

[63] 参见徐翔:《体育权:一项新兴人权的衍生与发展》,载《体育学刊》2020年第4期。

[64] 参见湛中乐、苏宇:《教育法学的理论体系与学科建设初论》,载《北京师范大学学报(社会科学版)》2016年第2期。

[65] 参见杨东:《论金融法的重构》,载《清华法学》2013年第4期。

[66] 参见刘剑文:《学科突起与方法转型:中国财税法学变迁四十年》,载《清华法学》2018年第4期。

[67] 参见吕忠梅:《环境法回归　路在何方?——关于环境法与传统部门法关系的再思考》,载《清华法学》2018年第5期。

[68] 参见申卫星:《论数据用益权》,载《中国社会科学》2020年第11期。

[69] 参见王利明、常鹏翱:《从学科分立到知识融合——我国法学学科30年之回顾与展望》,载《法学》2008年第12期。

On the Generation and Development of the Emerging Schools of the Law Science in China

—Taking the School of Law and Social Sciences as the Analyzing Perspective

Liu Yi

Abstract: Social development motivates the construction of academic disciplines. Contemporary emerging schools in the law science in China can be divided into first-generation emerging schools and second-generation emerging schools, corresponding to industrialized society and post-industrialized society respectively. The first-generation emerging schools of law science include economic law, law and sociology, law of environmental protection and intellectual property law. The second-generation emerging schools include the laws on information technology, network information law, financial law, taxation law, education law, health law, culture and entertainment law, etc., which are different from the traditional sectoral law, but reflect the attributes of laws on the specific industry and field and the applied laws, which also have the interdisciplinary characteristics.

Key Words: disciplinary construction; law science; emerging schools of the law; law and social sciences

法学教育的数字化变革：逻辑、范式及路径

舒瑶芝[*]　胡　菲[**]

摘　要：数字化的发展正改变人类社会的交往方式、组织结构和商业模式，并对法律职业的技能及前景产生了深刻影响。由此，法学教育面临数字化转型的挑战，也受益于数字化的赋能，传统法学教育必须应对数字化技术带来的革新。法学教育应重视数字化法律实践技能的培养，将数字化思维和数字化技术运用到法学教育领域，以适应未来数字化变革的社会需求。

关键词：数字化　赋能　法学教育　范式

一、法学教育数字化变革的底层逻辑

迄今为止，数字革命已是我们人类的第四次工业革命，从蒸汽时代到电力时代到信息化时代再到我们现在的数字化时代，每一次的技术革命都会给

---

* 舒瑶芝，浙江工商大学法学院教授，法学博士。研究方向：司法制度、法学教育。

** 胡菲，浙江工商大学法学院硕士研究生。研究方向：诉讼法学。

社会带来巨大的变化。以互联网、人工智能、云计算等为代表的数字技术已渗透到我们生活的方方面面,正如唐代诗人杜甫的诗句“随风潜入夜,润物细无声”所描述的,数字化技术带来的影响悄然而至。在传统教育领域,数字化对其最大的冲击在于学生获取知识的路径不再局限于课堂与老师,只要能与互联网连接,学生就能不限空间和时间从互联网平台得到丰富的学习资源。对传统法学而言,伴随科技革命的数字化时代,出现许多新的法律纠纷类型,如个人信息侵权纠纷、网络购物合同纠纷等,这些新型法律纠纷的出现意味着法学研究的对象及方法的更新,由此对法学教育亦提出了新的挑战及要求。

(一)传统教育的数字化转型

近年来,“数字化”一词变得高频,各行各业都纷纷喊出“数字化转型”的口号,但“数字化”到底是什么?它给我们日常生活带来了哪些改变?传统教育学又与它有什么关系?

在了解“数字化”之前,我们先来理解与它相似的词“信息化”。维基百科对信息化的定义如下:Informatization or informatisation refers to the extent by which a geographical area, an economy or a society is becoming information-based. 翻译过来,信息化是指基于信息技术和信息资源,促成地域、经济和社会的发展转变。信息化阶段的特点是人们开始运用技术、系统等方式,将我们日常的事务处理、业务活动等过程,通过各种信息系统网络加工成新的信息资源,储存在网络空间中。而将这些信息储存起来后,再通过对事物的运行逻辑进行数学建模、优化,最终得到最有利于人们的决策这一过程,便被称为“数字化”。概言之,信息化是数字化的基础,数字化是基于大量的信息化数据,并通过人工智能、云计算等技术帮助人们得到最优的解决办法。比如,一份涉及数十家公司300多页的财报,在数字技术的帮助下仅仅用三四天就能完成。

数字化时代,人工智能、云计算等技术的发展,正深刻改变人类社会的思维方式、组织结构和生活方式。大数据、人工智能近年来也真正进入每个人的生活。比如,社交网络、短视频、直播也将人们的生活数字化了,在这个数字时代,某个人或某个物件抑或某种生活方式都有可能成为当下的一种潮流。有一段时间灵隐寺的“十八籽佛珠手串”因被人晒到某平台,引起大家的追捧和喜爱,从冷门小众物件一度成为大家争相购买的热销品。总之,数字化的时代浪潮已席卷我们生活的方方面面①。

数字经济作为新兴的经济形态及要素资源,将在今后的全球经济发展及全球经济结构的重塑中占有重要的一席之地。正如“少年智则国智,少年富则国富,少年强则国强”,在数字化时代背景下,培养具备数字素质和技能的人才至关重要。国家《“十四五”数字经济发展规划》强调,要推进教育新型基础设施建设,推动“互联网+教育”持续健康发展,国家《“十四五”国家信息化规划》提出,要实施全民数字素养与技能提升行动。因此,在推动实现教育数字化转型的目标指引下,应多管齐下实施教育数字化战略行动。

在国家教育信息化政策和社会各界的共同努力下,我国教育数字化转换工作在基础设施、数字资源、信息平台、应用探索等方面取得了阶段性进展,数字资源供给质量显著提升,数字化程度亦不断提高,泛在互联、数据资源、平台云化等多方面为教育赋能②。数字化转型正逐渐成为教育数字化改革的重心,从环境智联、数字孪生、形态重塑等方面推动全领域、全要素、全流程、全业务的数字化意识和数字化思维深化。

虽然我国教育数字化转换工作取得了突破性进步,但当前数字技术与教育的融合仍存在诸多问题与挑战。众所周知,教育改革的阵地在课堂,课堂教学是数字化转型的核心,但是当前多模型数据的分析与应用类产品还不成熟,基于传统要素的教学数字化还存在瓶颈和障碍。比如,数字化学习环境之间缺乏沟通,学生的学习过程并非数据全覆盖;学

① 参见瞿锦秀:《区域一体化背景下长三角高等教育资源共享的实现路径》,载《苏州大学学报(教育科学版)》2022年第1期。

② 参见黄荣怀、杨俊锋:《教育数字化转型的内涵与实施路径》,载《中国教育报》2022年4月6日,第4版。

习设备系统不兼容、网络卡顿等情况经常出现，导致学生无法顺畅地进行数字化学习。另外，最重要的一点是，教育工作者缺少相应知识与技能，无法保障数字化教学等。

（二）传统法学的数字化更新

不可否认，将科技革命置身于宏大的社会图景中来看，有两个方面最值得我们关注：其一，科技革命造成了社会复杂性的增长，使得人类社会关系在空间上范围扩展和密度增强。其二，科技革命加快了人类社会互动的频率，使社会变迁的速度加快。根据德国社会科学家卢曼的观点，法治的兴起（或法律系统的分出）与社会复杂性增长有关。也就是说，相对于其他几种治理模式：神治、人治、德治，法治在解决复杂社会的诸多方面有着不可比拟的优势。例如，人治在很大程度上依赖于统治者个人的品性来处理纠纷，依赖于统治者的喜恶来制定法律制度，无法摆脱人身依附性，也就无法处理复杂的陌生人社会。而法治则建立在抽象的规则制度上，以非人格化的安排处理各种分歧和冲突，从而也就更适应陌生人社会。

但随着信息化、数字化时代的到来，“诉讼爆炸”正成为世界范围内的普遍现象，越来越多的案件涌入法院。因为社会复杂性增长，使社会价值多元化，大家的普遍共识减少，人与人之间的摩擦也就更多。另外，在“诉讼爆炸”现象出现的同时，法院还面临“信息超载”的问题，即法院系统所获得的信息远远超过它自身的处理能力。具体到司法过程中，法官在办案期限的约束下，难以承接案件所有的复杂信息，而只能将结论建立在对复杂信息加以化约的基础上。作为科技革命的产物，信息处理技术突飞猛进，是否存在这样一种可能，将来出现人工智能司法技术，像AlpahGo那样能够通过深度学习，从而帮助法官更迅速、便利地筛选信息，有效地克服信息超载呢？

基于这种设想，早在21世纪初，世界各国就开始了互联网技术与司法相融合的审判模式的探索，例如，美国密歇根州设立的“赛博法庭”、英国民事诉讼规则中的电子送达和网络庭审等、韩国推行的“电子法庭”、德国民事诉讼程序电子化等。在全球互联网技术与司法相融的背景下,我国的“智慧法院”也应运而生。2016 年 1 月 29 日,最高人民法院院首次提出建设立足于时代发展前沿的“智慧法院”。2017 年 8 月 18 日,杭州互联网法院成立。作为首个互联网法院,杭州互联网法院“敢为人先”,率先探索并建成网上诉讼平台,首创全流程在线审理模式,打造全业务网上办理、全流程依法公开、全方位智能服务的诉讼平台。2019 年,杭州互联网法院全流程在线审结案件 11, 856 件,在线庭审平均用时 22 分钟(较传统模式节约 67. 65%),案件平均审理周期约 35 天(较传统模式节约 57. 32%)。因此,通过智能技术辅助法官,不仅提高了办案效率,而且在一定程度上解决了法律诉求的不断增加与有限的司法资源之间的紧张关系。

另外,在日新月异的技术革新下,社会变迁速度的加快,使人们形成了一种新型的意识形态——“时间就是金钱,效率就是生命”。然而,这只是时间加速形成的一种社会控制手段,因为在技术的加持下,人们感到自己的能力大幅提升,竞争力增强,但事实上其遭受的压迫也越来越重,遇到的困境也越来越多。而法律作为规范人类行为的准则,需要满足人类的某种需求,即面向越来越不确定的未来,获得一种对他人行动的期待,从而合理地安排生活③。但高速变动的社会生活导致变动成为常态,稳定反而成为不正常现象。如何维持法律的稳定期待性,成为我们需要思考的问题。

互联网、人工智能、大数据等信息技术的迭代更新,让人们的生活有了翻天覆地的改变,同时也产生了大量的新型法律纠纷,传统的法律理论和法律制度也受到了冲击与挑战。第一,传统法律的底层逻辑发生变化。传统法律是以规制人的行为模式作为底层逻辑而发展的,按照规制人的行为的要求,创立了权利、权力、义务、责任等法律要素。但是在新一轮科技革命的背景下,这一行为模式开始变为“人的行为”和“机器的行为”的双重行为模式。第二,“第三种权利的出现”④。在传统的法律

③ 参见鲁楠:《科技革命与法律演化的两个面相》,载《当代美国评论》2019 年第 1 期。

④ 甘藏春、李青:《在新一轮科技革命的背景下实现法律与科技发展的良性互动》,载《民主与法制》2022 年第 26 期。

理论中,“公权力”与“私权利”的划分以及它们之间的互动关系,成为构筑现代法治政府的理论基础。但是这一理论在新一轮科技革命的冲击下也遇到了挑战,典型例子是数据平台的法律地位及其权力。第三,传统裁判规则的滞后性。传统裁判规则只承认“人”(包括自然人和法人)的法律地位,也只有“人”有资格承担法律责任。但早在2017年2月,欧洲议会就通过了欧盟《机器人民事法律规则》,其中对人工智能与机器人涉及的法律问题作出规定,并尝试创设机器人的特殊法律地位。该规则的出现无疑对传统的裁判规则构成了挑战。

二、数字化背景下法学教育的范式更迭

法学教育受到教育方法及教育内容的更新驱动,教育学提供了教育的规律及方法,法学则是教育的核心和关键。

(一)法学教育教学模式的转变

2015年教育部《关于加强高等学校在线开放课程建设应用与管理的意见》中提到,鼓励高校结合本校人才培养目标和需求,通过在线学习、在线学习与课堂教学相结合等方式应用在线开放课程,不断创新校内、校际课程共享与应用模式。2018年教育部《关于加快建设高水平本科教育全面提高人才培养能力的意见》中要求,推动课堂教学革命,以学生发展为中心,通过教学改革促进学习革命,积极推广小班化教学、混合式教学、翻转课堂,大力推进智慧教室建设,构建线上线下相结合的教学模式。“翻转课堂”又名“颠倒课堂”,其理念是要在课堂中增加教师和学生的互动,把课堂变成学生汇报学习成果和教师答疑解惑的双向互动场所⑤。在翻转课堂上,学生成为学习的主体,大量的课堂时间留给学

⑤ 参见梁洪霞、张丹丹:《法学学科混合式教学模式的实践探索——以西南政法大学“中国宪法学”课程为例》,载杨灿明:《高等教育评论》第8卷,社会科学文献出版社2021年版。

生演示、讨论⑥。但是,以学生为主体并不等于以学生为主导,教师仍然是课堂的设计者、引导者。比如,尹建国教授倡导“头脑风暴教学法”,他提出为了使该教学法发挥最大效能,“教师应当为学生的发言设定明确目标和最佳次序”,以此保证翻转课堂的教学正常推进。

当前,互联网、人工智能、大数据等信息技术与教育教学深度融合,法学教育的教学模式发生深刻改变。传统的讲授式、单一化学习已不能满足法学知识、技能、经验等资源共享的教育新形态,也不能满足个人所追求的个性化教育需求。在此情况下,数字化技术用于提供教育机构以外的受教育机会。比如,对于法律专业学生很重要的“国家法律职业资格统一考试”,以往学生只能报名学校开设或者法考机构开设的“法考班”,在规定时间和地点通过“面授式”的教学模式掌握相应的知识与经验,受到时间与地点的种种约束。但在互联网、大数据背景下,现在的法律专业学生可以通过机构 App 或其他视频网站找到法考老师讲授的课程视频,自主下载学习,从而突破了地域和时间的限制。在此情况下,数字技术克服了形式主义,更加关注和支持学生的个性化学习⑦。

除此之外,法学教育模式也从传统的教师主导型向新型教育互动方式转变。随着数字化技术在课堂时间中的应用,各级各类参与者正构建起一种新型交流和互动方式⑧。2022 年 6 月 1 日,厦门大学法学院与厦门纵横集团股份有限公司联手成立全国高校首个“全在线诉讼仿真实验教学平台”,并在暑假小学期开展了全在线诉讼实训课程,由教授、科技公司总经理、法官、技术人员等组成的教学团队给同学们授课。该课程依托纵横科技公司开发的“全在线诉讼”平台进行,还原全在线诉讼界面与功能,让学生借助此实验学习全在线诉讼流程和操作技能。2022 年 7 月 28 日,由北京大学牵头,29 家法学院刑法学科合作共建“教育部

---

⑥ 参见陈虹睿:《练习型法律翻转课堂教学改革初探——以提高法科学生实践能力为目标》,载《法学教育研究》2021 年第 2 期。

⑦ 参见王小飞等:《教育数字化转型的机遇与策略——来自中俄国家教育智库研究的启示》,载《中国教育信息化(高教职教)》2020 年第 4 期。

⑧ 参见杨学科:《数字时代的“新法学”建设研究》,载《法学教育研究》2021 年第 2 期。

刑法课程虚拟教研室”。北京大学法学院陈兴良教授指出，刑法课程虚拟教研室对刑法教学建设至少有三重意义：第一，利用网络技术，为刑法课程内容、方法创新提供技术支持；第二，打破校际、学界与实务界的屏障，推动刑法知识更新，促进课程理论与实务活动结合，为刑法知识共享提供技术支持；第三，为教学风格迥异、各有侧重的院校展示教学成果提供平台⑨。

（二）法学教育专业设置的更新

数字化背景下的法学教育，与传统法学教育相比，更注重学科的实用性、交叉性以及综合性。在数字时代，因为刑事、民事、商业、税务、版权等法律领域迁移到数字环境，数字化成为法律规制的对象⑩。关注到这一变化的法学界有识之士认为有必要创建新兴法律学科，纷纷提出诸如“数据法学”“网络法学”“计算法学”“人工智能法学”等相关名称。

2018 年，清华大学法学院以“计算法学”为名统括“信息技术 + 法学”，并发起计算法学方向全日制法律硕士学位项目。同年，东南大学法学院设置“大数据与互联网法学”学科；西南政法大学建立人工智能法学院作为在编教学科研实体，并增设“人工智能法学”二级学科，招收硕士研究生和博士研究生；上海政法学院招收“人工智能法学”专业本科生；辽宁大学增设了目录外二级学科“知识产权与人工智能法学”；华东政法大学增设了“智能法学”硕士、博士学位授权点；中国人民大学设“数据法学”荣誉课程辅修学位项目。2019 年，江西财经大学于本科专业中增设法学（数据法学）专业方向并招收本科生。2020 年，中国人民公安大学、中国政法大学等高校设立了交叉学科或目录外二级学科“数据法学”，中国政法大学将目录外二级学科“网络法学”更名为“数据法学”的同时⑪，启动了数据法学的硕士和博士研究生招生及培养工作。

⑨ 参见《教育部刑法课程虚拟教研室启动 29 家院校刑法学科合作共建》，载微信公众号“燕大元照”2022 年 8 月 1 日，https://mp. weixin. qq. com/s/_ g8 _ – MDMXDZfu-tY7I4rZA。

⑩ 参见马长山：《数字法学的理论表达》，载《中国法学》2022 年第 3 期。

⑪ 参见李栗燕：《网络时代法治人才培养的革新向度》，载王瀚主编：《法学教育研究》第 21 卷，法律出版社 2018 年版。

2021 年,浙江理工大学自主增设目录外二级学科“数据法学”,招收硕士研究生。2022 年,江西财经大学增设目录外二级学科“数据法学”,招收硕士研究生;上海交通大学和中国人民大学增设目录外二级学科“数字法学”,招收硕士研究生和博士研究生。同年 8 月,上海政法学院增设“人工智能法学”本科专业。(见表 1)

表 1　2018～2022 年高校创建的新兴法律学科

设置时间	学科或项目名称
2018 年	清华大学设计算法学全日制法律硕士学位
2018 年	东南大学设大数据与互联网法学学科
2018 年	西南政法大学设人工智能法学(法学二级学科)
2018 年	上海政法学院招收人工智能法学专业本科生
2018 年	辽宁大学设知识产权和人工智能法学(法学二级学科)
2018 年	华东政法大学设智能法学硕士、博士学位授权点
2018 年	中国人民大学设“数据法学”荣誉课程辅修学位项目
2019 年	江西财经大学设数据法学本科专业
2020 年	中国政法大学设数据法学(法学二级学科)
2020 年	中国人民公安大学设数据法学方向
2021 年	浙江理工大学设数据法学(法学二级学科)
2022 年	江西财经大学设数据法学(法学二级学科)
2022 年	上海交通大学设数字法学(法学二级学科)
2022 年	中国人民大学设数字法学(法学二级学科)
2022 年	上海政法学院增设人工智能法学本科专业

尽管对于学科名称的总结概括不尽相同,但许多高校对数字技术发展需要建设新的法学学科已达成广泛共识。

(三)法学教育课程设置的更新

厦门大学法学院院长宋方青认为,法学教育应该走向社会,塑造法治文化,引领社会的价值观。在大力推行新文科的背景下,厦门大学法学院大力推进法学教育新理论、新课程的研究和建设,创新法律与传播综合型人才培养新理念、新模式,并于2020年春季率先在高校中开设《法律传播学》创新课程。该课程旨在推动法律与传播学科的理性对话、交叉融合、优势互补、资源共享,促进法律信息通过优质高效的传播与社会公众充分沟通和交流,为传播法治文化贡献力量。

另外,在数字化时代背景下,我国高等院校法学院陆续开设数据法学和人工智能法学相关的课程。一般而言,在设立了"人工智能法学"或"数字法学"目录外二级学科的高等院校,都会在专业必修课外开设与人工智能、计算机或数字相关的法学课程。例如,中国政法大学在硕士研究生的培养方案中确定了数据法学、数据与信息安全法学、数据隐私法学的专业选修课程。(见表2)

表2 部分高校开设的数据法学和人工智能法学相关课程

学校	课程名称	授课对象
中国政法大学	数据法学、数据与信息安全法学、数据隐私法学	硕士研究生
西南政法大学	大数据、区块链的法律应用	博士研究生
上海政法学院	法律数据大管理与应用	本科生
东南大学	大数据与互联网法学	博士研究生
北京交通大学	人工智能法学	本研贯通课程
浙江大学	互联网与法学	在慕课平台上线
武汉大学	网络与数据法学	本科生、硕士研究生
四川大学	法律大数据分析	本科生
中国社会科学院	人工智能法学	硕士研究生

2021年5月,为响应科技发展以及国家新文科建设要求,中国社会科学院法学研究所科技与法研究中心正式推出"人工智能"法学课程。该课程分为四篇:总论篇、实体篇、程序篇、方法论篇,总共100讲[12]。其

⑫ 参见苏宇:《"信息技术+法学"的教学、研究与平台建设:一个整体性的观察与反思》,载《中国法律评论》2021年第6期。

中,总论篇主要概述了人工智能法学的发展、研究对象、研究方法、理论与实务价值以及体系建构。在实体篇中,内容包括:算法与新财产论;人工智能与知识产权;区块链与数字货币;自动驾驶规范及愿景;金融科技监管;数据及个人信息保护;人工智能与反垄断规制。在程序篇中,内容主要包括:人工智能与诉讼法律变革;算法、数据与新证据论;机器学习与司法裁判;法律神经网络及其应用。在方法论篇中,内容包括:人工智能与法学研究;人工智能与立法;人工智能与法律实务;人工智能法学人才培养。

除了给本校学生授课,2021 年 9 月,浙江大学开设交叉学科课程《互联网与法学》,在中国大学慕课(MOOC)平台上线。该课程大纲主要分为九个部分:(1)互联网法律的理念。(2)互联网时代的民法新问题。(3)互联网平台及其法律规制。(4)网络不正当竞争行为法律规制。(5)大数据开发与个人信息保护。(6)社交电商的发展及其法律规制。(7)网络安全。(8)网络犯罪。(9)互联网司法。

三、域外法学教育数字化变革管窥

互联网、大数据、云计算等技术的兴起,催生法学教育的教学模式从单一到多元,法学教育的专业设置从守旧到革新,法学教育的课程设置从陈旧到创新。当然,全世界都在面对数字化的时代浪潮,所以我们也可以从全球化的视角,去观察其他国家的法学教育是如何面对数字化变革这一趋势的。

(一)美国法学院法学教育创新

在美国,随着人工智能技术的进步,许多法律人工智能应用、法律数据平台开始在一些公司、律师事务所落地。因此,法律行业不得不积极面对这一变化,美国 50 个州中有至少 28 个州修订了《律师执业行为准则》,规定律师除了具有法律业务能力,还必须具备技术能力。美国律师协会“未来法律服务委员会”在 2016 年发布的专题报告《美国法律服务的未来》中明确提及“法律职业者要利用技术创新来满足社会公众的法律服务需求”。一些美国高等院校的法学院更早注意到这一变化，并致力于推动法律人工智能研发，在其中发挥主要作用。比如，2006 年斯坦福大学法学院与计算机系联合推出 Lex Machina 项目，它通过 NLP、机器学习及语义处理规则对诉讼文书等非结构性的文本数据进行挖掘，从中提取文书相关的核心信息，来挖掘相关法官、律师事务所和所在公司的诉讼信息，帮助律师或企业制定诉讼策略。2014 年，美国伊利诺伊理工大学法学院副教授丹尼尔·马丁·卡兹(Daniel Martin Katz)推出法律大数据分析与智能预测平台 Lex Predict，用以预测美国最高法院的判决。在 1953 年至 2013 年的 7700 个判决中，该平台算法的预测准确率达到 70%。

另外，根据“法学院创新指数”(Law School Innovation Index，LSII)，芝加哥肯特法学院和密歇根州立法学院在帮助学生提供更好的法律教育服务方面的表现出类拔萃。LSII 指数是衡量法学院提供“法律”与“科技”相关课程的创新度，它旨在提高教授法律服务创新与科技的法学院的知名度以及提高现役和未来法学院学生的学科和技能意识。LSII 指数由密歇根州立大学法学院“法律服务创新中心”的主任 Daniel W. Linna Jr. 所创，有资质被评估的法学院必须提供至少以下其中一门科目的课程：法律事务(Business of law)、流程改进(Process improvement)、律师领导力(Leadership for Lawyers)、项目管理(Project management)、律师创新/创业(Innovative/entrepreneurial lawyering)、计算机法(Computational law)、实证研究法(Empirical methods)、数据分析学(Data analytics)、基础技术(Technology basics)、应用技术(Applied technology)、人工智能与法律(Artificial intelligence and law)、区块链(一种金融科技)与法律(Blockchain and law)、网络安全与法律(Cybersecurity and law)、电子取证(E-discovery)、创业精神与法律(Entrepreneurship and law)。开设相关课程的数量越多，这所法学院的得分就越高。(见图 1)

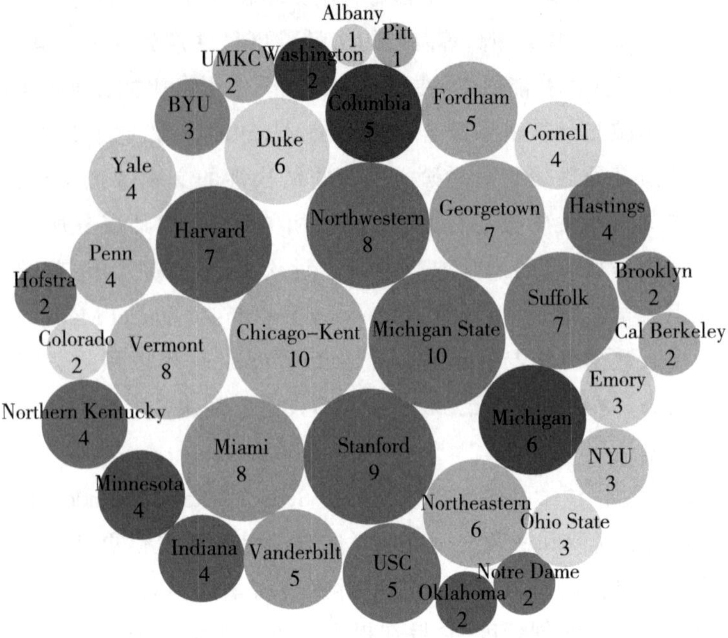

图 1　法学院创新指数

如图 1 所示,除去上文提到的芝加哥肯特法学院和密歇根州立法学院以外,其他排名靠前的法学院有:斯坦福大学法学院、迈阿密大学法学院、西北大学法学院、佛蒙特法学院、哈佛法学院。我们都知道,这些大学都是世界知名的常春藤学校,因此,不难推断,学校法学院的综合实力越强,往往越能紧跟数字化时代的脚步,追求创新,进行法学教育数字化改革。比如,在 LSII 指数的衡量标准中,与数字技术相关的课程就有七门,分别是:数据分析学(Data analytics)、基础技术(Technology basics)、应用技术(Applied technology)、人工智能与法律(Artificial intelligence and law)、区块链(一种金融科技)与法律(Blockchain and law)、网络安全与法律(Cybersecurity and law)、电子取证(E-discovery),这证明了美国一些顶尖学校正在进行法学教育数字化转型。

(二)俄罗斯法学教育的数字化改革

俄罗斯学者研究发现,学生对游戏化元素互动课程的质量

(57.01%)比传统方法培训的质量(23.36%)和传统方法授课的内容质量(19.63%)更满意,这是数字经济带来的一种文化驱动力。因而该学者认为,俄罗斯高等教育改革需要适应该趋势。

以备受欢迎的俄罗斯方块这款游戏为例。在游戏中,玩家要完成一个任务——移动、旋转和摆放游戏随机输出的各种方块,使之排列成完整的一行或多行。当玩家完成这个重复的任务时,就会得分。越往后,游戏会变得越复杂(越往后,方块落下的速度会越快),对于玩家来说也会越具有挑战性。当游戏的难度超过玩家的能力时,游戏就结束了,这就给玩家带来了挑战,促使他们提高技能,以获得更高的分数。

有学者认为,未来10年,在游戏中完成工作,或是将工作"游戏化",将成为数字战略的重要驱动因素。另外,通过对目前俄罗斯法律教育数字化的研究,以俄罗斯联邦政府下属的金融大学的活动为例,获得了一组数据,反映了在职学生和非在职学生的数字素养(如表3所示)。从表3中可知,非在职学生的数字素养指数较在职学生要低,这也表明了非在职学生需要发展和改进教育数字化。

表3 Digital Literacy Index, in percentage points, by type of student employment

Type	Student(not working)	Student(working)
Digital Literacy Index	61	64
Information literacy	61	67
Communication literacy	64	65
Digital content creation	59	57
Digital security	61	68
Problem solving skills in a digital environment	61	62

因此,为了培养非在职学生的数字化素养,俄罗斯目前正在实施广泛引入在线学习的举措,包括大规模开放在线课程,通过互联网互动参

与和开放访问培训课程。另外,在俄罗斯联邦政府领导下的金融大学法学院法律教育改革的全球性措施中,包括优化基础教育课程、发展教师和学生的项目活动,在教育过程中积极使用数字工具,将游戏或运动的观念(如得分和奖励)运用到法学教育中。有学者认为,当游戏化思维被运用到我们的课程任务中,学生完成任务、提高表现的动机就会增加,从而能够激励学生创新。

(三)德国法学教育的数字化改革

2002年1月1日,德国立法者在民事庭审和证据调查中引入视频会议技术,并于2013年11月进一步加强了该技术在法院和检察院程序中的应用,同时在各大诉讼法中引入"使用视频会议技术"无须征得当事人同意的条款⑬。毋庸置疑,德国立法层面将新技术应用到法院和检察院的措施,进一步推动了司法现代化发展。然而,在实践中由于很多法院缺乏视频会议技术所需的设备,在2020年,只有少数德国法院举行视频庭审。

虽然德国政府对数字化改革表现出极大重视,但德国的互联网产业发展较慢,法学教育数字化也进程滞缓。究其原因,与德国民众对于数字化的价值理念有关,多数德国民众对数字技术持保留和怀疑态度。另外,欧盟居民一向重视隐私,相比数字化带来的便利与机遇,更多人担心其中的数据安全问题。2018年,欧盟《通用数据保护条例》(GDPR)正式生效,该条例被认为是史上最严格的网络数据管理法规。

在新冠疫情影响下,民众对数字化的支持率有所提升,德国"数字日"公布的一项调查结果显示,在突发公共卫生事件爆发后超过53%的德国民众改变了对数字化的原有看法,转向赞成。与此同时,突发公共卫生事件也深刻影响了德国法学教育数字化教学,极大地推动了线上教育培训。德国高校法学院通过Skype、Microsoft Teams、Zoom等软件进行网络授课,举办线上会议、研讨和讲座。同时,数字化技术在法律适用

---

⑬ 参见周翠:《德国在线庭审的现状与前景》,载《人民司法》2021年第25期。

中的具体应用，亦倒逼法学教育的数字化进程。⑭

四、法学教育数字化变革的实施路径

在数字时代，数字化发展重新定义了生产力和生产关系，数据信息是生产要素，程序是生产力，这些新生事物引起了整体性转变、全方位赋能、革命性重塑。而新文科建设的动力源于信息革命，现代法学教育需要改革自身才能成为新文科。就我国而言，传统法学教育往往受西方话语体系和西方法治文化的影响，培养法学生建立了西方语境下的法律思维，并将这种法律思维视为“法律人”的行为准则，但是这种法律思维有时无法与我国现有制度相匹配。在数字化时代背景下，法学教育的新文科建设改革要从本土出发，我们需要关注理论实践中提出的新问题，但又不能仅做应急式的对策研究去解决实践问题，我们要充分重视数字化思维给法学教育带来的颠覆性思考方式，以面向实际和未来的眼光发展和改革法学教育。

（一）政府层面：加强教育行政部门的统筹谋划作用

目前，已经有部分省份开始摸索所在区域高等教育数字化变革的实施路径。比如，福建省按照“政府主导、高校为主、社会参与”的方式，以高校为主体，聚焦省内外相关资源，成立福建省高校在线教育联盟——“福课联盟（FOOC）”，着力打破地域、校际限制，构建基于“福课联盟网”的课程共享公共服务平台，汇聚中国大学慕课、“学堂在线”等20余个在线教育平台，有力服务全省高校数字化课程开发建设。省教育行政部门还陆续出台一系列规范标准，如《福建省高校精品在线开放课程建设标准（试行）》《福建省高校精品在线开放课程遴选指标（试行）》《福建省在线教育平台基本要求》《福州地区大学城文献信息资源共享平台

⑭ 2022年6月8日，德国埃尔朗根·纽伦堡大学法学院教授弗兰兹·斯特恩（Franz Streng）通过Zoom线上会议的方式，在中国社会科学院大学法学院主办的“中德刑事法学前言问题暨数字化和量刑研讨活动”中，介绍了数字化技术在“量刑”中运用的方法。

纸质文献联合借阅规则》《福建省高校数字图书馆接纳 FULink 新成员暂行办法》等,严格把控各类数字资源的准入、准出,有效防范教育数字化转型的潜在危险。

另外,在教育变革的时代浪潮中,不仅要着力构建高等教育数字资源平台,更要加强教育行政部门的统筹谋划作用,均衡各区域的数字资源,聚力打造智慧校园新生态。根据习近平总书记关于教育的重要论述、关于数字中国建设的重要指示批示精神,教育行政部门要深耕高校数字化建设,积极探索区域高等教育智慧发展新路径,着力构建"人人皆学、处处能学、时时可学"的智慧教育服务体系,推动高等教育高质量发展。换言之,国家教育行政部门要积极调动各方力量,统筹全国高等教育信息化资源,打造全国高等教育数字资源一体化服务平台。以共建共享智慧高教资源为抓手,坚持在数字平台上发力,着力缩小区域高等教育优质资源差距,形成高水平大学多建课、应用型高校多用课的数字资源良性互动。

(二)社会层面:调动各主体能动性落实法学教育数字化机制

2020 年 4 月 2 日,西南政法大学与重庆市大数据应用发展管理局合作,共同成立西南大数据法律研究中心。该研究中心旨在回应全球数字经济蓬勃发展对法学理论和法律制度提出的全新挑战,提出符合数字经济发展需要的法律框架,以促进数据资源的共享、开放、融合和应用。2020 年 6 月,清华大学成立人工智能国际治理研究院。2020 年 7 月 10 日,上海交通大学人工智能研究院携手中国法与社会研究院联合成立了"人工智能治理与法律研究中心"。中心以人工智能治理、法律人工智能、法律大数据应用、网络和数据安全、数据制度化治理为主要研究方向,旨在对人工智能治理以及相关的法律问题进行深入分析,从理论和实践两个方面提出中国方案。2021 年 3 月,浙江省高级人民法院、浙江省人民检察院与浙江大学光华法学院三家单位,为深化在数字法治领域的合作,实现数字法院、数字检察的迭代升级,共同成立"数字法治研究院",旨在为全球的数字法治建设写下"浙江方案"。(见表 4)

表 4　2020 年高校成立的大数据法律研究中心和人工智能法学研究机构

成立时间	机构名称
2020 年 4 月	西南政法大学成立西南大数据法律研究中心
2020 年 6 月	清华大学成立人工智能国际治理研究院
2020 年 7 月	上海交通大学人工智能研究院与中国法与社会研究院联合成立了“人工智能治理与法律研究中心”
2021 年 3 月	浙江大学光华法学院与浙江省高级人民法院、浙江省人民检察院成立了“数字法治研究院”

法学教育数字化转型是全要素、全流程、全业务和全域的数字化过程，因此在社会层面要建立法律相关行业和组织协同工作的机制，共同推进法学教育数字化转型。自人工智能产品进入学校，教育大数据正赋能法学教育的教、学、评、管、考等各个环节。首先，就法学教育的教学方式而言，要创新产教融合方式、释放产教融合效能，打通学校和校外组织、企业的观念，助力人工智能法学教育改革和发展。高校法学院、法院、检察院、教科研院所、教育学会、人工智能学会、大数据中心等单位和机构联合，共同打造和开发人工智能法学教学平台，促进人工智能法学教育的全场景应用。通过统计、挖掘、分析法律数据资源，为法学教育数字化转型提供数据支持。其次，从发展趋势来看，法学教育数字化转型是一个合作共赢的发展，在法学教育改革中社会企业提供智力和技术支持，而高校提供智力和理论支撑。换言之，借助人机交互、流程分解等技术，不断优化和提升法学教育的教学模式与教学体验，促进法学教育数字化转型。在双方通力合作的努力下，协同推进法学教育数字化的深层次发展。

（三）学校层面：培养法科生的数字技能和数字化思维

在数字技术革命的时代背景下，传统的立法活动、司法活动、法律制度和法学理论都发生了或多或少的变化。而这些变化的背后都离不开一个关键因素的存在——法律人或者法律职业共同体。高等院校的法学院作为法律人才的“摇篮”和“起源地”，毋庸置疑地承担着培养法科生的数字技能和数字化思维的重任。

首先,培养现代法治人才要求深入研究数字化教学。从法律制度来看,法律制度的着眼点在于人的行为,以大数据为代表的新技术得以广泛应用到法学领域的一个重要原因在于:技术可以实现对人的行为及其相关要素进行数据方式的可视化表达⑮。例如,传统的法院执行案件的难点在于数据量大,发现关联交易困难。但借助大数据分析技术,执行法官可以便捷地发现可疑资金变动,实现有效监管。这就要求法学院在法学教育中更加注重法学同技术科学、思维科学的交叉融合,积极开拓人工智能法学等新兴学科和交叉学科的研究与数字化教学,促进完善和提审法科学生的知识结构与思维方式。

其次,培养现代法治人才亟须培养法治思维和数字化思维。从司法活动来看,2018 年 3 月,人民法院调解平台正式上线。2021 年 3 月 4 日,最高人民法院召开新闻发布会,宣布人民法院"一站式"多元解纷和诉讼服务体系基本建成,诉讼服务迈入现代化发展新阶段。"一站式"建设使在线诉讼更加便利。全国 3500 多家法院上线中国移动微法院小程序,当事人可通过这一入口完成立案、查询、缴费、调解、庭审等 36 项在线诉讼服务⑯。在互联网技术与司法深度融合的当下,法学院如果还是按照传统方式教授法科学生法律知识和技能,显然无法满足数字司法对他们的需求,这就要求法学院要重视培养法科学生的法治思维和数字化思维。

最后,培养现代法治人才应重视数字化法律实践技能。从传统法学理论来看,传统法学关注的是现实的社会治理,而新技术的快速发展催生了关于数字空间治理的研究。比如,2021 年 2 月 9 日,网易(杭州)网络有限公司公开专利"基于区块链的资产证明方法及装置",专利摘要显示:本发明提供了一种基于区块链的资产证明方法及装置,涉及区块链技术领域,该方法降低了获取个人公户资产用户资产隐私信息、提高

⑮ 参见姚莉:《数字时代法学教育的传承与超越》,载《法治日报》2022 年 6 月 29 日,第 11 版。

⑯ 参见王俏:《司法牵手信息技术的成功实践——人民法院智慧法院建设工作综述》,载《人民法院报》2022 年 3 月 6 日,第 6 版。

信息安全性的效果。也就是说，对一些新技术的开发，研发者需要将法律思维表征为数字化语言。而且，这些技术的应用也离不开法律人进行适时的评估和纠偏。因此，这就要求法学院着力培养法科学生的数字化法律实践技能，通过人工智能、云计算等技术方面的课程设置、专题讲座等方式提升法科学生运用现代科技、应对时代变革的能力。

On the Digital Transformation of Legal Education: Logic, Paradigm and Path

Shu Yaozhi　Hu Fei

Abstract: The development of digitalization is changing the way of communication, organizational structure and business model of human society, and has a profound impact on the skills and prospects of the legal profession. As a result, legal education faces the challenge of digital transformation and benefits from the empowerment of digitalization, and traditional legal education must respond to the innovations brought by digital technology. Legal education should pay attention to the cultivation of digital legal practice skills and apply digital thinking and technology to the field of legal education in order to meet the future needs of a digitally transformed society.

Key Words: digitalization; empowerment; legal education; paradigm

人工智能时代高校教育教学嬗变与伦理审思*

林宝灯** 梅雄杰***

摘 要：人工智能在高校教育教学中的应用，彰显了满足产业变革和社会服务治理对高校人才培养的需求以及回归高等教育初心、回应党和人民的期盼的价值逻辑。在应用形式变革层面呈现出从单向度支持到多向度开发的应用方向、从注重基础问题解决到追求内涵发展的应用目标以及分工辅助和人机协同互依共存的应用情境等形态。人工智能应用推动高校教育教学嬗变，如促进形成更加开放融合的高校教育教学体系、满足个性化的学生主体学习需求，也引发教师主体专业发展形成机遇与挑战、高校教学系统要素达成整合与创新等。需要重点关注的是人工智能给高校教育教学带来了教育数据和算

* 基金项目：2021 年全国教育科学规划国家一般课题"大学生参与高校教师发展的理论与实践研究"（项目编号：BAA200021）；2021 年福建省中青年教师教育科研项目"人工智能发展对教师职业认同危机的影响机制与应对策略研究"（项目编号：JAS21172）。

** 林宝灯，厦门大学教育研究院博士研究生，福建江夏学院经济贸易学院实验室副主任、高级实验师。研究方向：高等教育管理、行为与实验经济学。

*** 梅雄杰，厦门大学教育研究院/教师发展中心博士研究生。研究方向：高等教育基本理论、高等教育评估。

法的伦理问题、道德责任主体的伦理问题和教师主体的职业伦理问题等伦理困境,由此提出相应对策予以化解和规范。

关键词:人工智能　价值逻辑　伦理困境　高校教育教学

一、前言

习近平总书记曾强调,中国高度重视人工智能对教育的深刻影响,积极推动人工智能和教育深度融合,促进教育变革创新,充分发挥人工智能优势,加快发展伴随每个人一生的教育、平等面向每个人的教育、适合每个人的教育、更加开放灵活的教育。[①] "人工智能"(Artificial Intelligence,AI)一词于 1956 年的达特茅斯会议(Dartmouth Workshop)首次提出,并将其定义为"能够模拟人类学习、行为等智能活动的智能机器",是人类智能科学的延伸。随着人工智能技术的高速发展,其在教育领域尤其是高校教育教学层面的应用逐步增多,重塑了人才培养、产学研协同等高等教育形态,对高等教育改革进行了高效赋能。而人工智能应用于高校教育教学,与基础教育教学中关注人工智能通识教育的"道"不同,其更聚焦于"术"。不仅要应用人工智能改造高校教育教学,而且要借助人工智能培养产业人才,本质上就是利用人工智能教育应用帮助高校学生完成实践技能和精深知识的习得。人工智能应用于高校教育教学领域引发教育形态发生丕变,使传统的大学的教育环境、教与学及师生交互等都发生了系列变革,导致大学教学伦理在数据和算法等多个层面形成风险和挑战。因此,高校教育教学人工智能应用带来工具性效用和价值等诸多益处值得被关注的同时,引发的伦理考验也需要深入进行探究。

当前,人工智能在高校教育教学中的应用在案例研究层面呈现出不同专业、不同课程人工智能应用系统百花齐放的态势。例如,张登博等

---

① 参见习近平:《习近平向国际人工智能与教育大会致贺信》,载《人民日报》2019 年 5 月 17 日,第 1 版。

(2021)参与研发设计了基于智能反思的大学生写作反馈系统,系统实现了文本数据的收集和标注,同时形成可操作性的文本反馈。② 该系统的实践应用凸显出较强的可操作性,对于规范的反思性写作能力提升具有促进作用并提高了写作信心。张飞等(2022)研发设计了机器人抓取的高校虚拟仿真实验教学系统,通过实验教学开展使学生掌握机器人抓取、深度学习、卷积神经网络技术等的理论和实验操作过程。③ 上述人工智能在高校教育教学中的应用案例,彰显了机器学习、数据挖掘与分析、云计算等人工智能的强大功能应用。在人工智能教育应用的效果方面,国内外大量的实证研究表明人工智能有助于提高学生的学习质量。例如,Adamson 等(2014)研究发现基于人工智能的协作学习支持系统可以显著提高学生的学习效率。④ Ben-Zvi(2012)研究发现通过决策支持系统可以提升学习者决策效率、促进提高学习绩效。⑤ 宣旸等(2021)研究学习满意度的影响机制,结果表明智慧教育平台对于学生的满意度和参与度都是正向的影响关系。⑥ 在人工智能教育应用产生相关的伦理问题方面,相关研究更多从实然方向阐述。例如,高山冰等(2022)指出,现有的伦理议题包含教育数据隐私和算法安全、人工智能的不均衡应用带来数字鸿沟、教师主体职业受到威胁、传统社会美德受到挑战等。⑦ 潘懋元先生(2020)曾撰文预见性地指出,高等教育既要培养自然人又要培养机器人,而自然人与机器人的和谐相处必须要赋予机器人新

---

② 参见张登博、刘明:《智能反思写作反馈系统的设计与应用》,载《现代教育技术》2021 年第 11 期。

③ 参见张飞等:《基于深度学习的机器人抓取虚拟仿真实验教学系统》,载《实验技术与管理》2022 年第 1 期。

④ Adamson D. et al., *Towards an agile Approach to Adapting Dynamic Collaboration Support to Student Needs*, International Journal of Artificial Intelligence in Education 1,2014, p. 92 – 124.

⑤ Ben-Zvi T., *Measuring the Perceived Effectiveness of Decision Support Systems and their Impact on Performance*, Decision Support Systems 1,2012, p. 248 – 256.

⑥ 参见宣旸、张万里:《智慧教育平台属性对学习满意度的影响机理研究——基于学生参与度和学校管理视角》,载《苏州大学学报(教育科学版)》2021 年第 2 期。

⑦ 参见高山冰、杨丹:《人工智能教育应用的伦理风险及其应对研究》,载《高教探索》2022 年第 1 期。

的道德伦理，对机器人的道德、情感以及美育的教育必不可少。[⑧] 综上所述，国内外现有文献对于人工智能在高校教育教学中的应用变革和引发的教学变革相关研究仍然不多，整体性和系统性研究不足。同时，对于人工智能在高校教育教学中应用引发的伦理问题的研究力度不够。因此，本文将以思辨为研究方法，以人工智能在高校教育教学中应用的技术、学生、教师等主体为研究对象，重点阐释人工智能时代高校教育教学的嬗变以及伦理审思等研究内容。

二、高校教育教学人工智能应用的价值逻辑与应用变革

（一）价值逻辑

人工智能在高校教育教学中的应用，并不是对高等教育价值进行的革命，而是通过人工智能技术的迭代与应用来强化高等教育的价值引领作用。[⑨] 高校教育教学人工智能应用，有利于开拓和发展利用人工智能强化教学科研创新和创新型高层次人才培养，将对掌握国家前途命运和建设教育强国以实现中华民族伟大复兴大有裨益。

1. 满足产业变革和社会服务治理对高校人才培养的需求。新时期，我国高等教育的供求关系、资源环境、国际竞争等都发生了很大变化。著名杂志《科学》预测，到 2045 年人类社会现有的 50% 的岗位要被人工智能所替代。人工智能时代，适应和满足产业变革和社会服务治理对高校人才培养的现实需求和时下的人才素质、人才结构、人才层次和人才数量还远远不能达到要求之间形成了强烈的冲突和矛盾。其主要原因是我国各行各业高端人才匮乏，亟须高等教育瞄准方向，加大相关领域人才培养。以制造业为例，根据教育部等三部门通知的有关预测显示，

---

⑧ 参见潘懋元：《新时代中国高等教育改革与发展：今天、明天与后天》，载《高等教育研究》2020 年第 9 期。

⑨ 参见赵渊：《人工智能时代的高等教育抉择：方向、策略与路径》，载《社会科学战线》2019 年第 10 期。

2025年制造业的新一代信息技术产业、高档数控机床和机器人、先进轨道交通装备等十大领域人才需求总量将达到6191.7万人,其中人才缺口将达到2985.7万人。[⑩] 而人工智能将助力这一具有可持续发展能力的高校新型工程技术"专、兼"人才的培养。同时,高校教育教学人工智能应用也将满足社会服务治理对人才的需求。人工智能时代,一方面,人工智能技术应用促进司法、医疗等服务更加顺畅、高效,以及政策执行等更加透明公正、廉洁;另一方面,人工智能技术正在迅速改变传统生产和管理服务模式:流水线上的工作存在的效率低下、技术含量低等问题被人工智能机器所解决,转而寻求懂得智能生产线上工业机器人操作的技能型人才。因此,社会治理的方方面面都需要高校加强人工智能的教育,使培养出的人才具备相应人工智能技术的掌握或应用能力,去满足社会服务治理的需求,全面赋能社会服务治理体系。

2. 回归高等教育初心,回应党和人民的期盼。人工智能作为一种技术应用于教育领域,给教育带来了技术变革和新的机遇,与此同时也应认真思考其角色定位并促成其承担相应的社会责任。[⑪] 人工智能在高校教育教学领域的应用应当实现立德树人尤其是回归培养高质量人才的高等教育初心:一方面,角色定位准确。人工智能技术是推动高校教育变革的重要力量,应当注重其作为教育技术的实践功能定位,服务于教育信息化和多样化,不断提升高校教育教学效率和质量。另一方面,注重交叉与融合。人工智能与高校教育教学的结合是跨学科的交叉与融合,并发挥出各自潜在的功用。高校教育教学将充分发挥人工智能这一技术的最新发展成果,不断革新应用形式、解放教师劳动力,促进教学成果提升,并提高学习者学习兴趣与实现满足个性化学习的效用。近几年我国已经出台系列规划和意见,如2020年3月教育部、国家发展和改革委和财政部联合印发的《关于"双一流"建设高校促进学科融合加快

⑩ 参见《教育部　人力资源和社会保障部　工业和信息化部关于印发〈制造业人才发展规划指南〉的通知》,载中华人民共和国教育部网2016年12月27日,http://www.moe.gov.cn/srcsite/A07/moe_953/201702/t20170214_296162.html。

⑪ 参见张嘉楠等:《智能时代教育技术变革的逻辑理路与指向研究》,载《中国电化教育》2021年第12期。

人工智能领域研究生培养的若干意见》等,从国家层面支持人工智能高层次人才培养,并在教育实践中体现出其时代责任与历史重托。同时,人工智能时代在高校人才培养的教育教学过程中应重视开展“政产学研”合作,以人才供给侧结构性改革、产业与教育深度融合,促进培养掌握人工智能等关键技术的复合型人才,不断以高尖端人才的产出回应党和人民的期盼。

(二)应用变革

从人工智能发展的历史跨度来看,人工智能将历经弱人工智能、强人工智能和超人工智能三个发展阶段。⑫ 人工智能在高校教育教学中的应用形式也贴合这三个阶段而有不同的应用形态,其形态界定是以人工智能与教师主体在教育教学活动中的地位以及其工作内容作为划分的主要依据。

1. 应用方向从单向度支持到多向度开发。人工智能在高校教育教学中的应用方向的态势随着人工智能技术的迭代发展而实现从辅助教师教学的单向度支持到注重对教师教学和学生学习的预测、诊断、反馈等多向度应用开发的跨越。人工智能在高校教育教学中应用的发展初期,其归属弱人工智能阶段的智能决策技术,仅能扮演辅助教学的单一向度、低层次阶段的角色。在面对复杂教学情境时,伴随人工智能技术的不断发展,实现通过人工智能技术进行“用户画像”,组织与高校学生学习状况相匹配的教学材料,并借助人工智能进行高校教育教学环境创设和教育过程重塑及评估等多向度应用。⑬ 在强人工智能阶段,智能教学支持系统的人工智能板块,主要利用大数据与数学算法进行三个层面的应用,第一层面为预测学生的成绩与发展趋势。第二层面为进行认知诊断,使用诸如热力图形式反映学习者掌握相关知识点和技能的状态和进度,在实现智能提醒的同时提供智能算法的内容推荐机制,实现扬长

---

⑫ 参见张学军、董晓辉:《人机共生:人工智能时代及其教育的发展趋势》,载《电化教育研究》2020 年第 4 期。

⑬ 参见[英]安东尼·塞尔登、[英]奥拉迪梅吉·阿比多耶:《第四次教育革命:人工智能如何改变教育》,机械工业出版社 2019 年版,第 152 页。

避短。第三层面为学习盲点的反馈,动态反馈当下所有知识点总体掌握情况,并利用可视化图形表格展现出学生群体掌握相对较差的知识点簇,实现对整个班级的知识掌握趋势预测。

2. 应用目标从注重基础问题解决到追求内涵发展。应用目标的设定是为了解决现实问题,当现实问题发生变化,其对应的应用目标也相应改变。从弱人工智能到强人工智能,服务高校教育教学作为人工智能的根本目标贯穿应用变迁的全过程,但不同时期的应用目标各有侧重。弱人工智能阶段的智能助教系统具备语音语义识别和交互的功能,可实现基础性的一般性课程教学活动如知识点讲解、批改作业、班级学生管理等。智能助教系统可以解放劳动力,节约人力资本从而使高校教师避免过于机械重复,而将精力放在更为高端的其他教育活动上。在强人工智能阶段,人工智能在高校教育教学活动中执行涉及机器的持续学习与进化的更具内涵和技术水平的复杂任务。如强人工智能阶段的智能学习自适应系统是利用标签和大数据技术搭建智能学习自适应系统的功能框架,形成自适应课程或题库,根据学习者自身的学习阶段和水平,推送相对应的课程或练习题目,实现因材施教。智能学习自适应系统在学习评价方面,有效利用了图像识别和自然语言处理技术,自动处理捕捉到的学生面部微表情,对比数据库开展态度等情感分析形成有效反馈。这是人工智能技术参与的全新的过程式学习评价,可根据每个个体自身学习状况的不同而作出适应性的反应,实现了技术促进学习的内涵发展目标。

3. 应用情境为分工辅助和人机协同互依共存。弱人工智能阶段,人工智能执行基础的、特定场景下的角色任务。高校教育教学活动的开展以人类教师为主,人工智能为辅。这一阶段人工智能的智能水平低于人类,只能从事简单知识的辅助教学工作,而高阶的思辨与创新思维等内容知识必须靠教师来讲授。强人工智能阶段,人工智能与人类教师的智能水平相当,两者在高校教育教学活动中皆处于主导的地位,根据各自的特长开展陈述性、推理性等低阶或高阶相关知识的教学。超人工智能阶段是未来人工智能发展的阶段,也是人工智能应用于高校教育教学的高级阶段。这一阶段人工智能的智能水平已经超越人类教师,人工智能可以负责所有知识的传授工作,形成高效率的教学机器人高级系统,人工智能和人类教师将分别负责“教学”和“育人”的不同职责,协同开展教育工作。在上述三个不同阶段,形成了明显的人工智能与人类教师的分工和协同,并逐渐生成以人机协同促进教书育人成效提升的良好态势。人工智能的发展水平,决定了人机协同的协同化程度。协同的主要元素包含人工、人类和协同三类智能⑭,其中协同智能的主体是人类,将协调人工智能和人类智能不断培育学生专业能力等核心素养。人机协同的教育形态使教育真正回归本位,让学生接受的教育符合国家和社会的需要,并实现以人工智能教育推动中华民族伟大复兴。

三、人工智能应用下的高校教育教学嬗变

人工智能在高校教育教学中的应用方向、目标和情境等方面随着人工智能技术的迭代发展而发生相应变革,整体上给高校教育教学发展带来以下四个方面的具体革新,这也是人工智能技术应用促成高校教育教学嬗变的“外在化”表现形式。

(一)开放融合的高校教育教学体系

一方面,人工智能应用创新了高校教育教学实践。开放、包容与流动促成未来教育培训企业、社会学习中心的繁荣⑮,高校只有打破封闭办学模式,走向与社会、企业合作才是双赢的结果。高校教育教学与人工智能等技术的融合,创新了高校教育教学实践:学科设置从相对孤立发展为所有学科都融入人工智能和互联网等技术生态,人才培养需要全面掌握社会需求、企业生产交付、市场回应等,实现数字化学习跟踪与评

---

⑭ 参见蔡连玉等:《人机协同化与学生发展核心素养——基于社会智能三维模型的分析》,载《开放教育研究》2021 年第 1 期。

⑮ 参见刘文:《人工智能时代高等教育之变与不变》,载《黑龙江高教研究》2018 年第 3 期。

估以及教学与科研、生产同步,如建立开放架构的实训平台与行业实时数据资源共享,将形成更为开放融合的教育价值观与产学研共同体。另一方面,人工智能应用推动了教育政策与人工智能高度融合。人工智能与高校教育教学的融合是世界各国政府都面临的现实挑战,首先,教育政策的制定深化和赋能了人工智能在高校教育教学中的应用,积极促进教育公平,扩大受教育群体。其次,政策法规保护人工智能开发人的知识产权,让开发者具有更强的原创动力、国家享有更大的教育红利。最后,教育政策引导高等学校人才培养的对象不仅是传统专业的学生,更是需要培养能掌控人工智能技术的职场技能操作的"常胜将军"。

(二)满足个性化的学生主体学习需求

高校学生的学习需求呈现出个性化的发展态势。长期以来,我国的课堂教学一般采用班级授课制,学生的个性化发展被一定程度限制。而人工智能能够帮助不同基础、不同背景的学生找到适合自己的学习内容和学习进度,做到因材施教、有教无类。学生对于知识的需求不再局限于教师的单方面讲授,还可结合自身的兴趣和价值观,而对于其他的知识有更强烈的需求。个性化的学习需求将在基于数据挖掘的人工智能推荐算法的促进下,给予每位学生不一样的内容推送。使学生进行不同内容与形式的学习,展现了极大的学习自主权。高校学生可以享受与其个体认知结构、接受能力、知识缺陷、身心特点等更加匹配的教育教学内容,从这个意义上来说,人工智能可以提升人才培养质量。[16] 过往靠死记硬背就能掌握学科专业知识和技能的模式将逐渐失去价值,因为人工智能设备在这些方面比人做得更好。因此,学习不再停留在对知识点表面的理解,而换作开展深层次探究、形成完善的思维方式就显得尤为重要。[17]

(三)教师主体专业发展形成机遇与挑战

人工智能给高校教师发展带来了机遇和挑战。需要明确的是,人工

---

⑯ 参见赵渊:《人工智能时代的高等教育抉择:方向、策略与路径》,载《社会科学战线》2019 年第 10 期。

⑰ 参见曹培杰:《以新技术构建新型教与学模式》,载《中国教育报》2021 年 4 月 14 日,第 4 版。

智能不是对高校教师主体地位的取代，两者是和谐共处的，发挥人机共教作用；高校教师的地位也不应与人工智能相模糊或冲突对抗，而应为了共同的高校教育教学目标而平衡统一。人工智能具有智能、可视化、实时、动态等特点，其在教学领域的应用，对教师的教学技能、教育思想、教育策略和教学方法以及专业素养都会产生影响，引发了教师角色的转变与专业的发展。高校教师应更新教学理念、方法，掌握人工智能等信息化教学的技术应用操作，变革教学管理模式的现实要求，力争实现以学生为中心的教学环境以及高校教育教学的规模化和个性化的协同发展。现行的分科教学有利于高校学生系统性知识的习得，但不利于其完整知识体系的形成和综合思维能力的培养。⑱ 技术从支撑学科讲授到赋能跨学科学习，本质上要求教师具备复合型创新性人才的素质，这是因为教师的素质直接影响学生能力的提高。一方面，教师要将人工智能、大数据、5G、VR 等科技创新变成课程知识的媒介和主题，揭示学科之间的内在联系，鼓励学生运用多学科知识解决问题；另一方面，教师要破除照本宣科的教学方式，从讲授式教学转变为自主学习、小组合作学习、探究性学习等形式。

（四）高校教学系统要素达成整合与创新

人工智能对高校教学系统内部各要素的整合与创新，表现在以下六个方面。一是对教育教学流程的智慧重组。以前学生在教室上课，课后进行作业练习，现在先自学后讲解，教育资源不再局限于纸质教材，学生可通过“一张网，一个移动终端”囊括最优质教学资源，足不出校、足不出户就可以听到世界各地名师讲座和课堂讲课。人工智能不是学生观看网课的终端，而是连接世界的窗口，形成无处不在的学习环境。因此，学生进行高质量学习的所有地方即是“学校”。二是课程体系的创新。在顶层设计上突出适应未来智能社会的课程定位，统筹推进构建数据驱动和智能决策的课程结构，整体融合探索生本取向的层次化课程内容体系。三是学习空间的重构。由固定桌椅、秧田布局的传统教室转变为集

---

⑱ 参见曹培杰：《以新技术构建新型教与学模式》，载《中国教育报》2021 年 4 月 14 日，第 4 版。

多屏互动系统、常态录播系统、人体工学桌椅、灵活布局、智能环境控制于一体的智慧教室，使学习空间具有开放性、可延展性，学习空间布局灵活多样，具有可重塑性。四是教学质量评价方式的优化。人工智能实现课堂教学的全录播数据采集与课程教学质量分析与评价；通过在线教学平台进行教学过程分析与评价，教学管理系统的智能化对高校学生成绩、课程安排等结构化数据进行分析与评价。引入人工智能技术，教学评价的主体发生转变、评价结果更加公平、评价维度更加多元、教育决策更加以人为本。五是升级高校教育教学治理方式。人工智能对教育管理过程进行监控及预测预警，研制教育管理决策数据模型，根据模型整合各级各类教育数据开展数据治理工作。六是持续加强高等学校人工智能等新一代信息技术等教育基础设施建设和广泛应用，充分挖掘移动学习的独特优势，利用信息技术的手段，将学习整合、嵌入高校学生的日常生活；在学分认证、学时计算、学业考核、学习组织等多个方面，构建起支持终身学习和终身教育的新型教育模式和教育考核评估管理机制。

四、高校教育教学人工智能应用的伦理困境和化解对策

人工智能是高校教育教学发展的利器，也是引发伦理困境的源头。伦理，是指合理的道德准则。人工智能是人类智能的延伸，其并不天然具备善意和伦理，在伦理层面表现出滞后性问题。

（一）伦理困境

人工智能引发高校教育教学的伦理挑战主要有以下三个方面，需引起足够重视。

1. 教育数据与算法的伦理问题。人工智能在高校教育教学应用中所产生的情感、行为、成绩等单向或交互数据皆被人工智能机器所收录、存储和调用，同时人脸识别和接口技术在人工智能中实现大量使用，引发高校教育教学个体隐私数据泄露和使用合法性的风险隐患。这是因为数据的开发、传递和利用，实现了教学活动中涉及的教师、学生、智能

机器开发方和教学管理方等多方主体的数据共享，而数据的共享本就不利于数据的隐私保护，是对数据安全性的极大挑战。这一突出的内在矛盾主要表现为教育数据运用的规范性与最大化利用之间的矛盾、教育数据分析的透明性与教育数据个体的隐私性之间的矛盾。同时，人工智能在高校教育教学中的应用由于自身“智慧性”不足，其算法在预测、反馈和决策等方面产生了伦理问题，主要是忽略了人的发展性而过于注重历史性数据的应用，带着文化偏见和非发展的眼光看待受教育者，这与人的复杂系统性和发展创造性相悖[19]。例如，人工智能基于大数据的算法程序，能推送精准的学习资源以满足当下经过智能机器评估的学生个性化的学习需求，但长此以往不利于学生的全面发展。学生获得的知识囿于智能机器推送的学习资料，无法学习到其他领域的知识，造成其学习视野狭隘，思维方式变得固化而形成思维定式。从这个角度来看，人工智能应用对学生发展造成了一定的消极影响，从而形成应用伦理困境。

2. 道德责任主体的伦理问题。道德是社会法则，而人才有社会属性。人工智能不是自然人，也就无法构成道德主体。即使在人工智能高校教育教学产品的前期设计阶段，赋予其符合伦理要求的一定的道德要素，仍然不能采信其为道德主体。智能机器人进入大学课堂，在目前教师、学生、机器人等道德责任的可能主体仍然存疑的情况下，三者的关系需要进行合理定位。尤其是机器人与教师主体间的权利划分特别受到关注。机器人执行基础的教学任务，教师逐渐从重复性的工作内容中解放出来，关注学生的情感、价值、思维方面的教学，这种情况下，智能机器人的教学地位是什么？是否对学生负责？如果发生教学事故，教学管理部门应如何问责？[20] 机器人教学实践中的程序出错如果归因到教师身上，无疑会产生教师信任危机，挫伤教师对采用人工智能进行教学的积极性；如果归因于机器本身，机器是否和有意识的人一样，需要进行检视

---

⑲ See Tuomi I. , *The Impact of Artificial Intelligence on Learning*, *Teaching*, *and Education*: *Policies for the Future*, Luxembourg, Publications Office of the European Union, 2018, p. 73.

⑳ 参见张端鸿：《人工智能与高等教育》，载《中国科学报》2019 年 1 月 30 日，第 1 版。

和反思,答案尚不明确;如果归因于技术负责部门,其应承担什么样的后果,也是一个悬而未决的难题。同时,人工智能应用下的高校教育教学工作是机器人参与的教育教学工作,因此高校教育教学具备了机器的一些特性。例如,过于机械化,出现不注重关怀学生等"冷血"、存在疏远感等相关问题。在一些细节方面,人工智能对高校教育教学活动也产生了一定的限制。在非面对面的情境下,教师要求学生上课打开视频,是否冒犯学生因为各种原因而隐匿真实学习画面的权利存疑。

3. 教师主体的职业伦理问题。基于人工智能系统的普遍性应用,教师的知识储备与人工智能产品的海量数据储备相比,无疑相形见绌。[21]人工智能技术有可复制和推广性、深度学习性,故人工智能在高校教育教学领域应用承担一定的教学任务,对于教师劳动权形成一定程度的收缩。因此,兼具考虑教师的劳动在一定程度上被替代、人机协同教学在教师主体层面形成主体偏移的错觉且教师权威受到威胁,人工智能对于教师在高校教育教学中的主体地位造成挑战。人工智能与教育的结合,需要厘清教师专业伦理问题并构建和推行伦理规范。[22] 高校教师是高等教育事业发展最为重要的资源,而人工智能在一定程度上形成高校教师职业认同危机,现状不容乐观。高校教师与人工智能之间的界限日益模糊且教师的地位有逐步退让于人工智能的表象。因此,合理平衡好高校教师与人工智能技术的"亲疏关系",保持高校教师应用人工智能开展教学的积极性是一个亟待深化研究的问题,应当深入调研以科学制定措施、解决现实需求。

(二)化解对策

1. 构建制度与法律规范以规制教育数据与算法伦理问题。数据和算法是人工智能在高校教育教学中应用的关键作用要素。从技术应用的角度看,由于人工智能教育应用形成全新的教育情境,可以从制度和

㉑ 参见潘旦:《人工智能和高等教育的融合发展:变革与引领》,载《高等教育研究》2021 年第 2 期。

㉒ 参见杨霞:《人工智能背景下教师专业伦理规范的构建研究》,西南大学 2021 年硕士学位论文,第 I 页。

法律层面构建规则并出台相应的办法,对教育数据和算法的伦理问题进行规制。一方面,成立并依靠科技伦理治理委员会的科技伦理治理作用。技术是为教育服务的。[23] 应不断加强对人工智能的伦理规则、法律制度和社会问题的研究、制定与宣传教育,从源头上把控,确保在人工智能高校教育教学产品的设计阶段就贯彻道德和价值观等的伦理要求,并建立问责机制。另一方面,人工智能的数据和算法使用应当安全有效。应较好地处理个人数据开放共享与数据隐私保护之间的关系。运用法律法规规定数据的使用应呈现公平的、实现备案可供审核的、非歧视的态势。同时,算法层面应科学构建制度、不断融入伦理规则。人工智能教育机器的算法应当实现加强深度学习和优化,提升教育教学行为决策的精准度和真正的"个性化",坚决纠正算法偏见和歧视,着力构建与高校教育教学人工智能应用相匹配的伦理规范。

2. 树立适应智能教育教学发展的责任意识以廓清道德主体。高校教育教学的各个参与主体如政府、高等学校、家庭、教师和学生主体以及社会企业与团体都应主动拥抱人工智能在教育领域的应用与发展,树立适应智能高校教育教学发展的责任意识。尤其是高校和教师,在培养适应未来智能社会发展需要的人才方面应下大功夫,不断提高学生在人工智能层面的责任意识和操作技能。以适应智能教育教学发展的责任意识的提升,逐步廓清和主动担当道德主体。2017 年国务院印发《新一代人工智能发展规划》后,针对全民的人工智能教育项目已逐步实施。2018 年教育部印发《高等学校人工智能创新行动计划》,提出要建设一批"人工智能 + X"复合型专业。人工智能已经成为未来国家产业发展和变革的技术驱动力,而在高校教育教学领域的应用已是大势所趋,响应了时代的号召,更是新时代对于高校教育教学活动应满足社会需求与学生个体全面发展的最新要求。同时,应当将传统教育中与教育本质相

---

[23] 参见蒲菊华、熊璋:《人工智能与教育融合促进高等教育改革》,载《中国高等教育》2021 年第 20 期。

关的习俗迁移至人工智能情境的教育活动中。[24] 例如,利用人工智能相关技术开展课程的虚拟教学活动,教师主体和学生主体都应满足基本的"在场"要求而不得隐匿或"隐性逃课"。此外,作为"类人"的人工智能教育产品按照伦理规则,不应具备道德主体地位。其在情感方面应破除拟人化,避免产生情感依赖。避免自然人产生情感依赖的措施是割除自然人与人工智能在情感层面过于亲密的联结,而拟人化的破除是一个关键的路径,可以在人工智能高校教育教学产品设计方面找准关键点、践行伦理规则。

3. 聚焦人机协同的教学实践以推动教师职业伦理纠偏。人机协同教学是人工智能时代高校教育教学的发展趋势和必然选择,应予以充分实践并挖掘其在教师职业伦理问题层面的纠偏作用。特别要积极引入第三方教育培训和心理辅导机构以加强高校教师主体的身份重塑,培养教师成为娴熟的人工智能技术操作者、有温度且理性的情感交流者和促进深度学习的知识研究与分享者[25]。在人机共生的这一教育应用生态中,教师主体在道德塑造、人工智能技术应用、课程设计、深度学习参与、资源整合以及教育理论研究等方面起到的服务作用[26],是以解决重点问题和痛点问题为第一要务的人机协同教学实践,其在推动职业伦理纠偏方面具有强大的动力。故在激励机制或教师职业效能感的作用下,教师主体更有可能去主动接纳人工智能的教育情境,破除人工智能给自身带来的不适应问题,最终实现伦理纠偏的目的。同时,应注重开展师生人工智能的伦理教育,以进一步促进教师职业伦理纠偏。机器人可能会"失去控制",因此要将伦理教育置于智能技术之中。[27] 工程伦理教育具备必要性,其有助于学生在人工智能教育情境下实现对于科学技术的价

---

[24] 参见张立国等:《人工智能教育伦理问题及其规约》,载《电化教育研究》2021 年第 8 期。

[25] 参见张曦琳:《智能时代高校教师的身份危机及其重塑》,载《现代教育技术》2020 年第 11 期。

[26] 参见陈鹏:《共教、共学、共创:人工智能时代高校教师角色的嬗变与坚守》,载《高教探索》2020 年第 6 期。

[27] 参见袁广林:《人工智能时代高等教育变革》,载《国家教育行政学院学报》2019 年第 8 期。

值追求㉘,也有利于高校教师在教学实践中坚守伦理追求,使人工智能不断发展为驱动高校教育教学质量提升的重要技术力量。开展人工智能的工程伦理教育应实现的目标是:提升高校学生在人工智能的工程伦理意识层面的敏感性、深度掌握人工智能工程伦理的规范标准和提高人工智能工程伦理的问题解决能力;深化高校教师在人工智能技术于教育教学中应用的必要性和紧迫性层面的认识,以及提高技术掌握和应用的自觉性、主动性和有效性。

五、结语

新时期,深化协同创新、推进人工智能与高校教育教学的不断融合发展,创造可持续的高等教育生态系统,对高等教育的公平化、优质化具有重要的现实意义。人工智能在高校教育教学中的应用,在技术层面应凝聚共识,加强高校教育教学人工智能的科技创新、智能培育和示范应用。新时代,我国学者从中国特色与历史传统等方面开展了“中国伦理学”思考㉙,但是要真正进行中国马克思主义的伦理学研究,应当使伦理学研究更契合马克思主义的气质,要遵循“人的自由全民发展”的价值取向,紧紧围绕人工智能高校教育教学应用的伦理学相关问题解决的这一社会现实需要,担当起中华民族伟大复兴的重要职责与使命。针对伦理层面,后续需要开展的工作仍然很多,重点关注人工智能在高校教育教学领域应用风险的评估与防范,确保人工智能在高校教育教学活动中应用的安全性、可控性与有效性等。

㉘ 参见林健、衣芳青:《面向未来的工程伦理教育》,载《高等工程教育研究》2021 年第 5 期。

㉙ 参见江畅:《“中国伦理学”的三种意义之辨析——兼论当代中国特色伦理学构建》,载《华东师范大学学报(哲学社会科学版)》2020 年第 1 期。

On the Transformation and Ethical Consideration of Education and Teaching in Colleges and Universities in the Era of Artificial Intelligence

Lin Baodeng Mei Xiongjie

Abstract: The application of artificial intelligence in education and teaching in colleges and universities demonstrates theneed of meeting industrial change and social service governance for talent cultivation in colleges and universities, as well as the value logic of returning to the original intention of higher education and responding to the expectations of the Party and the people. At the level of the change of application form, it presents some forms, such as the application direction from one-dimensional support to multi-dimensional development, the application goal from focusing on basic problem solving to pursuing connotative development, and the application situation of division of labor assistance and human-machine collaboration and coexistence. The application of artificial intelligence promotes the transformation of education and teaching in colleges and universities, such as promoting the formation of a more open and integrated education and teaching system in colleges and universities, meeting the personalized individual learning needs of students, and also triggering the formation of opportunities and challenges for the professional development of teachers, and the integration and innovation of the elements of the teaching system in colleges and universities. It is necessary to focus on the ethical dilemmas brought by artificial intelligence to education and teaching in colleges and universities, such as the ethical issues of educational data and algorithms, the ethical issues of the subject of moral responsibility, and the professional ethical issues of the subject of teachers, and the corresponding countermeasures are presented to resolve and regulate them.

Key Words: artificial intelligence; value logic; ethical dilemma; education and teaching in colleges and universities

论我国立法者职业伦理教育的三重维度*

李佳飞**

摘　要:立法者是政治共同体向善的推动者,是一个国家法治体系建设的主导者。为了促进立法"真、善、美"的实现,立法者必然遵循基本的职业伦理,这是法治建设题中应有之义。立法者职业伦理教育至少需要涵盖三重维度的内容:基本的德性,主要体现为立法者内在良善和外在为民品性双向均衡的教育和规训;恰当的知识,主要体现为立法者应当遵循的法律规范和必须坚守的政治规矩两者之间整诠性知识的教育和规训;融贯的技术,主要体现为立法者对立法自身技术(立法内在技术)和辅助立法技术(立法外在技术)互动反身性知识的教育和规训。这三重维度的教育和规训是作为"忠、优、好"立法者的基本要件与关键保证。我国应加强对立法者三重维度的宏观培育和微观引导,以促进良法的制定和

* 基金项目:2021年国家社会科学基金西部项目"中国共产党领导立法的系统研究"(项目编号:21XFX014);西北政法大学本科教育教学改革研究项目"《法律职业伦理》课程思政建设成效研究"(项目编号:XJYB202334)。

** 李佳飞,法学博士,西北政法大学法治学院、数字法学研究院讲师。研究方向:立法学。

善治的落实，从而为推进国家治理体系和治理能力现代化提供重要的动力保障和人才支撑。

关键词：立法者　职业伦理　德性　教育

一、问题的提出

习近平法治思想明确要求“坚持建设德才兼备的高素质法治工作队伍”，这为我国法律职业伦理体系的完善指明了方向。但理论界多以司法视角构筑法律职业伦理体系，较少以立法视角进行研究，这使立法者职业伦理系统性知识的构建显得不足。立法者职业伦理与司法者职业伦理有着鲜明的差异，主要体现在立法是一个规范“无中生有”的创造过程（正当性过程），而不只是一个法律“从有到用”的适用过程（合法律性过程）。“无中生有”的造法特质必然由立法者自身的特质所决定，正如社会秩序的德性必然由社会秩序构建者自身的德性所决定的一样。这意味着立法者在建构人从自然性到社会性所遵循的基本秩序中，为契合自身德性要求，必会将自身的德性品良融入具体的立法创造中。立法者创造法律的目的和特质是获得最大的善，而这些善是人们之间的和平与意愿，①为了达成人们之间的和平意愿，立法者须具备“善以成治、德以为人”的德性特质。立法的“无中生有”不是一种任意，更不是一种虚化的想象，它需要拥有扎根于一个国家实践、社会发展和人民意志的伦理性知识。

然而，因对立法者认知和定位的不同，立法者职业伦理知识的构建和完善会出现不同类型和层级的微观差异。从古到今，立法者在意象层面涵盖“天地大本、先圣先王、规范的宣谕者、建政立制的主权者、市民立法的政治机构”等主体。立法者可分为抽象和具象两大主体，前者如神、

① 参见［古希腊］柏拉图：《法律篇》（第2版），张智仁、何勤华译，商务印书馆2016年版，第12页。

人民、主权者等,后者如国会、议会、法学家(技术性)等。② 在我国,既有抽象意义上的人民,又有具象意义上的立法机关作为立法者。具象意义上的立法者不仅包括立法机关中的代表或成员(如政协委员、人大代表),还包括进行思想、政治和组织领导的执政党,即带领人民、为了人民"总揽立法全局、协调立法各方"的核心——中国共产党。③ 本文为分析方便,并未关注某一具体立法者,而是将立法者作为一个整体范畴进行阐释。从整体视角看,立法应坚持以民为本和立法为民的理念,内涵着立法者职业伦理的三重维度:基本的德性、恰当的知识和融贯的技术。在我国,立法者职业伦理三重纬度的完善和对立法者意识行为的融入,都离不开在结构内容上明确立法者职业伦理教育和规训的基本内容。

二、德性教育:内在良善与外在为民之间贯通的双向性均衡

立法者是为社会构建行为标准和正义要求的首要主体,须具有超越自身限制和洞察人事的基本能力。立法者"为了发现能适合于各民族的最好的社会规则,就需要有一种能够洞察人类的全部感情而又不受任何感情所支配的最高的智慧"④。这种能够洞明世事和超越自身限制的最高立法智慧,是培养立法者自身良善品质和超越自身限制为民德性的基本要求。唯有如此,才可以更好地以人民为中心和为人民之幸福贡献立法者应有的品质和德性。⑤ 内在良善和外在为民的德性品质为立法者在立法中严格遵守规则主义和德性主义(同义于合法性原则)⑥提供了理论上的可能,因为合法性原则须在规则主义的外在要求之下涵盖德性

---

② 参见严存生:《也谈"立法者"》,载《河北法学》2016年第1期。

③ 《中共中央关于全面推进依法治国若干重大问题的决定》指出:"要恪守以民为本、立法为民理念,贯彻社会主义核心价值观,使每一项立法都符合宪法精神、反映人民意志、得到人民拥护。"而这恰是中国共产党作为立法领导者对立法者职业伦理的基本要求和规范约束。

④ [法]卢梭:《社会契约论》,何兆武译,商务印书馆1963年版,第49页。

⑤ 参见[法]卢梭:《社会契约论》,何兆武译,商务印书馆1963年版,第49页。

⑥ 此处的合法性同义于正当性。——笔者注

道德的内在性质。[7] 这也正是立法法理学所认为的立法者必然是在政治和法律之间作为的基本理据之一,理据可以理解为:一要重视实践理性在立法者立法中的作用,使立法者遵循立法法理学的原则、遵守规范性义务。二要认识到德性品质在选举立法者中的重要标准,重视立法者自身德性的培养和立法智慧的教育。

(一)良善即正义:遵循真善美正义伦理的德性培养

为了追求立法"真、善、美"融贯统一的最高境界,[8]立法者须具有道德性和伦理性,因为立法者"你们正确地从美德出发,并且说明,这是立法者制定法律的目的"[9]。立法者德性是其所立之法能否具有持久生命力的内在因由,是能否获得人民认同和赞许的价值所在,关系所立之法的"生死存亡"。立法者并非绝对理性者,大多数时候还存在对制度创制及自身私性难以克服的困境。面对困境,立法者应具有从人民中来到人民中去的坚持和气量,以领导人民去追求立法的真善美。由于"一个立法家,对于既赋有理智又赋有精神的那一种人民,不难引导他们达成善业(善德)"[10]。所以,立法者必须拥有从人民中学习并回到人民中的良善品质(如何学习的问题)。这种良善品质不能空喊必须教育,毕竟"任何改良措施都是空话,除非每一个人能够自我教育,能以内在的觉悟唤醒潜存的真我,能够即知即行、知德合一"[11]。那么教育什么就成为了关键(学习什么的问题)。

立法者良善品质的德性教育包括以下几个方面:

1. 明确应具有的历史性和时代性要求

立法者是国家政治的风向标和导控者,是一个国家历史和时代特性的主要把握者。一国立法依赖于自身历史,"除了一切人所共同的准则

---

⑦ 参见张智:《论富勒"合法性原则"的道德性与制度化》,载《河北法学》2011 年第 6 期。

⑧ 参见宋方青:《论地方立法的真善美及其实现》,载《学习与探索》2010 年第 1 期。

⑨ [古希腊]柏拉图:《法律篇》(第 2 版),张智仁、何勤华译,商务印书馆 2016 年版,第 16 页。

⑩ [古希腊]亚里士多德:《政治学》,吴寿彭译,商务印书馆 1965 年版,第 367 页。

⑪ [德]卡尔·雅斯贝尔斯:《四大圣哲》,傅佩荣译,商务印书馆 2022 年版,第 9 页。

而外,每个民族的自身都包含某些原因,使它必须以特殊的方式规划自己的秩序,并使它的立法只能适合于自己”⑫。在我国,立法者应继承国家优秀的历史文明和传统文化,把握时代发展脉搏,按照“总结、继承、完善、提高”⑬的原则,为立法提供继承优秀历史、符合时代发展和人民要求的高质量文本及理论供给。而如何更好地形成历史性、时代性和人民性的内在素养,须对立法者从外在和内在路径上进行双向教育。外在上,应对立法者进行传统文化、制度历史和立法权力演进脉络等内容的教育,使立法者了解本国历史、政治状况和立法结构,以总结和继承好立法的优秀经验和善政历史。内在上,应对立法者进行时代主题、社会矛盾和人民亟须等方面的教育,使立法者更清晰本国的社会发展阶段和人民的所思所想所愿,以完善和提高立法的良法特质和善政品格。因为“良法,是善政的法治化。善政,就是复合客观规律的治理。遵循客观规律,既是良法的必要,也是良法的需要”⑭,更是立法者历史性和时代性教育的需要。

2. 明确应具有的人民性和政治性要求

立法者不能是某一个阶级或者某一个群体的利益代表者,它应是最广大人民根本利益的代表者。立法者以人心定尺度,具有为世人立规矩的责任和担当,涵盖社会性和国别性的要求,立法者所立之法要引领时代必然具有鲜明的人民性和时代性,具有更宏大的政治立场和人民意识。立法者通过合法程序制定为民的法律,促使遵守此法的人拥有更多的获得感,“这些都是有效的法律,使那些守法的人得到幸福,为他们提供许多利益”⑮。历史上,立法者最初制定的法律利益还区分为人的利益和神的利益,但经过古希腊、中世纪到现代的理论推演,特别是现代性注入立法者意识后,立法重点转向了人的利益。现代性的重要标志是明

---

⑫ [法]卢梭:《社会契约论》,何兆武译,商务印书馆1963年版,第68页。

⑬ 习近平:《论坚持全面依法治国》,中央文献出版社2020年版,第76页。

⑭ 张越:《立法技术原理》,中国法制出版社2020年版,第421页。

⑮ [古希腊]柏拉图:《法律篇》(第2版),张智仁、何勤华译,商务印书馆2016年版,第16页。

确人的“主体性”,体现为准确把握和认知人的理性、自主性与个体性。[16]作为现代性的立法者,其合法性和正当性亦源于立法者内嵌的“人民性”,这就要求立法者之德性不再以神或者彼岸的真理为理据,而将人作为立法的目的和核心。在我国,表现为立法者应具有全心全意为人民服务、以人民为中心的立法观。

3. 明确应具有的伦理性和正义性要求

立法者应在具体的立法中朝向德政的具体要求,明了各种德性的自然秩序和人的自然本性,以给公民安排恰切的生活方式及相应的法律。[17] 立法者“既然你在制定法律,你就应该考虑与你所处理议题相关的道德价值以及原则。而且你应该系统地而不是杂乱无章地思考。然后,以一种清晰而科学的方式,并在得到明晰的解释、有效的论证后以及根据议事的先后顺序着手处理它们”[18]。这恰是立法者立法时内在伦理性和正义性的外在体现。在古代,作为一切美德总和的正义,既是现代法律制度的正当性内核,[19]又是个人和国家德性的基石,更是个人心灵和社会秩序和谐的基础。[20] 在现代,立法者通过伦理性和正义性的培养,强化自身对正义和德性的理解和思考,形成自身的德性立场和内在伦理意识,使其在立法过程中坚持自身的理性逻辑和正义理念,其立法能力(立法理性)才能变得神圣,继而升格为康德伦理概念“神圣存在者”中的“神圣立法者”。[21] 最终会提升立法者高效、科学立法的制度能力和结构优势。所以,立法者德性的培养和教育其目的是要进行立法者正义感和伦理感的塑造,以防止立法者自身偏见的激扰,因为“法律总要遭遇立法者的激情和偏见,有时与之擦肩而过,只是染上一点淡淡的色

---

⑯ 参见沈顺福:《主体与德性:试论传统儒家主体性问题》,载《学术界》2017年第2期。

⑰ 参见林志猛:《柏拉图论立法的目的及其哲学基础》,载《世界哲学》2019年第1期。

⑱ 参见[美]杰里米·沃尔德伦:《法律与分歧》,王柱国译,法律出版社1963年版,第26~27页。

⑲ 参见梁晓杰:《法律正义和正义美德》,载《道德与文明》2006年第6期。

⑳ 参见江畅:《西方德性思想史概论》,人民出版社2017年版,第36页。

㉑ 参见舒远招、韩广平:《康德伦理学中的“神圣存在者”》,载《湖南大学学报(社会科学版)》2020年第4期。

彩,有时则停下脚步,与之融为一体”[22]。

(二)为民即正当:全心全意为人民服务的德性培养

立法是一种为民的正当性活动,其正当性仅源于“为民”的逻辑目的。坚持为民的基本价值导向,是立法者行为正当性和证成性的根本来源。“立法者所进行的立法行为,虽然并不关怀自我的幸福,却只关怀人民的幸福。”[23]任何一部法律若其出发点和落脚点不是为民的,它就不具有生命力和权威性,即使一些法规在强力之下具有权威性或程序性效力,但却不具有可持续性,会在某个时刻被民众抛弃。甚者,人民失望至极时会直接抛弃立法者。因此,如果有败坏民情、分裂民众的现象存在,则需要立法者站在宪法守护者的角度剪除之。合宪性审查正是立法者为民立法的形式之一。在我国,为民立法和立法为民是新时代中国共产党“以人民为中心”思想在立法脉络中的内核和表征,即在立法中全面贯彻全过程人民民主,处处为人民着想、急人民所急。[24] 蕴含的逻辑是将“为民”贯彻进全部立法内容和过程之中,持续关注社会现实、发展亟须和人民所盼,不断提高立法质量,以有效回应人民关切、强化信法理念和降低法律实施成本的需求。因为当他们质疑法律智慧所体现的基本价值不是为民时,不仅打击了服从法律本身,更打击了立法者的权威性。[25]

立法者为民德性的教育包括以下几个方面:

1. 强化立法决策的为民意识

“良法善治”的法治体系建设原则必然要求立法者坚持为民的立法决策。高质量的立法从来不是立法者的任意决策,对何主题、何时和何种方式进行立法的决策,直接决定立法质量和认可度的高低。立法者要时刻注意和坚守心中为民的基本意识,防止立法者成为少数人(部门利益或地方保护主义群体等)谋取私利的“合法”主体。只有在立法起始时就坚持为民决策,才能在实际立法时有效防止某一利益群体的绑架和

---

[22] [法]孟德斯鸠:《论法的精神》(下卷),许明龙译,商务印书馆2012年版,第700页。

[23] [法]卢梭:《社会契约论》,何兆武译,商务印书馆1963年版,第49页。

[24] 参见张越:《立法技术原理》,中国法制出版社2020年版,第20页。

[25] 参见[美]琳恩·斯托特:《培育良知》,李心白译,商务印书馆2015年版,第202页。

操控,有效防止某一群体以人民为幌子提出为某一群体利益的法律规范。立法者要时刻坚守立法权在民、立法为民的基本意识,其决策应当对作为主权者的人民负责,人民答应不答应应是立法决策的核心标准。如此,才可通过立法提升人民的自由度和一国政体的活力性。人民的自由和政体的活力既依赖于人民普遍意志得以实现的良好法律制度,也依赖于促使公共意见和普遍意志保持一致的良好道德风尚。[26] 良好法律制度体现了立法决策符合人民普遍意志的合法性来源,良好道德风尚体现了立法决策满足人民自身良善德性的道德性来源。

2. 强化立法目的的为民意识

立法存在有形和无形两个目的,前者为法律条文中的目的条款,[27] 直接表明某一法律文本的目的,具有成文性和局部性;后者为法律内容和法律体系对社会的整体影响,内涵于一部法律或者一系列规范对人民、社会和国家的作用之中,具有不成文性和整体性。对于立法者来说,有形的立法目的通过一部法律为某一个对象或者某一个主体构筑良善的规范体系,使其实现某一对象或者某一主体的权益。此立法目的必然要求立法者在制定法律规范时,准确把握此法的法律效果和社会效果。无形的目的通过一系列的法律规范为最大多数人建立更为良善的社会制度和得以善治的政体,实现马克思所认为的人的全面自由和解放。此立法目的要求立法者在构筑法治体系时主动打碎束缚人民的“洞穴锁链”,为人民提供得以自由和解放的“洞外之光”。但打碎锁链的过程不是一蹴而就的,它需要经过各种严格的程序性管控和社会深层的共识性讨论,应经得起历史和人民的检验。

3. 强化“全过程人民民主”的为民意识[28]

立法经历“立、改、废、释、纂”等过程和环节,除了前期各种过程外,

---

[26] 参见康子兴:《立法者与公民的复调:一位社会学家眼中的卢梭》,载《社会》2014 年第 4 期。

[27] 参见刘风景:《立法目的条款之法理基础及表述技术》,载《法商研究》2013 年第 3 期。

[28] 立法者应当“发展全过程人民民主”。参见中共中央宣传部:《中国共产党的历史使命和行动价值》,人民出版社 2021 年版,第 16 页。

一个"立"至少要经历"提案、审议、表决、通过、公布"等关键节点。任何一个过程或者环节,立法者如果缺乏为民意识,都会使立法的科学性和民主性受损,不仅会被部门利益或者阶层利益裹挟,更会产生不利于人民利益和国家利益的制度规范。这种被非人民利益裹挟产生的法律规范与社会主义本质中"人民意志"之立法是相违背的。"人民意志"作为马克思主义政党立党的重要根基和核心理念,是立法运行逻辑中的根本意志和本体论主张,是马克思深刻批判与颠覆传统法哲学致思理路并重构其价值的基石。[29] 在立法全过程中应充分表达"人民意志",提升"立、改、废、释、纂"结构体系的民主性。对于如何在国家立法中充分表达"人民意志",马克思认为以科学社会主义为路径,既要深入考察相关的"历史条件",又要使无产阶级充分"认识到自己的行动的条件和性质"。[30] 而"科学社会主义"在立法者意识中的时代要求,即是"坚持以人民为中心,坚持国家一切权力属于人民,支持和保证人民通过人民代表大会行使国家权力,健全民主制度,丰富民主形式,拓宽民主渠道,保证人民平等参与、平等发展权利,发展更加广泛、更加充分、更加健全的全过程人民民主"[31]。

内在良善和外在为民,是立法者自身德性的两个重要方面。为提高立法质量和贯彻立法向善的要求,立法者应在教育和规训的过程中将二者进行有机贯通。

三、知识教育:在法律规范与政治规矩之间运行的整诠性阐释

立法是立法者对社会规律正确认识的规范反映和制度表达。恰当的知识是支撑立法者科学认知社会规律的基础,是立法者立法能力最重

[29] 参见牟成文:《人民意志:马克思法哲学的思想特质》,载《中国社会科学》2020年第3期。

[30] 参见牟成文:《人民意志:马克思法哲学的思想特质》,载《中国社会科学》2020年第3期。

[31] 习近平:《在中央人大工作会议上的讲话》,载《求是》2022年第5期。

要的组成部分,[32]是立法者能够真正认知自我的关键。人的自我只能存在于那属于"真"与"善"的知识中,所以一个人若想真正成为自我,就须正视这些思考,并且心无旁骛地追随真理的指引。[33] 立法者须通过系统的知识认知自我,把握社会规律的真和善。在立法法理学"规则主义"和"德性主义"视角下,[34]居于法律和政治之间的立法者,[35]既要遵循立法外显的法律知识(法律规定),还要遵循立法内嵌的政治知识(政治规矩)。规则主义对立法者的第一投射是规范逻辑中立法者所应拥有的法律知识;德性主义对立法者的第一投射是政治逻辑中立法者所应拥有的政治知识。因之,立法者作为一个在法律和政治之间活动的主体,为了更好地实现其认知社会规律的立法任务和良善的政治目标,必须拥有完善的法律知识和政治知识。

(一)法律知识:以具有约束力的规范为逻辑主线

法律知识主要是指立法者对立法权限、程序和内容等方面的合法性认知。立法合法性问题是立法学中一个恒久的命题,它以立法如何实现合法性的问题为轴心,分别以形式立法观与实质立法观来影响国家立法体制机制的构建。由于各国立法观念与民主水平的差异,各国在立法的思想渊源、立法形式以及法学理论等方面存在差异。在强调"科学立法、民主立法、依法立法"的我国,立法应顺应民主、人本的法治潮流,逐步从形式立法观转向实质立法观。[36] 但立法者在贯彻实质合法性要求之前,须掌握形式合法性内容,才可实现从形式立法观向实质立法观的理念转变。立法者的形式合法性内容须从一国本身的规范中去认知和获取。

---

[32] 立法者对自身立法职权、立法知识、立法理念、立法经验的掌握和贯彻是体现其立法能力高低的重要指标,被认为是构成立法者立法能力的一般性、基础性要素。参见刘志坚:《立法能力:概念厘清和原理论要》,载《甘肃社会科学》2020 年第 4 期。

[33] 参见[德]卡尔·雅斯贝尔斯:《四大圣哲》,傅佩荣译,商务印书馆 2022 年版,第 7 页。

[34] 参见宋方青、姜孝贤:《立法法理学探析》,载《法律科学(西北政法大学学报)》2013 年第 6 期。

[35] 参见宋方青:《立法能力的内涵、构成与提升以人大立法为视角》,载《中外法学》2021 年第 1 期。

[36] 参见张婷婷:《论实质立法观及其中国适用》,载《政治与法律》2016 年第 10 期。

立法者法律知识的教育包括以下几个方面：

1. 掌握宪制等相关法所规定的立法权限

现代立法是一个规范性活动，立法者需要熟悉国家的立法体制、掌握规范规定的立法权限、遵循合宪性和合法性原则。立法体制是一国立法制度生成的系统结构，深刻嵌入一国的权力体系之中，具有广泛的政治影响性。深入了解和掌握国家立法的基本逻辑及要求，特别是国家立法体制演变的历史以及立法的原则性要求，是立法者恰当遵行立法权限的规范性要求。权限是立法者进行立法活动的行动范围和行动方式，是其所立之法获得合法性的前提，未依据立法权限而形成的法律规范必然是缺乏正当性和权威性的。在我国，立法者应深入学习立法体制的历史演进和时代要求，在熟知基本的立法理念和立法原则后(党的领导、合宪性和法制统一等原则)，通过对宪法及相关法律的学习，明晰所拥有的立法权限(范围、程序和方式等)。

2. 掌握与所立之法相关的法律规定

"立法融惯性"是立法科学体系建立的基础性要求。[37] 立法是系统工程，任一立法节点都会影响整个立法体系的融惯性。国家层面，立法者在立法时应注重对与其相关的法律规范进行有效性衔接，实现相关规定的协调和融惯。因国家层面的统一性立法无法照顾复杂的区域差异问题，中央立法权之外还需要地方立法权来辅助。[38] 因此，除了国家立法者外，立法体制之中还存在地方立法者。地方立法者一般具有一定的立法权限，原则上只要与国家法不相冲突即可。我国地方立法者应坚持法制统一原则，坚持"不抵触、不冲突、不违反"和"有特色"的地方立法"三一原则"的要求。地方立法者应熟悉国家立法各方面的规定，不制定与上位法规定的"种类、幅度和范围"不一致的内容。并且在不违反法律强制性规定之时，地方立法者还须具有突出地方性特色的立法创新

㊲ 参见[比利时]卢卡·温特根斯：《作为一种新的立法理论的立法法理学》，王保民译，载《比较法研究》2008年第4期。

㊳ 参见魏治勋、刘一泽：《地方立法的"地方性"》，载《南通大学学报(社会科学版)》2020年第6期。

知识，因为立法者根据地方性问题而重视“地方性”特色制度，也是激发地方立法者发挥创造性立法活力和积极性的动力所在。[39]

3. 掌握科学和高效的立法程序

“立法高效性”是立法及时回应社会问题的重要原则。立法者在严格按照法律权限制定符合规范性要求的立法时，须掌握和有效运用立法程序，以高效回应人们需要、社会需求和国家要求。立法者对具体立法程序知识的熟悉度和了解度是影响立法“提案、审议、表决、通过、公布”等环节合法性的关键因素，是以形式公正推进立法科学高效的规范保证。在立法权赋予设区的市后，一些地方立法者由于不熟悉程序或是缺乏程序意识，导致贯彻程序正义要求不足等现象。我国现有的立法体制和立法程序，塑造了人大在立法中与其他主体互动的民主协商策略，建立了人大机关相互之间在政治逻辑与技术逻辑之间的互动机制。在人大上下级之间，立法者通过请示或汇报的方式和路径，在立法中消解政治逻辑与技术逻辑的紧张关系，最终实现政治逻辑和技术逻辑的良性互动。[40] 这为法制统一和为民立法的高效和科学，提供了程序正义的形式保证。

但对立法者的法律知识教育并不能解决所有合法性问题。如设区的市立法还存在“立法权限规定模糊、立法资源配置不足和立法权功能异化等……亟待解决的问题”[41]，中央和地方立法权的划分标准不规范和不明确，而应对此问题还须对立法者进行恰当的政治知识教育。

（二）政治知识：以执政党和国家的政治规矩为逻辑主线

政治知识主要是指立法者贯彻统治阶级意志、执政党思想或者社会发展需要等方面的正当性认知。法律是统治阶级意志的重要体现，是政治的外在表达，任何国家的立法都具有鲜明的政治立场。立法者作为贯

---

[39] 参见魏治勋、刘一泽：《地方立法的“地方性”》，载《南通大学学报（社会科学版）》2020 年第 6 期。

[40] 参见冯亮、何俊志：《人大立法中政治与技术逻辑的互动——以 G 省人大常委会立法过程为例》，载《学术研究》2018 年第 8 期。

[41] 谢桂山、白利寅：《设区的市地方立法权的制度逻辑、现实困境与法治完善路径》，载《法学论坛》2017 年第 3 期。

彻政治立场和意识形态的主体,应掌握系统的政治知识。政治知识既具有传承性和稳定性,亦具有创新性和动态性。随着社会的发展,统治阶级对社会问题的认知,会形成不同时代的指导思想来应对不断产生的新问题、新矛盾和新情况,立法者须审时度势,对新的指导思想进行系统学习。

立法者政治知识的教育包括以下几个方面:

1. 坚持学习执政党的基本路线、方针和政策

立法者是国家主权的主要代言人,执政党主要通过立法者实现治国理政的政治目标。作为执政党,为了遵循合法性原则,一般不以党规替代国法,主要通过立法者将其基本路线、方针和政策上升为法律的方式贯彻其政治目标。这要求立法者须对执政党的基本路线、方针和政策进行学习,以贯彻其政治目标成为法律规范的要求。立法者可从两个方面进行学习:(1)对执政党一以贯之的指导思想进行学习。可让立法者掌握执政党的政治立场、根本宗旨、目标任务和路线方针等方面的政治知识。我国立法者应全面学习党的根本指导思想和建党百年的历史精神,以提升立法过程中贯彻党的基本路线、方针和政策的意识。(2)对执政党最新指导思想进行及时系统全面的学习。执政党会根据国家实际、时代情况和人民要求完善党的新理念新思想新战略,形成新的发展理念。[42] 为了贯彻党的新发展理念,立法者须将新发展理念相关内容及时上升为法律规范。我国立法者应深入学习习近平新时代中国特色社会主义思想,不断贯彻习近平法治思想,提升新发展理念融入立法的能力。

2. 及时学习贯彻执政党根据实际提出的政治要求

随着时代的发展,立法者应及时学习执政者提出的政治要求。而能够体现一个时代政治要求的文件,一般是执政党的最新决定和最新党规。立法者应对执政党的新决定和党规进行学习,以提升贯彻执政党时

---

[42] 习近平总书记在《全党必须完整、准确、全面贯彻新发展理念》中明确指出:“提出新发展理念时,我就强调,共享是中国特色社会主义的本质要求,必须坚持发展为了人民、发展依靠人民、发展成果由人民共享,作出更有效的制度安排,使全体人民在共建共享发展中有更多获得感,增强发展动力,增进人民团结,朝着共同富裕方向稳步前进。”(2021 年 1 月 28 日习近平在第十九届中央政治局第二十七次集体学习时的讲话)

代性要求的意识。新时代,我国立法者要对中国共产党的中央文件和党内法规进行系统、全面、高效的学习,在“全面依法治国”的战略要求下,严格落实党的文件、党规对立法的政治性要求。立法者应学习习近平法治思想对立法提出的新要求,将社会主义核心价值观融入立法,坚持国内国际双视角,持续在立法的过程中落实党的最新要求和根本方向,以适应人民对立法质量的要求。“人民群众对立法的期盼,已经不是有没有,而是好不好、管用不管用、能不能解决实际问题;不是什么法都能治国,不是什么法都能治好国;越是强调法治,越是要提高立法质量。”[43]

3. 学习人民意志和时代发展产生的政治要求

法律是社会规律的规范化表达,是人民意志的集中式展现,只有符合社会规律的法律规范才能被人们广泛接受和持续遵行,其权威性和信任度才会在人们心中变得越来越高。准确把握社会规律和人民意志,意味着立法者应准确认识到社会发展中的主要矛盾,在“为民立法”的政治理念之中,通过科学路径建构实现人民迫切需求的立法。我国立法者应坚持从群众中来到群众中去的群众路线原则,“国家各项工作都要贯彻党的群众路线,密切同人民群众的联系,倾听人民呼声,回应人民期待,不断解决好人民最关心最直接最现实的利益问题,凝聚起最广大人民智慧和力量”[44]。

还应指出,我国立法者须处理好其与执政党的关系,贯彻好党的领导、人民当家作主和依法治国之间有机统一的要求,不断加强党对立法工作的领导,这不仅是党政治性要求的规范化之体现,更是立法者法律规范的政治性内涵。因此,应对立法者进行法律知识和政治知识的整诠性教育,完善“忠于党、忠于国家、忠于人民、忠于法律”的立法者队伍教育体系。

---

[43] 中共中央文献研究室编:《习近平关于全面依法治国论述摘编》,中央文献出版社2015年版,第43页。

[44] 中共中央文献研究室编:《习近平关于社会主义政治建设论述摘编》,中央文献出版社2017年版,第42页。

四、技术教育:立法技术与辅助技术之间互动的反身性融贯

立法者在引导德性和应用知识推动“从无到有”的立法时还须科学的方法论支撑。立法技术是立法方法的技术化表现形式,是立法方法论的时代性表达。立法方法论是立法法理学的重要组成部分,其以增进立法过程合理性、提高立法质量性和立法体系融贯性为基本目标。立法的技术逻辑是立法方法论的核心和精髓,其旨在将立法者意念中的法律转化为执法者、司法者、守法者可以理解的规则,进而通过现象化的形式转化为社会秩序的具体现实。[45] 因此,立法方法论对于立法者而言,具有重要的规范和指导意义。如果立法者无法掌握或者习得系统的立法方法论,其立法的体系性、科学性和可持续性就会受到影响,有时甚至是致命性的影响(如“僵尸法或者具文”)。更有甚者,有些法律规范一旦出台就面临广泛的质疑和对抗,无法形成权威性和认同感。立法技术一般包括“立法经验、立法知识、立法程序、立法运行技术”等一系列内容,[46] 主要分为立法基本技术和立法辅助技术两大类。立法基本技术也即立法自身技术,主要包括形成立法的技术(程序技术)和完备立法的技术(内容技术);立法辅助技术主要指促进立法形成和完备的外在技术,主要以社会进步带来的提升立法科学性的新技术为主。

(一)立法自身技术:内容、结构和体系融贯应遵循的规范技术

立法自身技术可区分为“形式结构规范技术、实质结构规范技术的立法表达技术”[47]。立法自身技术为促进立法者德性的内生提供了方法论支撑,因立法自身“是一种能够培养各种新实践、能够产生各种新的实

---

[45] 参见杨鹏:《立法技术的现状与愿景》,载《行政法学研究》2021 年第 3 期。

[46] 参见梁西圣:《立法“真理”与“方法”之辩》,载《政法论丛》2021 年第 5 期。

[47] 李亮、汪全胜:《论“后体系时代”立法学研究之嬗变——基于立法方法论的考察》,载《江汉学术》2014 年第 1 期。

践知识、能够明确地促进各种新的内在美德的生长的实践”⑱。任何一部法律的科学性，都应在内容、结构和体系上遵循相同的（偶有差别）方法与技术。立法者应以国家公布的基本立法规范为依据，统一立法的结构、表达和形式。立法自身技术的稳定和可持续，是立法规范性的重要体现和立法者德性的正义表达，也是为民立法的伦理内核。只有统一、稳定的规范技术才能让民众及时高效地识别、遵行和信任法律规范。

立法者自身技术的教育包括以下几点：

1. 强化遵循国家对立法自身技术的规范性要求

立法技术是立法者活动的运行程式和结构表征，立法体系化和科学化离不开系统的立法技术。实践中，很多立法存在体系化不足和不融贯所导致的法条漏洞、体系不当、一般规范与特别规范顺位失当、条文编排脉络失序、语言技术瑕疵等问题。⑲ 这与立法者系统性学习国家出台的立法自身技术不全面有关。我国为了完善立法技术知识的体系性要求，2000 年颁行、2015 年和 2023 年两次修订的《中华人民共和国立法法》就对立法基本结构技术提出了规范性要求。⑳ 相应地，为提升立法科学性、统一性，全国人大法工委于 2009 年和 2011 年出台了《立法技术规范（试行）（一）》和《立法技术规范（试行）（二）》，对立法语言和文本形式提供相对统一的规范技术标准。两个技术规范主要包括“法律结构规范、法律条文表述规范、法律常用词语规范”三大方面的内容。这些都是立法者应进行学习和培养的重要技术性知识。㉑

---

⑱ ［美］杰里米·沃尔德伦：《立法的尊严》，徐向东译，华东师范大学出版社 2019 年版，第 24 页。

⑲ 参见刘斌：《中国公司法的立法技术革新——以立法技术瑕疵评估为中心》，载《大连理工大学学报（社会科学版）》2021 年第 3 期。

⑳ 2015 年《立法法》第六十一条规定：“法律根据内容需要，可以分编、章、节、条、款、项、目。编、章、节、条的序号用中文数字依次表述，款不编序号，项的序号用中文数字加括号依次表述，目的序号用阿拉伯数字依次表述。法律标题的题注应当载明制定机关、通过日期。经过修改的法律，应当依次载明修改机关、修改日期。”

㉑ 在不同规范差异化立法时，立法自身技术还须关注立法的基本价值和基本内容。例如，2013 年 10 月中国民用航空局出台了《民航规章立法技术规范》。

2. 强化新理念指导立法逻辑进路和模式选择的方法论要求

立法的内容性质和立法的价值预设是方法技术的选择前提,国家政治新理念的立法价值预设会对方法论产生新影响。此时的立法价值会决定立法者选择何种立法逻辑和制度模式。以政治意志形式出现的价值预设如何向法律形式转化(法律的创制选择何种逻辑进路),是立法方法论的基础问题。立法法理学认为,"法律的价值安排与价值的实现程序,统一于通过主体间对话而达成共识的商谈理论之中,并通过立法民主程序技术得以体现"[52]。这也被认为是立法商谈理论中方法论的重要逻辑表征。当下,立法学理论研究正"从立法原理的认识论、立法价值的价值论、立法制度设计的本体论转向以立法技术为中心的方法论研究"[53]。其原因在于立法理念的转变以立法方法论为呈现形式。如刑事立法,立法者采用不同的犯罪预设会导致不同的犯罪论立法模式。[54] 在我国,党和国家不断强化立法民主和为民立法密切联系群众的新理念,立法者正在完善与理念契合的基层立法联系点,以为实现科学立法、民主立法和依法立法提供方法论探索。

3. 掌握系统化立法技术提升立法质量和特色的科学化要求

立法是系统工程,需要系统性立法技术。系统立法技术主要包括评估(立法前后评估)、调研(发现立法问题和人民需求)、草案拟定(形成符合规范性要求、实践需要的草案体系和内容等)、审议表决公布(对草案和条文进行合法性和合理性审议)、修正解释废止(对已生效的法律规范进行符合社会发展需要的解释、修改、废止等方面)等的技术(还有编纂、法典化等)。同时,立法者须掌握对立法内容进行释法的规范技术,基于严格主义解释立场,释法技术至少包括文法、体系和历史三种方

[52] 朱志昊:《从价值预设到法律形式:立法方法论基础初探》,载《河南大学学报(社会科学版)》2011 年第 4 期。

[53] 李亮、汪全胜:《论"后体系时代"立法学研究之嬗变——基于立法方法论的考察》,载《江汉学术》2014 年第 1 期。

[54] 这正是刑事法学界争论采用"犯罪既遂模式"还是"犯罪成立模式"立法的重要原因之一。参见吴亚可:《我国刑法分则各罪立法模式检论》,载《当代法学》2020 年第 3 期。

法。[55] 我国立法者应掌握“立、改、废、释、纂”等环节的系统方法，才能够有效提升所立之法的科学性、民主性和合法性要求，增强所立之法的认同性、可信性和合理性要求。

（二）辅助立法技术：及时、准确和有效条件应适用的科学技术

在立法过程中除了规范要求的内容技术（内容的规范技术）、程序技术（立法的程序化技术）和理论性技术（科学、民主和依法的系统性方法）等立法必需技术之外，还存在辅助立法者明确立法价值、提升立法效率和完善立法质量的非必需立法技术，简称为“辅助立法技术”。辅助立法技术是立法自身技术之外利于立法者进行立法的需求技术，它有助于发现法律、整合规范、制定规则等。辅助立法的法律数字化技术可以完善法律条文和体系化结构，这可有效化解制度不融贯的痼疾以提升立法品质。[56] 因此，立法者应当具备将科学技术以方法论的视角进行转化和适用的能力，促进立法自身技术的发展，进而提升立法完整度和有效度，在形式和实质上有助于立法者构筑良法实现善治。

立法者辅助立法技术的教育包括以下几点：

1. 提升辅助立法技术的知识性教育

立法者应当善于将科学发展带来的方法应用于立法之中，以促进立法的科学化，提升立法的及时性、系统性和针对性。立法从来不只是立法者自身的主题，它应当引导真正的立法者——人民——参与其中。互联网等技术为立法环节的公开及引导人民参与立法过程提供了广泛可能，为民主立法的理论延展提供了技术支撑。互联网可广开言路，“它不仅是立法者对网民的单向咨询，更是互动的。网络的开放性意味着任何人都可以在网络上就某一立法事项提出意见和建议”[57]。通过大数据和人工智能的整理和收集，立法者可及时应对立法过程中的问题，预测未

---

[55] 汪全军：《〈立法法〉第72条第2款中“等”的含义解释》，载《法律方法》2018年第2期。

[56] 参见吴飞飞：《论法律数字化的功能、可能风险及其优化》，载《安徽大学学报（哲学社会科学版）》2019年第4期。

[57] 江必新、郑礼华：《互联网、大数据、人工智能与科学立法》，载《法学杂志》2018年第5期。

来可能出现的乱象。通过以互联网收集立法建议、公开立法信息、发布立法规划、提出立法问题等方式推动了人民参与立法,贯彻了立法民主的政治要求。互联网、大数据和人工智能对立法技术的丰富,促使立法者在"立、改、废、释、纂"等环节上扩大民主、优化质量和提升效率。

2. 提升使用辅助技术的应用能力

辅助立法技术会改变立法的哲学基础,互联网、大数据、人工智能等技术为立法者提供了从因果关系到相关关系的立法转变。立法者可用海量数据的关系缘由来考究立法应当规范的主要内容,用联系思维来构建立法的制度体系。北大法宝、中国裁判文书网、国家企业信用信息系统等网络技术系统,都可为我国立法者所关注的立法主题和立法内容提供技术支撑。但问题不在于大量存在的辅助立法技术,而在于立法者如何提升使用此技术的意识和能力。以北大法宝为例,不仅理论者无法尽其所用,众多立法者也无法有效应用。有些地方的立法者还不曾知道北大法宝等类型的技术系统,何谈应用。北大法宝等技术系统能对海量的数据进行整理和有效分析,这可以减少立法过程中人力资源的浪费,使立法调查的内容和方法更加科学化、更具高效性。[58] 因此,立法者提升辅助立法技术的应用意识和应用能力就成为必要。[59]

3. 提升掌握立法数字化的分析能力

大数据时代,立法也逐渐数字化,数字分析能力和思维能力需要立法者有效掌握。立法民主和科学内在地要求立法调查应置于更加坚实和深入的数据之上,以充分揭示和反映社会最广泛群体最深刻的价值需求与利益诉求。科学立法需要推动互联网、大数据、人工智能和立法在数字方面的深度融合。不断树立立法者的数据思维和数字思维,发挥"众智"作用,推动立法者深入挖掘数据,以创新思维推进跨界融合,应

---

[58] 参见石东坡:《大数据时代立法调查的变革与完善》,载《人民法治》2015 年第 12 期。

[59] 大数据时代,已经可以通过智能系统为立法提供草案,通过智能系统生成的草案可以作为立法者的重要参考,但必须经过严格和审慎的立法法理学审查。

用人工智能,运用互联网技术、信息化手段和数字化方式推动科学立法。[60] 例如,区块链快速发展就为立法者将社会体系的信任逻辑从中心化系统转入无中心或者多中心的数字空间提供了技术可能。于是大数据技术和数字立法方法应用于立法调查就成为必要。理论界正推进数字法学知识体系的构建,[61]立法者须增强从数字到数字立法再从数字立法推动数字发展的强烈意识,以在立法数字化和数字化立法方面形成从技术到应用的反身性技艺。

立法技术会随着立法者的认知和科学技术的发展发生变动,为提升立法质量,立法者教育既应包含立法自身技术,还应包括新技术融入立法的方法。[62]

余　论

政治与法律之间的立法者必然要在立法中强化内在德性和外在为民的双向均衡,促进立法权限和专业知识的互动互用,并完善发现社会规律的方法论。基本的德性是促使立法者忠于党和国家、忠于人民以实现公平正义立法的道德保证;恰当的知识是立法者能够科学、民主、依法制定优良法律规范的程序保证和规矩要求;融贯的技术是立法者保证法律形式和内容统一、语言结构与系统融贯之美并获得民众认同的方法保证。[63] 这三个维度恰好构筑了立法者追求立法“真、善、美”所必需的“忠、优、好”的伦理品质。

---

[60] 参见江必新、郑礼华:《互联网、大数据、人工智能与科学立法》,载《法学杂志》2018年第5期。

[61] 关于数字法学知识体系研究的专著,可以参见马长山主编:《数字法治概论》,法律出版社2022年版。

[62] 立法技术还需要协调显性和隐性立法者之间的信息鸿沟,达到两者技术意义上“对立的契合”。参见卢群星:《隐性立法者:中国立法工作者的作用及其正当性难题》,载《浙江大学学报(人文社会科学版)》2013年第2期。

[63] 关于地方立法的“真、善、美”理论研究,参见宋方青:《论地方立法的真善美及其实现》,载《学习与探索》2010年第1期。

除了三重维度的职业伦理教育之外,立法者还必须具有法律常识的基本内在意识和外在形式要求。立法者只有拥有对社会运行的法律常识,才可以更好地融贯三重维度在立法过程中的具体逻辑,毕竟“法律常识是人们拥有并在日常生活中自然运用的具有法律意义的普通而浅显的经验知识、共同而朴素的情感态度和大众化而自明性的基本道理”[64]。对立法者职业伦理的教育,还应根据不同国家的具体情形、实践需求、发展路径和现代化模式来选择不同的教育内容、方式和方法。

On the Three Dimensions of Professional Ethics Education for Legislators in China

Li Jiafei

Abstract: Legislators are the promoters of goodness in the political community and the leaders of the construction of a country's rule of law system. As important members of the legal profession, legislators must follow basic professional ethics in order to promote the realization of the truth, goodness and beauty of legislation, which is the proper meaning of the rule of law. Its professional ethics education needs to cover at least three dimensions: basic virtue, which mainly embodies in the two-way balanced education and discipline of legislators' internal goodness and external civil character; appropriate knowledge, which from a macro perspective, mainly includes the education and discipline of comprehensive knowledge between the legal norms that legislators should follow and the political rules that must be adhered to; coherent technology, which means the education and discipline of the interactive reflexive knowledge of the legislator's own

[64] 姚建宗:《法律常识的意义阐释》,载《当代法学》2022 年第 1 期。

legislative technology (legislative internal technology) and auxiliary legislative technology (legislative external technology). The education and discipline of these three dimensions are the basic elements and key guarantees for "loyal, excellent and good" legislators. China should strengthen the macro cultivation and micro guidance of the three dimensions of legislators, so as to promote the formulation of scientific laws and the implementation of good governance, and provide important power guarantee and talent support for the modernization of the national governance system and governance capacity.

Key Words: legislators; professional ethics; virtue; education

教学研究

涉外法治人才培养的困境反思与机制完善[*]

郑　曦[**]　顾佳浩[***]

摘　要：面对复杂的国际法律环境，我国涉外法治工作遭遇了重大挑战。涉外法治人才培养作为涉外法治工作的重要一环，事关我国国家战略需求，也是涉外法治人才队伍永续发展的客观要求。然而，当前我国的涉外法治人才培养供需不平衡，存在一系列的结构性问题，包括在涉外法治人才培养中重视外语培训而忽视法学教育，在法学教育中重视国际法教学却忽视法律基础教育、重视法律规范培训而忽视案例教学和实践运用、重视在校学生教育而忽视在职人员培训。对此，可以通过平衡法学教育和外语培训的关系、在法学教育层面上重视理论法学和除国际法之外的其他部门法知识的教学、适当提升案例教学和实践教学的权重、重视对在职人员的涉外法律培训等途径来完善我国涉外法治人才的

---

* 本文为北京外国语大学本科教学改革与研究项目"涉外法治人才培养中的问题与对策研究"（项目编号：XJJG202102）的阶段性成果。

** 郑曦：北京外国语大学法学院教授。研究方向：刑事诉讼法。

*** 顾佳浩：北京外国语大学法学院硕士研究生。研究方向：国际司法与执法合作。

培养,从而确保我国涉外法治人才梯队不断壮大,更好地服务于国家的战略需求。

关键词:涉外法治　人才培养　国家战略　结构性问题

一、问题的提出

涉外法治工作是我国对外开放的重要战略支点,服务于国家主权、安全、发展等利益的重大战略布局。而涉外法治人才的培养在涉外法治建设中具有基础性、战略性、先导性的地位和作用,因此,完善法学学科体系,创新涉外法治人才培养机制,不断提高人才培养质量,就显得尤为重要。① 涉外法治人才队伍建设是我国依法治国的重要议题内容,党的十八届四中全会审议通过的《中共中央关于全面推进依法治国若干重大问题的决定》中指出,我们要建设一批通晓国际法律规则、善于处理涉外法律事务的涉外法治人才队伍。② 随后,2019 年 10 月党的十九届四中全会通过的《中共中央关于坚持和完善中国特色社会主义制度、推进国家治理体系和治理能力现代化的若干重大问题的决定》从国家治理角度对涉外法治工作作出了战略部署,明确要求加强涉外法治工作,建立涉外工作法务制度,加强国际法研究和运用,提高涉外工作法治化水平。③ 正如中央所认识到的,中国走向世界,以负责任大国参与国际事务,必须善于运用法治,全球治理体系正处于调整变革的关键时期,要积极参与国际规则制定,做全球治理变革进程的参与者、推动者、引领者。④ 因此要从战略高度认识加强涉外法律服务人才队伍建设的重要意义,坚持立

---

① 参见黄进:《完善法学学科体系,创新涉外法治人才培养机制》,载《国际法研究》2020 年第 3 期。

② 参见《中共中央关于全面推进依法治国若干重大问题的决定》,载央广网,http://finance.cnr.cn/gundong/201410/t20141029_516682137.shtml。

③ 参见《中共中央关于坚持和完善中国特色社会主义制度　推进国家治理体系和治理能力现代化若干重大问题的决定》,载中青网,http://news.cyol.com/app/2019-11/06/content_18226210.htm。

④ 参见习近平:《加强党对全面依法治国的领导》,载《求是》2019 年第 4 期。

足国情、服务大局,努力造就一支高素质涉外法律服务人才队伍,更好地维护国家主权、安全和人民群众利益。⑤ 由此可见,涉外法治人才培养和教育是我国全面依法治国系统工程的重要组成部分,⑥更是服务于国家对外开放战略的必然选择。

然而,目前我国的涉外法治人才明显不足以满足服务国家战略的需要。一方面,我国现行的高校法学人才培养存在严重的同质化,导致"中间型"法律人才过剩。⑦ 众多法律院校在本科阶段教授的课程都是法学基础知识,等到了毕业年级,学生为了通过法律职业资格考试,跨过法学就业的门槛,多数都会选择报班学习,或者是以网课的形式跟准几个业内知名的培训老师学习,整体而言学习的内容和体系无太大差别,没有形成自己的特色,在培养方案上忽略了本色与特色的关系,遑论搭上国家培养涉外法治人才队伍的政策快车,以至于就业时的选择都非常地集中和局限,也进一步加剧了法律人严峻的就业形势。另一方面,"高端型"的法律人才求而难得,尤其是涉外法治人才。据不完全统计,我国目前的法律人才中,能够从事涉外法律业务的仅占1%左右。⑧ 这些法律从业人员大多只有单一的国内法学教育背景,既存在一定的外语水平限制,又缺乏必要的涉外法律技能,难以在风云变幻的国际舞台上维护己方权益。以国际组织为例,中国在向国际组织输送高素质法律人才方面的问题更为突出,比如,在国际组织的职位上,鲜有中国人的身影,根据联合国秘书长2019年关于秘书处职员构成报告可知,中国籍职员仅占联合国秘书处职员总数的1.46%。⑨ 而能够担任领导职务的中国人更

---

⑤ 参见《全国政协召开双周协商座谈会　围绕"建设高素质的涉外法律服务人才队伍"协商议政　汪洋主持》,载新华网,http://www.xinhuanet.com/politics/2020-04/17/c_1125872233.htm。

⑥ 参见杜焕芳:《涉外法治专业人才培养的顶层设计及实现路径》,载《中国大学教学》2020年第6期。

⑦ 参见石佑启、韩永红:《论涉外法治人才的培养——基于广东外语外贸大学办学实践的考察》,载《广东外语外贸大学学报》2015年第3期。

⑧ 参见赵勇等:《涉外律师人才培养的现状及思考》,载《中国司法》2020年第8期。

⑨ 参见黄惠康:《从战略高度推进高素质涉外法律人才队伍建设》,载《国际法研究》2020年第3期。

是少之又少,中国在国际社会的话语权显著不足,与日益增长的国际地位和声誉极不匹配。随着中国对外开放的门户越开越大,中国在国际社会参与全球治理的声音越来越强,维护国家利益的战略需求越来越旺,涉外法治人才队伍的未来缺口势必愈加张大。

如此一来,涉外法治人才的实质短缺给我国法治建设带来困难,使我国在国际上面临更加艰巨的风险和挑战。其一,不利于中国对国际规则的制定和参与,在国际舞台上难以提供中国方案,发出中国声音。站在全球公共治理的立场,气候问题、污染问题层出不穷,能源问题、经济问题错综复杂,安全问题、发展问题全球瞩目。在这些问题上,中国要发出自己的声音、参与和制定事务的规则和框架,都需要涉外法治人才的参与,而涉外法治人才的实质短缺对谋取我国国家利益和全人类共同利益的最大公约数造成了阻碍。其二,不利于中国的"一带一路"建设和更高水平的对外开放。在"一带一路"倡议的支持下,中国不仅实现了国内企业的"走出去",开拓了更加广阔的蓝海地域,也帮助"一带一路"沿线国家成功地"引进来",带动了当地就业、投资和消费,创造了更多的经济价值。然而,"一带一路"既是机遇,也是挑战。由于经济政策、法律制度、文化观念等方面的巨大差异,"走出去"的中国企业正面临着一系列贸易、劳工和税务等纠纷。面对这些摩擦,如果没有一批通晓沿线国家法律、能够熟练运用当地国家语言的涉外复合型高端法律人才,那么企业的海外利益就难以得到维护,也很难扎根当地取得长远发展。其三,不利于维护公民个人在海外的合法权益。全球化浪潮下,中国公民的身影遍布全球的每一个角落,涉足全球几乎所有的行业领域,各类纠纷应运而生。面对国别、区域之间的法律制度鸿沟,如果仅仅依靠当地律师,很难真正保障中国公民的合法权益,特别需要中国涉外法治人才的参与。然而目前,涉外法治人才的实质短缺也影响了我国公民在海外合法权益的维护效果。

二、涉外法治人才培养中的主要困境

面对国家战略对涉外法治人才的急切需求和涉外法治人才实质短缺的现实与危害,应当充分重视如何培养足够数量的、优质的涉外法治人才这一重大的时代课题。然而我国在涉外法治人才培养方面存在许多问题,除了师资力量不足、课程设置不合理、高质教材难觅等已为人熟知的技术性细节问题之外,在人才培养理念和方式方面至少存在以下五方面的显著问题。

1. 在涉外法治人才培养中未能平衡外语培训和法学教育的关系

一方面,在涉外法律纠纷解决中,外语能力固然重要,但毕竟只是工具,关键在于法理、规则的运用说理,从而通过法律规范解决纠纷、争取利益。然而我们在涉外法治人才培养中,往往将外语培训的重要性凌驾于法学教育之上,以致本末倒置,使涉外法律实践中法律人士虽有性能优异的"枪炮"却没有质量过关的"弹药"。这一问题在某些外语教研能力特别突出的法学院校中表现得尤其明显。

另一方面,即便很多院校走了"法律 + 外语"的培养模式,平视了外语培训和法学教育,也并没有产生"1 + 1 > 2"的效果。究其原因,这种简单的叠加培养往往是机械的,而以简单多学科教育经历叠加所培养出的"外观"意义上的复合型人才,无法满足涉外法治专业人才的要求。[10]因为我国意图培养的国际法律人才是能够直接运用法律英语上国际战场的,而目前在很多院校的培养方案里,外语是通用外语,法学是国内法学,这不是说对于两者的基础学习不重要,问题在于缺少法律英语这一中间桥梁,学生对于外语和法学的学习和运用都是割裂开来的。而且,我国目前的国内院校也缺乏对国别法的培养方案。以北外法学院的法律硕士(非法学)培养为例,这种法学与外语培养方案的机械叠加导致

---

[10] 参见郑春燕、王友健:《非法本法律硕士培养模式的体系性再造》,载《研究生教育研究》2020 年第 5 期。

了法律硕士(非法学)专业的学生在法学知识方面不如法学本科生,在语言能力上又丧失了原本的优势,未在涉外法治方向上发展成为专业人才的局面。[11] 例如,北外法学院不少法律硕士(非法学)专业的学生本科是学保加利亚语、希腊语、斯瓦西里语等出身的,在硕士培养阶段主要在学国内的基础部门法,把国内法学本科的内容再学习一遍,而这些内容已经为法硕联考和法律职业资格考试的考试大纲所覆盖,而我们真正缺少的是对国际法律和国别法律的研习和探讨。这不仅使本科的小语种专业优势没有发挥出来,也浪费了大把本可用于研习涉外法律的时光。对此,滞后且粗陋的培养方案负有不可推卸的责任。

2. 在法学教育中未能合理安排国际法和其他学科的教学

涉外法律实践中固然需要大量国际法知识,但是简单地将涉外法律与国际法画等号,在人才培养过程中只重视国际法教学,则会顾此失彼。事实上,涉外法律纠纷中还需要运用许多部门法知识,例如,国际追赃和引渡等需要刑法和刑事诉讼法知识、涉外合同纠纷需要民商法知识、涉外知识产权纠纷需要知识产权法知识等,如果没有全面的法学教育,仅重视国际法,在涉外法律实践中难免出现知识短板。除了对其他部门法重视不够之外,对于理论法学教育的忽视也是影响我国涉外法治人才培养的重要因素。涉外法律实践中在没有具体规则的情形下,往往需要运用法理解决纠纷,没有坚实的法学理论作为基础,涉外法治人才的法学知识结构往往根基不足,在实践中运用法理解决纠纷的能力会有所欠缺。[12]

当然,我们也要防止步入另一个误区。法律基础教育固然重要,但是放在什么阶段培养却是个大问题。"世界进入动荡变革期,国际竞争越来越体现为制度、规则、法律之争。我们必须加强涉外法律法规体系

---

⑪ 参见郭一达:《新时代涉外法治专业人才队伍培养路径探析》,载《中国司法》2021年第3期。

⑫ 参见张海文:《关于加强涉外海洋法律人才队伍建设的几点思考——兼谈涉外海洋法律"国家队"建设》,载《国际法研究》2020年第3期。

建设，提升涉外执法司法效能，坚决维护国家主权、安全、发展利益。”⑬我国培养涉外法治人才的根本点和落脚点是为了维护我国的国家利益，因此国内基础法律教育为先、涉外法学教育为后无可厚非。然而，这应该是法学本科阶段的教学思路。如果到了研究生阶段仍在一味地追寻基础法律教育，那么涉外法律将永远没有自己的施展舞台。此外，国际法本身其实就是国内基础法律的延展，国别法中尽管存在具体规则上的不同，但背后的很多法理其实是相通的。因此，只要前期（主要是本科阶段）把基础打好，后期完全可以在国际法和国别法的学习上大展身手。

3. 重视法律规范培训，忽视案例教学和实践运用

我国受大陆法系传统影响，在法学教育中向来重视对法条、规范的学习，却少有案例教学和实践教学的内容，容易导致“纸上谈兵”，在涉外法治人才培养中也是如此。国际法本身可供讲解的案例就不多，与国际法有关的模拟法庭和竞赛的普及性也尚待提高，参与相关学习和竞赛的学生范围有限，这些因素共同决定了我国目前的涉外法治人才培养生态，而这种培养模式容易使培养出来的学生在法条和实际案例之间出现理解和运用的“鸿沟”。

这一问题在近年来已有所改善，一些院校引入了案例教学、法律诊所等课程，但由于授课对象范围有限、教师本身实践经验不足等原因，效果并不明显。而法律诊所等课程教学本身就存在功能局限，这一引自美国的课程适应于判例法国家的法文化土壤，初衷是致力于培养学生“think like a lawyer”的职业技能，⑭且对于成文法系的中国而言意义有限，也与我国意图培养全方位、多领域、宽层次的涉外法治人才目标相去甚远。

4. 重视知识广度，忽视精深培养

我国目前的涉外法治人才培养中较为重视基础性知识的教育，特别

⑬ 习近平：《坚持走中国特色社会主义法治道路　更好推进中国特色社会主义法治体系建设》，载《求是》2022年第4期。

⑭ 参见唐彬彬：《从线下到线上：法律诊所教学的反思与创新》，载杨宗科主编：《法学教育研究》第31卷，法律出版社2020年版。

是在本科阶段及硕士低年级阶段,冠名涉外法治人才的培养计划与法学院其他类型的培养计划差别有限。涉外法治人才培养项目亦集中精力于基础性的法学科目的教育,例如,中国政法大学和北京外国语大学合作开办的涉外法治人才培养项目或北京外国语大学的国际组织学院项目中,均以基础的法学核心课程讲授为培养重点。客观地看,这是符合包括涉外法治人才在内的法律专业学生的培养规律的,倘若不先打牢地基,则进行所谓的精深培养将成为无源之水、无本之木。

然而问题在于,在完成了基础性的教育之后,学生已有法学知识的"广度"之后,如何进一步提升"精度"?涉外法治人才预期面对的问题,较之传统法律问题存在区别,例如,在"孟晚舟案"中涉及美国长臂管辖问题,"孙杨案"中涉及国际体育法问题,这些问题在普通法学生的培养计划中并不是教学重点。但目前我国的诸多涉外法治人才培养项目对此问题鲜有切实有效的回应,甚至一些项目在硕士阶段、特别是硕士高年级阶段,对于涉外法治类学生的教学要求并无专门设计,缺乏进一步的"精耕细作"的培养计划。如此一来,当学生毕业后在实务中面对具体问题时,容易出现知识储备不足的现象,难以应付案件办理的实际需要。

5. 重视在校学生教育,忽视在职人员培训

我国的涉外法治人才培养工作起步较晚,且主要在法学院校中推动,因此主要面向在校学生,而对已经在政府部门、涉外企业中工作的、实际接触涉外法律纠纷的在职人员却往往未提供足够高质量的涉外法律培训。须知从在校学生成长成合格的涉外法律工作者需要相当长的过程,在此过程中常有迫在眉睫的法律纠纷需要解决,而此时就会发现涉外法治人才不足,我国在一些涉外法律纠纷中就吃过这方面的大亏。

应当注意,涉外法治人才供给侧和需求侧之间的壁垒不是单向性的。一方面,实务部门中的在职人员尚有前往高校进行培训的需求,如此方能应对日益复杂多变的国际法律环境;另一方面也应该看到,教育部门和高校没有做好涉外法治人才队伍的储备工作,缺乏人才可持续发展的意识,没有形成良好的人才梯队,在校的法学生缺乏与实务部门的实习联系,对一些涉外事务缺乏应有的感知和想象,这也是导致理论和

实务断层的一大原因。

三、涉外法治人才培养的完善路径

高校是法治人才培养的第一阵地,涉外法治专业人才培养要跟上。⑮ 可以有针对性地调整我国涉外法治人才培养的思路和方式,以提高人才培养的质量,维护我国的国家利益。

1. 平衡法学教育和外语培训的关系

在涉外法治人才培养中,法学和外语教育都有重要意义,但二者之间是"体"与"用"的关系,外语是工具、法学是基础,二者需有良性平衡。

一方面,根据当前实践中存在的重视外语培训、忽视法学教育的实际情况,应当提升法学教育在涉外法治人才培养中的权重,既要在本科阶段加深对国内各部门法学的理解,又要在外语的学习上加重法律外语的比重,合理设置课程并配备优质法学师资力量,给涉外法治人才打下坚实的法学基础。

另一方面,针对当前教学培养中存在的"法学 + 外语"的机械式叠加情况,应当更新涉外法治人才的培养方案,更好地为实践层输送涉外法律人才。比如,中国政法大学和北京外国语大学签订了涉外法治人才本硕贯通培养合作协议,充分发挥各自的学科、专业和资源优势,在总结本科涉外法律人才教育培养基地建设经验的基础上,开设研究生国际化法治人才实验班,通过"外语 + 法学"的复合型国际化培养模式,完善从本科到硕士的一贯制培养机制,创新本科生和研究生跨校贯通培养模式。⑯ 应当说,这样的贯穿式培养模式弥补了当前法律硕士(非法学)培养的弊端,将一些基础性储备工作放在了本科阶段,同时又着眼于未来

---

⑮ 参见《习近平主持召开中央全面依法治国委员会第二次会议》,载新华网,http://www.xinhuanet.com/politics/leaders/2019-02/25/c_1124161654.htm。

⑯ 参见《中国政法大学 + 北京外国语大学:涉外法治人才培养的新模式》,载澎湃新闻网 2020 年 9 月 6 日,https://www.thepaper.cn/newsDetail_forward_9072568。

的硕士阶段,做到未雨绸缪,在硕士阶段更加注重学生对国际法和国别法的研习,而非停留在法学本科灌输基础法律知识的阶段,实现了教育资源时间和空间上的科学合理布局。从长远来看,如何把这种政策式的协议培养变成涉外法治人才培养机制的新常态,也是考验我国法律硕士培养成功与否的"试金石"。

除此之外,在技术层面,可以将外语教学与法学教育结合起来,适当使用外文教材、外籍师资等,实现"1+1>2"的效果。教材方面,可以由高教出版社、人民出版社和法律出版社等国内权威出版社出版一些符合我国国家利益的外文版国际法律教材,或者翻译"一带一路"沿线国家的权威法律教材,使我国培养的涉外法律人才更加符合国家战略需求。师资方面,学校在选择师资上不能仅仅满足官方对外籍师资数量上的要求,更应该体现在质的把握上,而且这种质必须要同我国涉外法律人才的培养方案和教学体系相契合,外籍师资教授的内容必须是和其他涉外法律课程紧密结合的而不是彼此割裂的。

2. 重视理论法学和除国际法之外的其他部门法知识的教学

首先,要纠正涉外法律等于国际法的错误观念,在理念上重视理论法学和其他部门法教学。理解法理学和国内其他部门法是学习国际法的基础,只有通晓了各部门法规则的内在逻辑和规则背后辐射的价值底蕴,才能在学习国际法的时候游刃有余。而从内容上来讲,如国内的合同法部分和国际经济法中的《联合国国际货物销售合同公约》(1980)(CISG)有许多类似的部分,国内知识产权法又同国际知识产权法大同小异,因此国际法和国内各部门法之间的关系也不是非此即彼的。

其次,在课程设置上,合理规划课程设置,实现法学一级学科内部的各个学科平衡。先前,教育部规定的法学本科专业核心课程有16门,[⑰]涉外法律的必修科目一共有三门,分别是国际公法、国际私法和国际经济法,而专业选修课程的内容包括证据法、国际税法、国际投资法、国际

⑰ 参见《关于法学专业核心课程的说明》,载中华人民共和国教育部网2012年12月18日,http://www.moe.gov.cn/jyb_xxgk/s5743/s5744/A08/201212/t20121218_181006.html。

金融法、国际知识产权法等，但受制于各高校法学院校的资源约束，涉外教学计划和课程较为零散，随机性强，导致学生的涉外法律基础不扎实。[18] 而新发布的《普通高等学校本科专业教学质量国家标准（法学类）》中，国际私法和国际经济法直接被划入了专业选修课当中，使原本就不成比例的涉外法学基础课程的设置雪上加霜，这将深刻影响法学专业学生的国际视野和知识结构，对其将来从事涉外法律服务十分不利。[19] 因此，一方面有必要恢复传统的三国法在法学专业核心课程中的地位，从而引起足够的重视；另一方面可以整合不同院系、不同院校的教学资源，比如财经类院校可以考虑由金融学院教授国际金融的教师给法学院的学生教授一定课时的国际金融法。当然，基于多数学生将来是从事国内法律实践工作的考量，可以在大三上学期法学生基本修完法学核心课程的基础上，根据个人意愿和学习成绩进行涉外法治班的分流，集中涉外法的师资力量，进行小班化高精尖教学，把国际法中的细小、特色分支纳入涉外法治班上来，以实现资源的合理配置，也在一定程度上实现了兴趣引领教学，减轻了多数未来不从事涉外法律工作的学生的学业负担。

当前，基于培养涉外法律人才的战略性考量，还有学者建议国家教育行政主管部门将国际法学由法学门类下的二级学科改设或升格为法学门类下的一级学科，[20]甚至可以考虑在本科阶段就开设国际经济法、法律英语等专业（类比商务英语专业招生），逐步打造法律外语人职业共同体或法律翻译职业共同体，[21]从而适应涉外法治专业人才培养和教育的国家战略需要，为学科改革提供了良好的思路。实践中，如中国政法大学开设的六年制本硕连读涉外法治人才班、中国政法大学和北京外

---

[18] 参见郭雳：《创新涉外卓越法治人才培养模式》，载《国家教育行政学院学报》2020年第12期。

[19] 参见杜焕芳：《涉外法治专业人才培养的顶层设计及实现路径》，载《中国大学教学》2020年第6期。

[20] 参见黄进：《如何加强涉外法治人才培养》，载《法制日报》2019年11月20日，第3版。

[21] 参见屈文生：《建设涉外法治工作队伍需要法律外语人才》，载《中国高等教育》2017年第7期。

国语大学集中优势资源联合培养涉外法治人才给涉外法治人才的培养之路开了良好的先河。然而,鉴于涉外法治人才缺口还很大,我国更多的高校可以尝试借鉴这种有益探索,可以通过校内法学院和外国语学院的兼容教学,也可以是地方政法院校和外语院校之间的强强联合,通过不断地试点来为我国的涉外法治人才培养路径寻找最佳范式。

再次,要特别重视法学理论教学,理论教学不仅应体现在理论法学课程教学中,也应当体现在部门法教学中。理论法学本身是一个抽象、庞大的学科,单从理论层面去学习是必要的,但对于初学者来讲又是比较困难的,因此还需要在讲解部门法的同时贯穿法学理论的熏陶,弄清楚法条何以成型的衍生逻辑和价值遵循,对于之后涉外法律的研习是十分必要的。

最后,重视理论法学和其他部门法教学并不意味着将国际法教学的重要性降低,仍需重视国际法教学,在此基础上实现各学科教学平衡。值得注意的是,对国际法教学的重视一方面体现在本科阶段对国际公法、国际私法、国际经济法、国际投资法、国际金融法等国际法系支的理论知识灌输;另一方面则体现在研究生阶段更加重视国际法学案例、实务、研究等方面的探讨和学习。

3. 适当提升案例教学、实践教学的权重

针对现有涉外法治人才培养模式导致学生在实践中实际运用法条能力不足的现状,应当提升案例教学、实践教学所占的比例,合理参考国外案例探讨、法律实践课程的培养方式。

一方面鼓励学生“走出去”,去企业、律所、政府部门实习实践。就本科阶段而言,学校通常都会安排有暑期社会实践,组织各类模拟法庭比赛,在大三、大四时期也鼓励学生外出实习。然而,暑期社会实践并非强制性的,假期也不可能有人专门来监督,模拟法庭比赛会占据大量的时间且未必算入课时学分,而大三、大四阶段又处于学生就业、升学、准备法律职业资格考试的关键时期,安排学生在该时间段外出实习未免强人所难。因此,学校要积极营造氛围并创设条件,如充分发挥在职教师的人脉资源,带领学生参加专业相关尤其是国际法相关的社会实践,确保每位同学至少参加一次；积极开展各类模拟法庭比赛、辩论赛等，如Jessup国际法模拟辩论赛、ICC国际刑法模拟法庭比赛、贸仲杯全国国际商事模拟仲裁比赛等，鼓励学生积极参赛，并综合比赛付出的时间、成果等要素认定相应的学分；提前帮助学生做好职业规划，开展升学、就业、考试的讲座和相关帮扶，为同学们讲解目前培养涉外法律人才的国家政策，让学生提前做好准备，从而为大三、大四期间宝贵的实习留足时间。

另一方面鼓励实务人士"走进来"，进入校园为学生讲授案例或实践课程。相对于一般的法律实践部门，国际法方面的法律实践部门接触得比较少，因此，学校可以开展"双导师制"授课制度，专门邀请一些外企的法务、涉外律师事务所的律师、有涉外审判经验的法官、相关的国际组织官员等走进高校，参与高校教育实践，参加培养计划制订，建立实务案例库，为学生开设讲座论坛，增加交流合作，让实务中的涉外法律进教材、进课堂、进头脑，共同培养学生，提高涉外法律专业学生的职业技能。[22] 同时，考虑到中国在国际规则制定和全球治理中的参与度和发声不足，中国政府可以积极和联合国等国际组织沟通，选派一些外语熟练、法学基础知识扎实的优等生前往国际组织实习。目前，北京外国语大学的国际组织学院，建立了在校生赴国际组织实习就业导向等多种机制，并与欧盟、联合国教科文组织、联合国总部等国际组织建立了实质合作关系。将来可以考虑在更多的涉外卓越法律人才基地院校落实常态化、机制化，让更多涉外法律学子有机会参与到类似的国际组织实习中去。

4. 平衡涉外法治人才培养中的"精"与"广"的关系

针对当前涉外法治人才教育中重视知识广度、忽视精深培养的问题，欲平衡此种"广"与"精"的关系，可以从以下几个方面着手。

第一，可以根据不同年级合理设置课程。对于本科阶段的学生，基础性的法学知识学习仍是最为重要的。本科生通过充分学习不同的法学专业课程，一方面可以有效夯实基础，在充分拓展"广度"的前提下为日后追求"精"与"专"奠定基石；另一方面也有助于学生发现其研究兴

---

[22] 参见张力、丁丽柏：《论西部地区涉外法律人才的培养》，载《贵州社会科学》2020年第9期。

趣,从而帮助其确定日后的研习方向,为进一步的钻研提供前提条件。而对于本科高年级或硕士阶段的学生而言,可以根据其研究兴趣或选择的学习方向,设置专业性更强的课程,研究更为细致的理论或规则。

第二,可以在专业区分的基础上开展必要的跨学科教学。我国的法学教育中学科壁垒森严,学科间交流严重不足,这也影响了涉外法治人才培养的质量。事实上,现实中的案件越来越以跨学科的面目出现,例如孟晚舟案中涉及刑法、刑事诉讼法、证据法、商法等诸多学科的问题,微软案中亦涉及公司法、刑事诉讼法、证据法等相关内容,[23]倘若不具备多学科知识,则涉外法治从业者很难有效完成案件的办理。因此在教学中,特别是对研究生的教学培养中,可以在专业区分的基础上,开展必要的跨学科教学,特别是重视对交叉学科的研习。例如,针对个人信息保护或数据安全保护问题,可以从宪法、民法、行政法、刑事法等多个角度进行研讨学习,从而提升学生灵活运用不同学科知识的能力,为日后的跨学科案件办理实践打下基础。

第三,可以适当设置区域法律研究或国别法律研究的课程。不同区域或国家的法律制度相去甚远,指望同一批涉外法律工作者既精通英美法律,又了解欧盟法律,还熟悉东南亚或中东地区的法律,简直是痴人说梦话。面对此种情形,可以在涉外法治人才培养的过程中适当增设区域法律或国别法律研究的专门课程,由学生根据其研究兴趣或未来职业规划选择课程,从而更有的放矢地开展教学培养工作。

5. 重视对在职人员的涉外法律培训

学习是终身的,即便已经在从事涉外法律事务的在职实务人员也需要持续地学习充电。应当加强对这些在职人员的相关培训,特别是针对在涉及我国重大国家利益的涉外政府部门、企业工作的人员,应当建立一套培训和考核的机制。

一方面,对于在职人员的涉外法律培训,是为国家提供高质涉外法治人才最为"短平快"的途径。前期,在我国尚未提出涉外法治人才建

---

[23] United States v. Microsoft Corp., 584 U. S. (2018).

设的情况下,我国许多企业、律所和政府职能部门中专门从事涉外法治工作的人员并没有接受过系统的、完整的、专门的涉外法治教育,对于涉外法治工作大多处于“摸着石头过河”的状态。当前,随着国家对于涉外法治人才的重视以及服务于全球治理和对外开放的国家需要,这些部门中的工作人员担子越来越重,学习以应时成为当务之急。比如,商务部、中国贸促会等部门相继整合社会资源,向解决投资争端国际中心、国际商会仲裁院等机构输送人才;依托贸仲委等国际化程度高的仲裁机构,开展涉外法律人才的高端培训;由商务部、司法部、中国贸促会等实务部门与高校联合打造顶级智库。[24] 今后,这些部门可以同拥有卓越法律人才教育培养基地的法学院校加强联系,由后者承担培训任务。在形式上,可以借鉴国内法官在职培训的模式,轮流选拔一些工作人员,定期组织为期一段时间的培训班。在内容上,由于实务部门接触的案例比较多,可以借鉴翻转课堂的形式,以工作人员为主体介绍和交流实务中碰到的涉外法律案例,再由政法院校的老师着重剖析背后的法理,提供解决思路,并更加强调涉外法治工作服务于国家大局的政治目标。这是因为政法院校的老师虽通常具有较强的理论功底,但往往缺乏涉外法治的实务经验,对于实务部门工作人员的培训存在理论与实践衔接的困难,易可能影响在职人员认真对待培训的热情,因此在培训方案设计上,宜根据不同类型的人员予以区别。例如,可以采取在职人员提出问题、介绍实践经验,政法院校老师提供法理依据,双方研讨、论证的方式,进行案例分析和教学。在考核上,结课时设置相应的考试,并将课时与学分挂钩,将学分同绩效挂钩,引导在职人员认真学习。

另一方面,也有助于与在校学生形成涉外法治人才培养的梯队建设。学校教育和实践部门之间本来就横亘着巨大的鸿沟,在涉外法治人才领域尤其如此,原先的法学人才培养存在同质化的弊病,根本无法满足学校对接实务部门的人才持续性输出。通过返校培训的方式让一些实务部门的工作人员同在校生进行交流、反馈、描述和指引,可以在学生

㉔ 参见高燕:《打造国际商事仲裁目的地　加强涉外法律人才队伍建设》,载《国际法研究》2020 年第 3 期。

心目中埋下从事涉外法治工作的种子,增加他们到涉外法治部门实习的兴趣和动力,同时为他们将来从事相关工作嫁接桥梁。因此,在职培训的工作人员不仅是被培训者,更是连接在校生和涉外法治工作的纽带,能够为实务部门提供源源不断的新鲜生源。

四、结语

未来已至,涉外法治人才队伍建设不仅是依法治国的题中应有之义,更是基于维护国家利益的战略目标。面对当前涉外法治人才培养中的供给侧结构性矛盾,通过平衡法学教育和外语培训的关系、在法学教育层面上重视理论法学和其他部门法知识的教学、适当提升案例教学和实践教学的权重、平衡教学中的“广”与“精”的关系、重视对在职人员的涉外法律培训等途径,不断完善和壮大我国的涉外法治人才梯队,相信一定能够创新法学人才培养机制,培养出一批兼具世界眼光和中国情怀的法律人,造就一批熟悉和坚持中国特色社会主义法治体系的后备军,从而扛起法学教育应当肩负的历史使命。㉕

Reflection on the Dilemma of Cultivating Foreign Rule of Law Talent and Improvement of Mechanism

Zheng Xi　GuJiahao

Abstract: Facing the complicated international legal environment, China's foreign-related rule of law work has encountered major challenges.

㉕ 参见王文华:《论涉外法治人才培养机制创新》,载《中国大学教学》2015年第11期。

As an important part of the foreign-related rule of law work, the cultivation of foreign-related rule of law talent is related to China's national strategic needs and is also an objective requirement for the sustainable development of foreign-related rule of law talent. However, there is an imbalance between supply and demand of foreign-related rule of law talent training in China and there are a series of structural problems, including the emphasis on foreign language training but neglecting legal education, the emphasis on international law teaching but neglecting basic legal education, the emphasis on legal standard training but neglecting case teaching and practice application, the emphasis on education for students education but neglecting on-the-job training. In this regard, We can improve the cultivation of China's foreign-related rule of law talent by balancing the relationship between legal education and foreign language training, attaching great importance to the teaching of theoretical of law and legal knowledge of other departments except international law knowledge teaching at the level of legal education, appropriately increasing the weight of case teaching and practice teaching, paying attention to foreign-related legal training of the on-the-job personnel, so as to ensure that the echelon of China's foreign-related rule of law talent continue to grow and better serve the strategic needs of the country.

Key Words: foreign-related rule of law; talent training; national strategy; structural problems

百年变局：涉外法治人才培养之历史“经线”与现实“纬线”

黄　贵*　李　荣**

摘　要：在推进“联合国核心使命”的中国方案中，党中央着力推进涉外法治人才培养。从历史的“经线”看，涉外法治人才培养经历了从“由外力强力主导，内在需求仓促回应”的意识萌芽期，到“自下而上”推动的发展期，再到“自上而下”推进的成熟期，历时百年有余。从现实的“纬线”看，涉外法治人才培养面临学科话语权趋弱、从业资格准入考试的“负向”导向效应，以及职业生涯规划与就业需求“错位”的市场导向困境。为此，必须从涉外法治人才培养再定位、培养课程重置以及推进法律职业资格考试改革等层面实现突破。

关键词：涉外法治人才培养　学科话语权　国际法治　法律职业资格考试

法学教育使法律文化得以代代相传；法学教育

---

* 黄贵，云南大学法学院副研究员，瑞士弗里堡大学法学院博士后。研究方向：刑法学、数字法学、法学教育。

** 李荣，中央民族大学法学院副教授。研究方向：刑法学、司法制度。

使我们得以窥见未来。①

——约翰·亨利·梅里曼

一、问题的提出

新加坡学者西蒙教授在《国际法能否应对崛起的中国?》一文中指出，主权平等是国际法的“创始神话”；然而，从帝国主义、殖民主义的合法性斗争，到横亘至今的“文明使命”与人权现代化的“暗战”，国际法的发展史便是一部伤痕累累的权力斗争史；因而，当谈及权力时，大部分国际法学者都倍感不适；此外，在西方的国内法传统中，将“权力之争”视为法治所不容，因而这种“奇怪的”不安还可归因于国际法与国内法的不恰当类比。② 实际上，2000年联合国《千禧年宣言》中就提出了“国际法治”，并在2005年的“世界首脑会议成果”中获以重申。③ 因此，正如西蒙教授所指出的，西方这种“不安”是很“奇怪的”。

2014年，党的十八届四中全会就提出“建设涉外法治人才队伍”的重要人才布局。通过顶层设计升级原有涉外法律人才培养，是党关于法律人才培养政治话语实践性转化和要求提升的体现。④ 学术界已从不同视角和维度探讨其实践路径，但主要是应然的政策和技术性讨论。实际上，涉外法治人才培养，已有值得总结的百余年实践史。本文将从纵向的历史“经线”梳理中国涉外法治人才的历程，进而从当下现实“纬线”看其困境，并提出优化建议。

---

① John Henry Merryman, *Legal Education There and Here: A Comparison*, Stanford Law Review 3, 1975, p.859.

② See Simon Chesterman, *Can International Law Survive a Rising China?*, The European Journal of International Law 4, 2021, p.1507 – 1520.

③ See Kenneth J. Keith, *The International Rule of Law*, Leiden Journal of International Law 3, 2015, p.403 – 417.

④ 参见何志鹏：《涉外法治：开放发展的规范导向》，载《政法论坛》2021年第5期。

二、实践生成的涉外法治人才培养意识:政策与实践梳理

纵观之,涉外法治人才培养历经萌芽、发展和成熟的阶段。在此过程中,既有内生力的驱动,也有外力的助推。

(一)涉外法治人才培养的意识萌芽:外力的催生

涉外法治人才培养的意识,是在外因与内因的互动中生成的。⑤ 万齐洲教授指出:“中国与近代西方国际法的接触,最早可以追溯到1662年郑成功围攻热兰遮城堡时,与荷兰殖民者之间的谈判与签订的条约。”⑥无论是使者安全、礼节、宣战等程序性问题,还是条约的形式和内容,荷兰都力图援引“万国公法”相关规定。诚然,适用国际法,是殖民者为了己方利益最大化,而非利用国际法平等处理问题需求,更“没有(借此)刺激中方对国际法知识探寻的兴趣”⑦。

鸦片战争“打破了传统的天朝体制,将中国纳入不平等条约关系的国际秩序之中”⑧,使有识之士萌生培养涉外人才的意识。林则徐为了能够“有法可依”地查禁鸦片,请人摘译瑞士法学家泰尔的《万国法》,其中包括有关战争、封锁和禁运、对待外国人的办法等方面的章节。⑨ 虽然仅翻译国际法的某些片段,“并没有引起人们的重视”⑩,但反映了当时有识之士已意识到国际法是对外交涉的重要工具。对此,有学者认为

---

⑤ 虽然晚清政府反感法律,但内生改革呼声和外在实践压力,迫使其对相关体系——包括法学教育——进行改革。See Michael Ward, *Legal Education in China*, Public Law Forum 5, 1986, p. 255.

⑥ 万齐洲:《京师同文馆输入的国际法术语研究》,中国社会科学出版社2021年版,第2页。

⑦ Pasha L. Hsieh, *The Discipline of International Law in Republic China and Contemporary Taiwan*, Washington University Global Studies Law Review 1, 2015, p. 91.

⑧ 李育民:《晚清“人臣无外交”的异变及其趋向》,载《史学月刊》2019年第7期。

⑨ 参见涂亚杰等:《中国外交事例与国际法》,现代出版社1989年版,第7页。

⑩ 万齐洲:《京师同文馆输入的国际法术语研究》,中国社会科学出版社2021年版,第10页。

1840年鸦片战争之后，晚清政府迫于对外关系处理的艰难诉求，才逐渐意识到国际法是处理对外关系的重要机制和不可替代的工具，因而将其正式引入，开始了具有现代意义的法学教育。⑪

不平等条约的硬性要求，也使晚清政府萌生培养涉外人才的意识。这种意识的生成，从对培养涉外事务翻译人才的紧迫性和重要性的认知开始。1858年6月26日，清政府与英国签署的《天津条约》第50条规定：

> 嗣后英国文书具用英字书写，暂时仍以汉文配送，俟中国选派学生学习英文、英语熟悉，即不用配送汉文。自今以后，遇有文词辩论之处，总以英文作为正义。此次定约，汉、英文字详细校对无讹，亦照此例。⑫

同年6月27日，清政府与法国签署的《天津条约》第3款作了更为详尽的规定：

> 凡大法国大宪、领事等官有公文照会中国大宪及地方官员，均用大法国字样，惟为办事妥速之便，亦有翻译中国文字一件附之，其附件务尽力以相符，俟大清国京师有通事暗晓且能译大法国言语，实时大法国官员照会大清国官员公文应用大法国字样，大清国官员照会大法国官员公文应用大清国字样。自今以后，所有议定各款，或有两国文辞辩论之处，总以法文作为正义。⑬

由此足见，不平等的硬性条约以“外力”方式，倒推晚清政府培养自

---

⑪ 参见涂亚杰等：《中国外交事例与国际法》，现代出版社1989年版，第5～7页。

⑫ 王铁崖编：《中外旧约章汇编》（第1册），生活·读书·新知三联书店1957年版，第102页。

⑬ 王铁崖编：《中外旧约章汇编》（第1册），生活·读书·新知三联书店1957年版，第105页。

己的外语翻译人才,也迫使其意识到"外国条例"的重要性。据《筹办夷务始末·咸丰朝》记载,恭亲王奕䜣曾言:"中国对外交涉,如无人熟悉外国之语言文字,则一切隔膜,难以令其妥协,纵欲举外国条例以破其说,也'苦不能识'。相反,外国人则重金礼聘中国人讲解文义,如此一来,中国易受欺蒙,并'恐无以悉其底蕴'。"⑭这凸显了晚清政府已经自发地意识到"举外国条例以破其说"的必要。于是,在1862年,晚清政府成立了以培养"译员"为目的的"京师同文馆"。随后,"同文馆"增设了包括"万国公法"、"富国策"和"各国史略"等课程,从而开始了"中国近代西方国际法教育"⑮。任职于"同文馆"的丁韪良,不但担任英文教学,还主讲国际法,此外还组织人员翻译了国际法方面的著作,如《万国公法》《公法便览》《公法会通》等,使国际法知识得到一定程度的传播。⑯

然而,也有学者指出:"同文馆"的"整个课程安排似乎不能算是成功;1884年后,'同文馆'内一切有关国际法的教学事业便似乎销声匿迹了。"⑰继"京师同文馆"之后,在地方也相继开设了类似的新式教育学校,如上海广方言馆、广东水陆师学堂、天津中西学堂(后来的北洋大学或北洋大学堂)、上海中西学堂等,也都开设了语言课程和传授西方国际法知识。其中天津中西学堂最早开设比较系统的现代法学教育,并聘请著名的外国律师授课。⑱ 虽然晚清政府建立了培养涉外事务翻译人才和传授西方国际法知识教育体系,但现实却是"除了部分涉外官员及知

---

⑭ 《筹办夷务始末·咸丰朝》卷71,第24页。转引自林学忠:《从万国公法到公法外交:晚清国际法的传入、诠释与应用》,上海古籍出版社2019年版,第125页

⑮ 林学忠:《从万国公法到公法外交:晚清国际法的传入、诠释与应用》,上海古籍出版社2019年版,第125~136页。

⑯ 参见万齐洲:《京师同文馆输入的国际法术语研究》,中国社会科学出版社2021年版,第12~17页。

⑰ 林学忠:《从万国公法到公法外交:晚清国际法的传入、诠释与应用》,上海古籍出版社2019年版,第132~133页。

⑱ See W. W. Blume, *Legal Education in China*, The China Law Review 7, 1923, p. 305; See also G. W. Keeton, *Legal Education in China*, Bell Yard, Journal of the Law Society's School of Law 2, 1928, p. 2-4.

识分子外,‘万国公法’根本没有引起国民的普遍关注”[19]。究其原因,一方面,就个体社会阶层间的流动而言,“个人不会因通晓国际法而提升自己在所属族群中的社会地位”[20];另一方面,晚清政府的改革是典型的现实主义和工具主义,即只是为了“从中选择能够为其行政、司法和外交工作服务的合适人选”[21]。

除兴办培养涉外翻译和国际法教育机构之外,能够真正引起晚清政府重视国际法及其教育的则是,晚清政府于1878年派驻英使节郭嵩焘参加位于伦敦的国际法学会以及在上海英美租界设立的上海会审公廨(也称会审公堂)。新加坡管理大学巴夏教授指出,郭嵩焘驻英使节参加国际法学会事实上能够对晚清政府形成政治影响力,其中最明显的是郭嵩焘及其继任者曾纪泽将国际法“引入”中国,并于1889年在湖南长沙成立了公法学会和法律学会,作为中国的首个国际法组织,以此提高对国际法的理解和掌握,以便参与相关国际条约;上海会审公廨则使晚清政府的法官及律师实质性地接触并运用了外国法及国际法。[22] 这些都对晚清政府产生重大影响,促使其重视国际法及其教育。

(二)发展期:“自下而上”的实践过程

萌芽于晚清政府的涉外法治人才培养,在之后的数十年,随着国家和社会的跌宕起伏和“摸石头过河”,虽有所发展,但依然处于“边缘”状态,延续着低限度的实用主义和工具主义。[23] 改革开放后,教育得以深

---

⑲ 林学忠:《从万国公法到公法外交:晚清国际法的传入、诠释与应用》,上海古籍出版社2019年版,第142页。

⑳ 后来学者通过实证研究,分析晚清政府“晋身之阶”的“社会动员”路径时,也间接地印证了这种观点。See Qin Jiang & James Kai-sing Kung, *Social Mobility in Late Imperial China: Reconsidering the "Ladder of Success" Hypothesis*, Modern China 5, 2021, p. 628 - 661.

㉑ W. W. Blume, *Legal Education in China*, The China Law Review 7, 1923, p. 305; See also G. W. Keeton, *Legal Education in China*, Bell Yard: Journal of the Law Society's School of Law 2, 1928, p. 2.

㉒ See Pasha L. Hsieh, *The Discipline of International Law in Republic China and Contemporary Taiwan*, Washington University Global Studies Law Review 1, 2015, p. 100.

㉓ See Samuel S. Kim, The *Development of International Law in Post-Mao China: Change and Continuity*, Journal of Chinese Law 2, 1987, p. 117 - 160.

刻改革。1985年5月27日,中共中央发布了《关于教育体制改革的决定》,明确将“教育必须坚持面向现代化、面向世界、面向未来”作为国家战略方针。[24] 据此,法学教育也必须“面向世界和未来”,正如时任教育部部长何东昌所指出的,要培养“适应国际经济市场在技术和商品方面激烈竞争要求”[25]的法律人才。自此,国际法研究和教学才得以发展。[26] 然而,在涉及高等教育的政治文件中,涉外法治人才培养仍然未有一席之地,比如,1996年教育部颁发的《全国教育事业“九五”计划和2010年发展规划》中,没有提到关于涉外人才的培养问题,却强调了“高等教育要拓宽专业服务范围,加强实践环节教学和训练,促进教学、科研、生产(社会应用)三结合”[27]。实践中,司法及相关行政部门已经注意到外语的重要性,并展开相应的培训。例如,在1987年,最高人民法院委托北京大学、中国人民大学为法院系统干部开办外语补习班和培训班,从而“为达到审理涉外案件……从事法院外事活动应具有的外语水平做准备,标志着法院系统培养高层次法律人才迈出了可喜一步”[28]。又如,1996年司法部颁布的《司法部1996—2000年全国司法行政系统干部教育培训规划》中明确要求,“到2000年,……力争懂法律、懂经济、懂外语的高层次律师达到10000人”[29];司法部制定的《法学教育“九五”发展规划和2010年发展设想》指出,要重点培养高层次的复合型、外向型法律人才和职业型、应用型法律人才。1998年修订的《大学英语教学大纲》规定了,政法院校将“法律英语”作为必修课程,并对听、说、写、译等基

---

[24] 参见中共中央文献研究室编:《十二大以来重要文献选编》(中),人民出版社1986年版,第721页。

[25] 何东昌:《从中国实际出发面向现代化、面向世界、面向未来》,载《人民教育》1984年第5期。

[26] See Samuel S. Kim, *The Development of International Law in Post-Mao China: Change and Continuity*, Journal of Chinese Law 2, 1987, p. 117-160.

[27] 《全国教育事业“九五”计划和2010年发展规划》(教计〔1996〕45号)。

[28] 王和民:《提高审判干部队伍素质 培养高层次法律人才——法院系统举办的外语补习班、培训班开学》,载《人民司法》1987年第10期。

[29] 《司法部1996—2000年全国司法行政系统干部教育培训规划》(司发通〔1996〕140号,1996年11月6日)。

本技能提出了相当于大学英语六级水准的要求。[30] 同时,也有高校学者主张开设“涉外法专业”。[31] 总之,在20世纪90年代的法学教育改革中,“我国的法学教育重国内法而轻国际法,更轻国际经济法;改革虽然解决了法学本科生的基础性问题,但忽视了专业性问题,忽视了培养精通WTO的法学专业人才的问题,缺乏对‘世界法律人才’培养的视野和目标”[32]。

2001年,中国正式加入世界贸易组织后,涉外法治人才培养进入了快速发展的阶段。对此,时任司法部法规教育司霍宪丹副司长刊文指出:“‘经济入世’不仅要求必须与‘法律入世’同步,而且要求法学教育必须为‘入世’做好准备。”[33]2001年8月17日教育部印发了《关于加强高等学校本科教学工作提高教学质量的若干意见》,其中第8条明确指出:“为适应经济全球化和科技革命的挑战……以及为适应我国加入WTO后需要的金融、法律等专业,更要先行一步,力争三年内,外语教学课程达到所开课程的5%～10%。”[34]在国家政策的主导和推动下,各个法学院校相继制定了人才培养目标,展开相应培养路径的摸索和实践,其中就包括调整课程设计、改革课堂教学方式以及展开“法学+外语”的培养模式等。[35] 2005年,教育部印发《〈关于进一步加强高等学校本科教学工作的若干意见〉和周济部长在第二次全国普通高等学校本科教学工作会议上的讲话的通知》,其中明确要求“要提高双语教学课程的质

---

[30] 参见李剑波:《论确立“法律英语”学科地位的必要性》,载《西南政法大学学报》1999年第1期。

[31] 《适应市场经济需要,搞好法学教育改革——市场经济与法学教育座谈会发言摘要》,载《中国青年研究》1994年第3期。

[32] 黄伟新:《中国法学教育如何应对入世挑战》,中国法学会世界贸易组织法研究会2003年年会论文。

[33] 霍宪丹:《面向21世纪:中国法学教育改革发展的重大问题思考》,载郭道晖主编:《岳麓法学评论》第2卷,湖南大学出版社2001年版。

[34] 《关于加强高等学校本科教学工作提高教学质量的若干意见》(教高〔2001〕4号)。

[35] 参见王晓伟:《论入世后我国所需法学人才的类型及培养》,载《东北大学学报(社会科学版)》2001年第2期。

量,继续扩大双语教学课程的数量"㊱。诚然,21 世纪的第一个十年,相关部门和政法学院轰轰烈烈地展开了涉外法治人才培养的探索和实践,但在国家政策层面,涉外法治人才培养尚未有一席之地;实践和理论层面,也主要围绕"法学 + 外语"的问题展开。

2011 年,教育部会同中央政法委根据《国家中长期教育改革和发展规划纲要(2010—2020 年)》制定了《关于实施卓越法律人才教育培养计划的若干意见》。"涉外法律人才培养"首次成为重要的国家规划内容。该意见明确指出,"适应世界多极化、经济全球化深入发展和国家对外开放的需要,培养一批具有国际视野、通晓国际规则,能够参与国际法律事务和维护国家利益的涉外法律人才";并采取"建设 20 个左右涉外法律人才教育培养基地"㊲的措施推动政策的实现。2012 年,教育部发布《关于申报 2012 年卓越法律人才教育培养基地的通知》并确立了 22 所高校作为培养基地。㊳ 随即,部分法学院校相继推出涉外法律人才培养的计划,比如西南政法大学推行"涉外法律人才实验班"㊴;对外经贸大学法学院采用"普及性的'理念强化型模式'与小众的'实验班'模式结合"㊵。对此,有学者认为:"涉外法律人才培养必定是精英式的人才培养模式。从培养专门人才的角度,涉外法律人才只能在大型院系的实验班和专门培养基地的院所中开展,而无法以大众教育的模式量化。如果说在大型法学院中涉外法律人才培养的'实验班'是锦上添花,那么'专门店'模式涉外人才类型的培养则是部分走'专门化'路线法学院的生

㊱ 《教育部关于印发〈关于进一步加强高等学校本科教学工作的若干意见〉和周济部长在第二次全国普通高等学校本科教学工作会议上的讲话的通知》(教高〔2005〕1 号,2005 年 1 月 7 日)。

㊲ 《教育部、中央政法委员会关于实施卓越法律人才教育培养计划的若干意见》(教高〔2011〕10 号,2011 年 12 月 23 日)。

㊳ 《教育部办公厅、中央政法委员会办公室关于公布首批卓越法律人才教育培养基地名单的通知》(教高厅函〔2012〕47 号,2012 年 11 月 23 日)。

㊴ 《西南政法大学扎实提高法治人才培养质量》,载中华人民共和国教育部网 2016 年 8 月 30 日,http://www.moe.gov.cn/jyb_xwfb/s6192/s222/moe_1754/201608/t20160830_277043.html。

㊵ 龚红柳:《新时期涉外经贸法律人才培养的若干思考——兼以对外经济贸易大学法学院为例》,载黄进主编:《中国法学教育研究》第 4 辑,中国政法大学出版社 2015 年版。

命线。”[41]此外，学术界从培养理念、目标、路径和教学模式等维度反思近些年的“涉外法律人才培养”。[42] 然而，这样的涉外人才培养模式，“在一些国内院校中已经尝试十多年，但几乎都是‘从零开始’，尚未能够准确地定位、未能最大限度地整合资源、发挥优势”[43]。

（三）成熟期：自上而下的推进

涉外法治人才培养的成熟期，是发展期的延伸或“深水区”。对此，具有标志意义的当属2014年党的十八届四中全会通过的《中共中央关于全面推进依法治国若干重大问题的决定》（以下简称《决定》）。《决定》提出：“创新法治人才培养机制。……建设通晓国际法律规则、善于处理涉外法律事务的涉外法治人才队伍。”[44]中央全会首次以“集体决策”的政治高度提出“涉外法治人才”，以“政治文件”的形式“自上而下”传导，贯穿于整个政法教育系统。一方面，这体现出中央集体领导层对“涉外法治人才”培养的重视，已上升为“国家”意志；[45]另一方面，《决定》采用“涉外法治人才”的表述，而非“涉外法律人才”，虽一字之差，却对未来的人才培养提出了新的内涵和要求，[46]形成了“国家标准”，即“通晓国际法律规则、善于处理涉外法律事务”。随后，时任教育部部长袁贵仁刊文明确提出“积极探索涉外法治人才培养多样化机制，完善与国外院校交流、双学位联合培养、国际组织实习等项目，加强对外交流合作”[47]

---

[41] 万猛、李晓辉：《卓越涉外法律人才专门化培养模式探析》，载《中国大学教学》2013年第2期。

[42] 参见石佑启、韩永红：《论涉外法律人才培养：目标、路径和教学模式》，载《中国大学生就业》2012年第16期。

[43] 王文华：《论涉外法治人才培养机制创新》，载《中国大学教学》2015年第11期。

[44] 《中共中央关于全面推进依法治国若干重大问题的决定》，载中央纪委国家监委网2014年10月28日，https://www.ccdi.gov.cn/special/18jszqh/yw_sizqh/201410/t20141029_29592.html。

[45] 参见袁贵仁：《创新法治人才培养机制》，载中华人民共和国教育部网2014年11月14日，http://www.moe.gov.cn/jyb_xwfb/moe_176/201411/t20141114_178200.html。

[46] 参见杜承铭、柯静嘉：《论涉外法治人才国际化培养模式之创新》，载《现代大学教育》2017年第1期。

[47] 袁贵仁：《创新法治人才培养机制》，载中华人民共和国教育部网2014年11月14日，http://www.moe.gov.cn/jyb_xwfb/moe_176/201411/t20141114_178200.html。

的新举措。在此基础上,部分法学院校相继深化、推进“涉外法治人才培养”的实践。[48] 2016 年 9 月 27 日,习近平总书记从全球治理的政治高度,对涉外法治人才培养提出:“要提高我国参与全球治理的能力,着力增强规则制定能力……参与全球治理需要一大批熟悉党和国家方针政策、了解我国国情、具有全球视野、熟练运用外语、通晓国际规则、精通国际谈判的专业人才。”[49]这是中国最高领导人首次在中央集体学习中就涉外法治人才培养提出明确的目标和要求,并上升为国家战略的高度。这主要是基于两个背景:一是 2014 年 10 月 23 日,中央领导集体在党的十八届四中全会上提出在中国国内全面推进依法治国这一重大历史背景。二是 2016 年 9 月 27 日,在二十国集团领导人杭州峰会之后,习近平总书记在中央政治局第三十五次集体学习上,发表的“加强合作推动全球治理体系变革,共同促进人类和平与发展崇高事业”的主题讲话。也就是在全球治理体系变革的大趋势下,进行人才的战略部署。为此,2018 年 10 月 8 日,教育部会同中央政法委制定了《关于坚持德法兼修实施卓越法治人才教育培养计划 2.0 的意见》。该意见明确了涉外法治人才的培养目标,即“培养一批具有国际视野、通晓国际规则,能够参与国际法律事务、善于维护国家利益、勇于推动全球治理规则变革的高层次涉外法治人才”,细化了“涉外法治人才培养”的措施。[50] 2020 年 11 月 16 日,习近平总书记在中央全面依法治国工作会议上指出,“法治是国家核心竞争力的 重要内容”,要求“加快涉外法治工作战略布局,……加大涉外法学教育力度”[51]。随后,2021 年 2 月 2 日,教育部会同司法部

---

[48] 参见《浙江大学着力推动卓越法治人才培养》,载中华人民共和国教育部网 2014 年 4 月 10 日,http://www. moe. gov. cn/jyb _ xwfb/s6192/s133/s192/201504/t20150410 _ 187063. html。

[49] 习近平:《加强合作推动全球治理体系变革　共同促进人类和平与发展崇高事业》,载共产党员网,https://news. 12371. cn/2016/09/28/ARTI1475052879967562. shtml。

[50] 《教育部、中央政法委关于坚持德法兼修实施卓越法治人才教育培养计划 2.0 的意见》(教高〔2018〕6 号,2018 年 10 月 8 日)。

[51] 习近平:《坚定不移走中国特色社会主义法治道路　为全面建设社会主义现代化国家提供有力法治保障》,载共产党员网,https://www. 12371. cn/2021/02/28/ARTI1614497131844532. shtml。

发布《关于实施法律硕士专业学位(涉外律师)研究生培养项目的通知》，旨在选定的15所高校中实施法律硕士专业学位(涉外律师)研究生培养项目，落实涉外法治人才培养工作。[52]

综上所述，涉外法治人才培养自萌芽到成熟，纵使期间发生断层，也已经走过百余年；事实上，从改革开放到现在，也已经有四十多年的发展史。从因外力催生，到自下而上的内生实践，再到通过“顶层设计”自上而下的推动，涉外法治人才培养的发展过程无不是因应社会实践的需要。然而，时至今日，涉外法治人才仍然“存在数量不足、经验不够、影响不大等问题”[53]。

三、涉外法治人才培养的困境：一个宏观的面向

涉外法治人才培养，从萌芽至今，已有百余年；自“入世”而得以迅速发展至今，也有二十余年。然而，涉外法治人才依然是“严重短缺和能力不足”[54]。为此，本部分将从以下方面探究其背后的原因。

（一）学科话语权的“弱势”

学科话语权，指的是本学科话语的影响力，[55]既体现本学科的发展程度和地位，也与本学科人才培养的质量问题紧密相关。[56] 学科话语权

---

[52] 参见《关于实施法律硕士专业学位(涉外律师)研究生培养项目的通知》及其附件《培养高校名单及2021年招生任务安排》，载中华人民共和国教育部网2021年2月2日，http://www.moe.gov.cn/s78/A22/tongzhi/202102/t20210226_515055.html。

[53] 卢佳静：《政协双周会建议大力补齐涉外法治人才短板　提高涉外执法司法质效》，载中国政协网2021年11月2日，http://cppcc.china.com.cn/2021-11/02/content_77846515.htm。

[54] 刘晓红：《以习近平法治思想为引领　加强涉外法治人才培养》，载光明网，https://m.gmw.cn/baijia/2021-01/20/34557556.html。

[55] 参见郑杭生：《学术话语权与中国社会学发展》，载《中国社会科学》2011年第2期。

[56] 参见洪大用：《超越西方化与本土化——新时代中国社会学话语体系建设的实质与方向》，载《社会学研究》2018年第1期。

是其“学科体系、学术体系和话语体系科学性的集中反映”[57]。在中国,国际法是“舶来”学科,[58]其学科建设及其体系化过程,虽然“移植”自西方,但困于国际法文化、历史实践基础和制度的地方性因素,学科体系处于“‘可有可无’的小众学科门类”[59]地位。可见,国际法学科体系面临“被弱化”和“被边缘化”的危险。[60] 如此,势必降低国际法学科在整个法学学科体系的存在价值、学科认同和独立,从而弱化学科话语权的根基。学科体系“被弱化”,将冲击相应的学术体系和话语体系的科学性。学术体系,包括“学术支持、学术发表、知识产权、学术讨论、学术评价、学术激励、学者联系等多方面的制度安排”[61]。在我国,国际法学学术体系虽已建成并有所发展,但相关制度安排仍存较大缺陷。一方面,国际法学者在国内面临激烈的学术“空间挤压”;[62]另一方面,中国国际法学者在国际上几乎“处于失语或无语的境况”[63],“很难体现自己的学术话语权和学术地位”[64]。就国际法学科话语体系的科学性而言,“是以欧美国家为中心,有着浓厚的‘西方色彩’”[65]。因而,国际法学科话语权,无论是面对同为法学学科之下的其他二级学科,还是在国际层面的中国话语体现,都依然处于孱弱的境况。由此,也必然对人才培养形成一定程度

[57] 周蔚华等:《出版学“三大体系”建设(笔谈)》,载《华中师范大学学报(人文社会科学版)》2021年第3期。

[58] 参见余敏友、刘衡:《论国际法在中国的发展走向》,载《武汉大学学报(哲学社会科学版)》2010年第5期。

[59] 《五政法院校联合发表国际法学科建设与发展宣言》,载中国政法大学新闻网2017年12月4日,https://news.cupl.edu.cn/info/1458/26067.htm。

[60] 参见袁泉:《文明交流互鉴语境下重塑国际法学学科体系之思考》,载李双元主编:《国际法与比较法论丛》第26辑,武汉大学出版社2020年版。

[61] 洪大用:《超越西方化与本土化——新时代中国社会学话语体系建设的实质与方向》,载《社会学研究》2018年第1期。

[62] 参见《五政法院校联合发表国际法学科建设与发展宣言》,载中国政法大学新闻网2017年12月4日,https://news.cupl.edu.cn/info/1458/26067.htm。

[63] 姜敏、郝煜洋:《论中国法学的国际话语权:缺失、原因和对策》,载《重庆大学学报(社会科学版)》2022年第4期。

[64] 余波、舒非:《中国社会科学国际学术话语权研究——基于15个SSCI学科的对比分析》,载《科学学与科学技术管理》2022年第5期。

[65] 姜敏、郝煜洋:《论中国法学的国际话语权:缺失、原因和对策》,载《重庆大学学报(社会科学版)》2022年第4期。

的消极影响。

国际法学科社会认同和生源吸引力降低,是学科话语权“孱弱”的消极效应之一。国际法学科一直都不如刑法、民法等强势学科受到社会的认同。一方面,正如前述学者所言,国际法学科在部分法学院校的“存在感”比较差,被视为“‘可有可无’的小众学科门类”[66],课程设置和学时安排受到了极大限制。[67] 由此,无形之中已经向学生“暗示”国际法学科的“不重要”性。另一方面,在法律服务市场,与民法、刑法等主流业务相比,国际法相关业务的需求量比较小。如此,国际法在社会层面的认可度将是非常有限,甚至不知道国际法学科的存在。

由此,国际法学科对生源的吸引力也将会受到极大的影响。无论是因为学科话语权的“弱势”,还是因为社会认同的原因,选择国际法相关专业的学生数一直都处于相对比较低的状态。对此,笔者对西北政法大学就业网公布的2016—2022 年国际法、民商法和刑法方向的硕士毕业生人数进行梳理和比较,如图 1 所示。

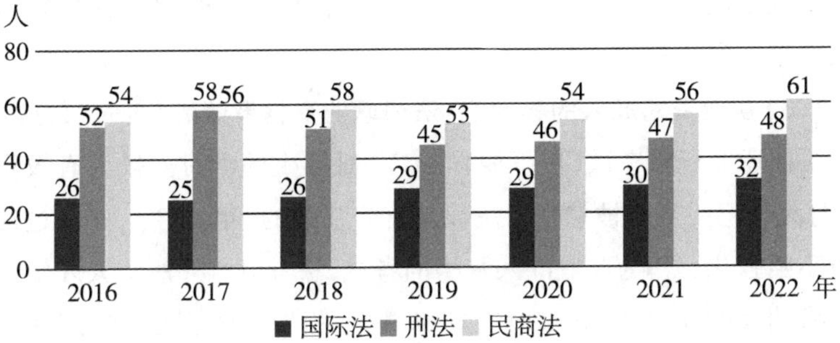

图 1　西北政法大学国际法、刑法和民商法硕士毕业生人数

数据来源:《西北政法大学历届毕业生各专业人数一览表》,载西北政法大学就业网,http://job.nwupl.edu.cn/detail/student_source_info,最后访问时间:2023 年 2 月 24 日。

---

[66] 《五政法院校联合发表国际法学科建设与发展宣言》,载中国政法大学新闻网 2017 年 12 月 4 日,https://news.cupl.edu.cn/info/1458/26067.htm。

[67] 参见《教育部办公厅关于推进习近平法治思想纳入高校法治理论教学体系的通知》的附件《法学类教学质量国家标准》(教高厅函〔2021〕17 号,2021 年 5 月 19 日)。

由图1可见,西北政法大学国际法学专业毕业生数量,总体上都低于刑法学和民商法学专业的数量。2016—2022年,国际法学毕业生人数虽略有所上升,但幅度较小,维持在1~3位;刑法学专业的毕业生数量呈现“升中有降”的态势,2019—2022年有所增加,但是幅度较小;民商法学毕业生数量呈现总体上升的态势,2019年虽有所下降,但之后就展现上升趋势。虽然这仅是西北政法大学的数据,但也反映出国际法专业的学生少于其他传统的主流专业。由此推之,国际法专业的生源吸引力相对比较弱。

学科话语权,通过学科体系、学术体系和话语体系科学性,影响相关专业的人才培养质量。学科体系健全和发达,能提供丰富的课程选择,并保证课程质量,那么人才培养质量必然有保障。教与研相互促进,学术体系相关制度安排健全以及话语体系科学,推动国际法学科的学术研究,进而反哺教学,提高教学质量。近年来,虽然教育部主导各学科进行改革,以提高教学质量,但国际法学科在学科体系、学术体系和话语体系科学性等维度,处于相对“弱势”,由此必然限制教学质量的提高,影响了人才培养的质量。

(二)从业资格准入的导向性:法律职业资格考试的“负向”效应

法律职业资格考试(以下简称法考)对学生的学习安排具有极强的“导向性”,但一直都被忽视。法律具有非常强的“地方性”,并通过法考得以不断强化。作为职业准入资格的考试,法考对涉外法治人才培养具有非常明显的导向性,并且具有超越常规的法学教育之势头,形成“负向”效应。

一方面,我国的法考更多的是对法学知识记忆及其应用的考试,相对缺乏对作为一个法律职业人职业素养、技能和实践能力的考查。首先,法考的前置条件不以考生的实务工作经历为前提,仅对法学学历作限定性要求。法考是对法律职业资格考试教辅材料的知识性记忆和理解的“书面”考查,与实务技能,如语言表达能力、沟通技巧、谈判能力和法律文书写作能力等存在脱节,更与法律实务经验缺少关联,只要满足划定过线分数,即可拥有从事法律职业的资格。如此,谈何考查出具备了从事法律职业的能力和条件?其次,这种仅对主要部门法学知识的书面考查,有可能对处在培养期的涉外法治人才形成误导。这种导向,对涉外法治人才的培养形成的是“负向”性的效应,使本应在学校中培养的谈判能力、论辩能力、法律问题处理能力、语言修辞能力和法律外语能力得不到应有的重视、学习和训练。如此,培养出来的涉外法治人才是否能够应对复杂的全球治理问题,是否能够参与国际规则的制订,就成为一个问题。

另一方面,法考的内容设置就已经将国际法学科定位为“弱势”学科。鉴于法考主体绝大多数是将来从事国内法律业务的从业者,国内法成为主要考试内容是必然,因而国际法学科在法考中的分值占比基本维持在8%~19%,处在中等偏下的位置。这也正是法考在不断加强法律“地方性”的原因;同时,这也事实性地“弱化”了国际法学科的地位,从而导致学生不重视对国际法学科课程的学习,对他们形成选择性学习、记忆和理解。法考对国际法学科的非故意“弱化”带来的“负向”效应,应该值得重视。

(三)就业市场的导向:学生职业生涯规划与就业需求的“错位”

学生职业生涯规划与就业市场的导向也是当前涉外法治人才培养的结构性问题之一。学生的就业选择和市场需求应当是对向性的。然而,从高校毕业生的就业统计数据看,选择报考公务员、事业单位和国企的人数占绝大多数,愿意选择体制外工作的仅为少数。体制内涉外法律的岗位本来就比较少,大部分是面向国内法的岗位。在这样的职业生涯规划导向下,学生将更多的精力和时间投入考取体制内岗位的准备工作。涉外法治人才培养计划与学生的职业生涯规划发生“错位”时,前者必然让位于后者的选择并处于“低位”发展的态势。体制内能够提供的岗位是非常有限的,大部分毕业生最后还是分流到体制外就业。然而,体制外的市场需求量有限,因而分流出来的大部分毕业生也基本都从事国内法事务。如此,学生的职业选择和就业市场的导向,必然间接性地影响涉外法治人才培养的质量和发展。

四、涉外法治人才培养的优化

(一)涉外法治人才的再定位

涉外法治人才培养一直延续着国内法培养的目标,即为未来法律职业人提供专业性的训练,并希望他们能够像“法官”一样思考。在此目标的引导下,传统的涉外法治人才培养模式则是在国内法知识的基础上,增加国际或比较的元素,辅以域外高校进行合作,进行国际交流、访学等。很显然,传统的培养模式是国内法培养的“升级版”。经过二十多年的实践证明,这样的培养目标和模式,已不能满足参与全球治理的需求,也不能满足参与国际规则制定的要求。

未来对涉外法治人才的要求应该是“无国界”的法律人,即能够在多元化法律体系和背景中执业,提供专业化法律服务的职业人。面向参与全球治理的涉外法治人才培养,法律不应该被视为一种“工具”进行讲授,而应该引导学生以“学者”的角色探求法律知识;面向参与国际规则制定的涉外法治人才培养,传统的法学教育“角色”应该被打破,不应该仅仅作为立法和司法的传播者,而应扮演塑造“未来法律”的重要角色。由此,涉外法治人才培养应该致力于“无国界”法律人才的培养,应培养可以在多元化的法律体系和背景中进行执业的法律人。

(二)涉外法治人才培养课程的重置

课程设计决定着人才培养的质量,是关键性要素。当前,关于涉外法治人才培养的课程设计必须考虑几个方面的问题。第一,防止国际法学的“知识孤岛”现象。传统的涉外法治人才培养禁锢于国内法思维,缺乏国际关系问题的讲授;且基本都以“书本上的国际法”为准,缺乏国际法的实务性操作,最终形成国际法学的“知识孤岛”。课程设计应增加开阔学生国际视野的课程,通过跨学科方式学习国际法学知识,并使学生通过实践加深对相关理论的理解。第二,注重实务能力为导向的涉外法教学。目前,在教学中虽然注重了实务能力的培养,如通过模拟法庭、法律诊所、实习等方式增加学生的实务感，但局限性也是非常明显。一方面受众比较小，很难惠及大部分的学生；另一方面，困于时间的限制，学生基本都是浅尝辄止，不能深入。在涉外法治人才的实务能力培养方面，除了现有的培养课程之外，还应该创造机会，将学生外派至其他国家的实务部门进行为期至少半年的实习，以此增加学生对其他国家职业伦理和法律文化的理解。第三，涉外法治人才培养应注重培养学生的语言交流能力、谈判能力、陈述能力、项目管理能力以及学生的文化敏感力和跨文化理解力。在当下的法学教育中，这方面是比较缺乏的，理应进行加强和完善。

(三)法律职业资格考试的改革

在卷“考证”的社会里，法考的导向性一直被忽视。正如前文所述，国际法学被“冷落”成“偏门”学科与法考的导向性不无关系。为此，这种导向性作用应进行调整。一方面，应提升法考的报考资格。现行的“法考”侧重于对理论知识的记忆与理解，缺乏对实务能力的考查，更缺乏对语言表达能力、谈判能力及其他实践能力的考查。如此，如何体现被考察对象的能力？因而，在法考的考试资格方面，应考虑增设实务经验这个条件；在考试的内容方面，应考虑提高考察实务能力的比重。另一方面，法考应调整国际法学的考分比重，增加其考查的内容和范围，并侧重对国际法规则的实务运用和实例考查。

结　语

正如西蒙教授所言，中国将在国际法框架内崛起，但无法拯救衰落的美国。[68] 布局涉外法治人才培养，不仅是推进“联合国核心使命”中国方案的重要方略，也是中国在国际法框架内寻求发展的重要路径。然而，涉外法治人才培养，路漫漫兮，历经百余年；其修远兮，从由外力因素

---

[68] See John Henry Merryman, *Legal Education There and Here: A Comparison*, Stanford Law Review 3, 1975, p. 859.

强力主导,内在需求仓促回应互动中催生人才培养意识,到"自下而上"人才培养的探索发展期,再到通过顶层设计,以"自上而下"推动的方式,实现人才培养的成熟期,都在前进的道路上摸索。面对当下,无论是学科话语权的"锅",还是法考"惹的祸",抑或是就业市场的问题,涉外法治人才培养的现实困境,需要从学科定位、教学方式、法考导向等层面寻求突破。

A Century of Changes: The Historical "Longitude" and the Realistic "Latitude" of Cultivating Foreign-related Rule of Law Talent

Huang Gui　Li Rong

Abstract: In promoting the "core mission of the United Nations" of the Chinese program, the Party Central Committee has made efforts to promote the cultivation of foreign-related rule of law talent. From the "longitude" of history, the cultivation of foreign-related rule of law talent has experienced more than a century, from the germination of consciousness, which was "strongly dominated by external forces and hastily responded by internal demands", to the development period of "bottom-up" promotion, and then to the mature period of "top-down". From the "latitude" of reality, the cultivation of foreign-related rule of law talent is faced with the weakening of disciplinary discourse, the "negative" guiding effect of qualification examinations, and the market-oriented dilemma of "misalignment" between career planning and employment demand. Therefore, a breakthrough must be achieved at the level of repositioning the cultivation of foreign-related rule of law talent, resetting the cultivation curriculum and promoting the reform of national judicial examination

Key Words: the cultivation of foreign-related rule of law talent; disciplinary discourse; international rule of law; national judicial examination

涉外法治人才培养背景下“国际法不确定性”对国际法教学的启示*

严　阳**

摘　要:国际法不能为具体案件提供唯一、正确的答案,被称为“国际法不确定性”,主要体现为国际法语言的开放模糊,而且国际法规则系统外的国际法体系化缺失、国际法参与者对国际法的主观建构都是“国际法不确定性”的因素。“国际法不确定性”要求国际法教学能服务于解决现实问题,这契合涉外法治人才培养目标,在认识国际法层面上,避免国际法万能论或国际法虚无论的陷阱。由此,国际法教学应揭示并回应“国际法不确定性”。在理论教学方面,国际法课程以应用为目标且以国际法渊源为基础架构教学内容,培养国际法的论辩思维;在国际法教学中运用交叉学科知识或单独设置交叉学科课程,助益于理解他者对国际法的影响。在实践教学方面,案例教学法可运用于国际法课程教学中,也可以单独设置国际法案例课程,该课程与国际模拟法庭、涉外法律诊所等实践课程一起以真实的情境

---

* 基金项目:2019 年国家社科基金青年项目“国际法话语形成中的国际软法研究”(项目编号:19CFX084)。

** 严阳,西北政法大学国际法学院讲师,法学博士。研究方向:国际法基本理论。

呈现"国际法不确定性"。

关键词:涉外法治人才　国际法不确定性　交叉学科课程　国际法案例教学　国际法模拟法庭　涉外法律诊所

一、问题的提出

法律运作于具体的经验和情境之中,不是简单的逻辑推演。法律现实主义对国际法的启示在于,国际法规则内容与运行过程是经验问题,认识国际法必须置于具体情境中,国际法运作存在理性与权力之间的张力。① 换言之,现实中的国际法问题并非单纯的法律问题,不可能仅凭法律逻辑推理来解决。新时期,涉外法治人才必须能够处理现实中的国际法问题和难题。2014 年《中共中央关于全面推进依法治国若干重大问题的决定》提出"加强涉外法律工作",党和国家指引法学界开始了涉外法治人才培养的征程。2018 年《关于坚持德法兼修实施卓越法治人才教育培养计划 2.0 的意见》提出,高层次涉外法治人才应具有国际视野、通晓国际规则,具备参与国际法律事务、善于维护国家利益、勇于推动全球治理规则变革的能力。无疑,涉外法治人才是高层次、复合型、应用性的人才,这为国际法教学提出了更高的要求。

相较于国内法和国内社会,国际法及其所在的国际社会更复杂,国际法受法律之外因素影响更甚,因而,国际法可能会呈现出不明晰、不确定、不稳定的样态,这一现象可归结于"国际法不确定性"。本文不致力于理论探讨和哲学追问,②而着眼于涉外法治人才培养过程中"国际法不确定性"对国际法教学的影响。本文首先阐明"国际法不确定性"及

① See Gregory Shaffer, *The New Legal Realist Approach to International Law*, Leiden Journal of International Law 2, 2015, p. 200 – 207.

② 关于法律不确定性、国际法不确定性的论述,参见邱昭继:《法律的不确定性与法治——从比较法哲学的角度看》,中国政法大学出版社 2013 年版;Severin Meier, *Indeterminacy of International Law*, Zürich, sui generis, 2021, p. 72;陈一峰:《国际法的"不确定性"及其对国际法治的影响》,载《中外法学》2022 年第 4 期。

其在国际法教学中对国际法认知的影响,接续说明国际法教学过程中呈现"国际法不确定性"的必要,随后揭示"国际法不确定性"的国际法理论与实践教学路径,最后是结论。

二、"国际法不确定性"的表现及其对国际法教学的影响

"国际法不确定性"是指国际法适用上的不确定性。广义而言,这里的"适用"不限于司法意义上的适用,还指涉国际法参与者在具体案例、事件和情境中的国际法话语运用。如果作为第三方的观察者置某一国际法适用过程于观察者的"盒子"中,就会发现国际法在适用层面不如观察者所预想中的稳定、一致、确定,对观察者而言,只有打开国际法适用之盒的那一刻,才清楚国际法适用的结果。③ 若考察国际法院的案件,同样的规则并非一直适用于类似案件中,打破了法律的确定性,其原因包括语词不确定、法律的变化、政治偏好、法官的法哲学立场。④ 总体而言,"国际法不确定性"呈现于国际法规则系统内和国际法规则系统外两方面,国际法语言的开放模糊是系统内因素,系统外因素包括国际法体系化缺失、国际法参与者对规范的建构,这些因素共同造就了国际法不能为具体案件提供唯一答案的现象。

(一)国际法语言的开放模糊

就规则层面而言,"国际法不确定性"体现在国际法语言的开放模糊。作为语言的国际法有不同解释,条约解释的不同理论间接说明国际法语言的不确定。"主权""干涉""武力""自卫"等词汇本身的含义并不是径直适用于争端,这些词汇的意思是明晰于国家建构与争辩中。伊

---

③ 有学者用"薛定谔的习惯"揭示习惯国际法的不确定,参见 Markus P. Beham, *State Interest and the Sources of International Law: Doctrine, Morality and Non-treaty Law*, New York, Routledge, 2018, p. 91–93。

④ See Martti Koskenniemi, *From Apology to Utopia: the Structure of International Legal Argument (Reissue with New Epilogue)*, New York, Cambridge University Press, 2005, p. 60–61.

拉克和英美国家在“禁止使用武力”还是“自卫”的问题上争辩，说明国际法中存在大量“规则—例外”“规则—反规则”的平行结构，国家因各自利益和政策不同而选取的具体规则不同，从相对的两方面进行合法性的证成和申辩。⑤ 还可以看到的是条约中有很多评价性术语，像“不人道或有辱人格待遇”等国际刑法的词汇，要结合具体情境认定，这些语词的解释与适用必然与价值有涉，⑥而且国际刑事法院所管辖的重大国际罪行的术语解释与罪行评价需结合具体国家或地区的文化、风俗。

识别一个规则是否确立习惯国际法表现出“国际法不确定性”。国际法的参与者依据偏好和立场选取了国家实践和法律确信的材料，样本不同、偏好不同、利益不同、方法不同，识别习惯国际法的结果不同。习惯国际法的识别还可能会带有大国印记，其正当性被质疑，⑦在论证上可能存在逻辑推论的缺陷。⑧ 例如，各个国家在禁止核武器使用是否构成习惯国际法的立场各异，无核国家认为核武器的使用为环境法、人权法、人道法、刑法等领域的国际条约禁止，而且有核国家的条约缔约国身份意味着法律确信，由此推出禁止核武器使用确立习惯国际法的结论。反之，拥有核武器的一些国家考虑到核武器的使用与禁止都缺乏国家实践，况且无核国家不拥有核武器便无从谈起使用或禁止核武器的实践，因此得出禁止核武器使用的习惯国际法并未产生的论断。⑨ 针对威胁

---

⑤ 参见[美]邓肯·肯尼迪：《判决的批判：写在世纪之末》，王家国译，法律出版社2012年版，第98～119页。

⑥ See Martti Koskenniemi, *From Apology to Utopia: the Structure of International Legal Argument (Reissue with New Epilogue)*, New York, Cambridge University Press, 2005, p. 36 - 41.

⑦ See J. Patrick Kelly, *Customary International Law in Historical Context: The Exercise of Power without General Acceptance*, in Brian D. Lepard, eds., Reexamining Customary International Law, New York, Cambridge University Press, 2017.

⑧ See Fernando R. Tesón, *Fake Custom*, in Brian D. Lepard, eds., Reexamining Customary International Law, New York, Cambridge University Press, 2017.

⑨ 习惯国际法的识别存在困难或问题，参见 Hugh Thirlway, *The Source of International Law*, New York, Oxford University Press, 2014, p. 53 - 91。本书第二版于2019年出版，习惯国际法的章节主要围绕国际法委员会《习惯国际法的识别》展开。

或适用核武器合法与否的问题,国际法院未置可否。[⑩] 从上述例子中,不难推测出国际法受到国际政治的影响,国际法语言的模糊开放、国际法参与者的主观塑造和解释造成国际法在很多问题上并没有给出一个明确的结果。

除条约和习惯国际法之外,可纳入国际法渊源范畴的强行法、一般法律原则和司法判例或多或少地体现了"国际法不确定性"。条约和习惯国际法皆不能损抑的强行法,既反映了国际法职业共同体在国际社会确定基本价值和伦理的意图,又体现了国际法不成体系背景下少有的位阶等级。但是,强行法处于一种漂浮的状态,国际社会对强行法的边界认识不同,强行法难以执行,[⑪]这种不确定性还反映在国际法理论家和实践者的探讨中。以司法判例为例来看,判例制度建立在法律确定性的理论基础上,除国际刑事法院外,国际法院等国际司法机构没有采取判例制度,[⑫]意味着未实行判例制度的国际司法机构对类似案件可能得出不同结论。不同司法机构在同一问题上也有分歧,国际法院的"有效控制"原则与前南斯拉夫国际刑事法庭的"全面控制"原则之间的分歧就是一例。

(二)国际法体系化的缺失与国际法参与者的建构

21 世纪初,国际法委员会已关注到"国际法不成体系",国际社会的功能分化与职业分工导致不同的国际法部门产生和不同的国际法职业出现。问题是如何协调不同国际法分支部门的规则冲突,目前来看,能解决国际法规则之间冲突的规则甚少,[⑬]有关一般法与特殊法、上位法与下位法的原理是解决这一问题的主要方式。国际法不成体系在司法上体现为不同国际司法机构并存、不同国际司法机构在同一问题上观点

---

⑩ See Legality of the Threat or Use of Nuclear Weapons, Advisory Opinion, I. C. J. Reports 1996, p. 226, para. 105.

⑪ 参见何志鹏:《漂浮的国际强行法》,载《当代法学》2018 年第 6 期。

⑫ "因循先例"一定程度上保障了国际法的确定性,但大多国际司法机构缺乏"因循先例"制度而产生司法造法正当性的质疑。参见张华:《反思国际法上的"司法造法"问题》,载《当代法学》2019 年第 2 期。

⑬ 从一般国际法的角度看,这类规则体现为《联合国宪章》第 103 条,《维也纳条约法公约》第 53、64 条。

相异。[14] 司法机构的功能分化、前文论证中所体现的司法能动性乃至理论分歧加剧了国际法适用上的不确定。国际法体系化的缺失还反映在国际法教材上,教材体系宏大,涵盖不同,国际法分支部门不断推展,如何在国际法教学过程中把握国际法不成体系以及国际法不成体系所带来的不确定性问题,就成为国际法教学中面临的问题。

自国际法产生至今,国家塑造并建构国际法的能力得到普遍认可,国际法因领域、地域、国家的不同而具有各自特色。国际法的规则导向与目的导向之间存在张力,在逆全球化现象、单边主义回潮的背景下,国际法变得分裂,“国际法不确定性”问题凸显。[15] 国际社会的大变局中,具有不同立场、不同利益、不同偏好的不同国家对国际秩序的状态持有不同观点,观念意识上的差异投射在以国家同意为基石的国际法上,尤其体现在国际法的运作过程中,这些差异促使国家建构国际法并引发不确定性。在国际争端解决中,政治问题与法律问题的界限并不明确,国家意志影响政治系统“入侵”法律系统。[16] 国际法回应国际社会的新问题时,不确定性也会浮现。[17] 国家的立场、利益和偏好各异,是适用既存国际法规则还是制定新的国际法规则,就解释既存规则的方法和结果是否一致、创设新规则的路径与方式是否相同等问题,理论和实践没有给出确定的答案,国际社会分化出不同的阵营,展现出分裂对立的局面。

三、国际法教学中呈现“国际法不确定性”的必要性

“国际法不确定性”是国际法本体的一个面相,影响国际法认知的

---

⑭ 联合国大会:《国际法不成体系——国际法的多样化和扩展引起的困难问题》,A/CN.4/L.644,2003年7月18日,第9、10段。

⑮ 国际法的斗争功能与国际法不确定性密切相关,参见李鸣:《合作与斗争:国际法的双重功能》,载《地方立法研究》2022年第4期。

⑯ 参见禾木:《国际裁判中的法律争端与政治争端》,载《中外法学》2013年第6期。

⑰ 国际法适用于网络空间可能会产生法律不确定的问题,参见张华:《网络空间适用自卫权的法律不确定性与中国立场表达——基于新近各国立场文件的思考》,载《云南社会科学》2021年第6期。

过程、思维和方法。国际法教学中呈现"国际法不确定性"有助于引导学生正确认识国际法,教师要理解"国际法不确定性"。"国际法不确定性"要求涉外法律人才具备综合、灵活的法律运用能力,而且国际法教学过程中,教师的教学认知能力在教学目标、教学设计、教学内容、教学方法等"教"的方面起着重要作用,决定着教学能否取得良好的效果。所以,认识到"国际法不确定性",方能提升教师在国际法的教学目标设计、教学资源选取、教学情境观察、教学能力反思、教学知识体系改善等方面的能力,进而引导学生"学"到并领会国际法实践中"国际法不确定性",实现新时代涉外法律人才的培养目标。

(一)契合新时代涉外法治人才的培养目标

新时代,涉外法治人才既要理解和掌握规则,又要具备文本主义外的综合分析能力和灵活能动运用国际法的能力。[18]"抽象法学"模式、说教式或者应试型的国际法教学不合时宜,虽有助于学生理解和掌握书本上的国际规则,但实践导向缺位影响塑造学生灵活运用国际法处理实际问题的能力,[19]与涉外法治人才的预期能力相去甚远。初步接触国际法者、开始学习国际法的人、经培养的涉外法治人才在观念上理解"国际法不确定性",方能在行动上灵活运用国际法。"国际法不确定性"涵盖国际法系统内和系统外因素,涉外法治人才的能力契合并对应于"国际法不确定性"的不同方面。

第一,涉外法治人才应具备综合、能动、建设甚至创新地运用国际法的素质和能力,国际法语言的开放模糊要求解释国际法规则、表达国际法话语的能动性,两者在培养目标和提升能力上殊途同归。第二,"国际法不确定性"体现为具体案件因领域、地域和国家等时空差异而结果不同,国际法系统化的缺失根源于国家本位。以国家的视角来看,"国际法不确定性"中的确定因素在于国家利益。涉外法治人才的培养必然秉持

---

⑱ 参见王晨光:《以人才素质为导向 以人才培养规律为依据 科学设置培养模式——国际法律人才培养的模式、内容与方法刍议》,载杨宗科主编:《法学教育研究》第35卷,法律出版社2021年版。

⑲ 参见刘彬:《中国国际法本科教学改革刍议》,载《武大国际法评论》第17卷·第2期,武汉大学出版社2015年版。

中国立场，善于表达国际法的中国话语，在实践中服务于国家利益，逐步渐进地关切国际社会利益和全人类利益。第三，作为国际法参与者的涉外法治人才塑造国际法观念、建构国际法规则，是涉外法治人才勇于推进国际法治规则变革的必然要求。“国际法不确定性”因国家本位的国际法本质特征不能改变而不可能消除，与寻求稳定性、确定性、普遍性和一致性的法治标准相悖，因而存在“国际法不确定性”危害国际法治的担忧。⑳ 比如，国际法治的目标是限制大国尤其是霸权国任意违反国际法，㉑一些国家违反或者不遵从国际法很大程度上利用了“国际法不确定性”。换言之，认识和理解“国际法不确定性”成为国际法职业共同体思考国际法治问题的起点。㉒

（二）避免走向国际法“万能论”与“虚无论”的两极

凡事诉诸规则的法律至上，或者信奉权力决定一切的法律虚无主义，是国际法教学中常见的问题。㉓ 简言之，认识国际法有国际法万能论和国际法虚无论两种倾向。

国际法万能论将国际法视为解决国际社会问题的“灵丹妙药”，就法律实效而言，对国家的约束力极佳，虽有助于推进国际法教学，却容易引发对国际法的盲目自信，与现实碰壁。㉔ 不言自明，国际法只是解决国际社会问题的一个工具，“国际法不确定性”亦有所揭示。国际法系统内因素即国际法语言的模糊开放，与国际法参与者的主观能动结合之后，产生了国际法的适用没有唯一、最优的答案。国际法系统外的诸多

---

⑳ 有关“法律的不确定性”与法治的讨论，参见［美］安德鲁·奥尔特曼：《批判法学——一个自由主义的批评》，信春鹰、杨晓锋译，中国政法大学出版社2009年版，第89页。

㉑ 参见何志鹏：《大国政治的终结——国际法治的目标探究》，载《吉林大学社会科学学报》2013第3期。

㉒ 参见陈一峰：《国际法的“不确定性”及其对国际法治的影响》，载《中外法学》2022年第4期。

㉓ 还有一种倾向是探讨旅游指南却从不亲临的浪漫主义，也就是说，国际法教学只是纸上谈兵而缺乏实践关切。See Gerry Simpson, *On the Magic Mountain: Teaching Public International Law*, European Journal of International Law 10, 1999, p. 70 – 92.

㉔ 参见何志鹏：《中国国际法教学提升的“道”与“术”》，载《中国大学教学》2017年第4期。

因素,显示了国际法的运作受到国际政治、经济、文化等多方面影响。在一国违反国际法而未承担国际责任、国际刑法在惩治国际犯罪上显失公允等问题上,国际法万能论者屡屡碰壁,是因为忽视了国际法系统外因素。

另外,传统法学教育的模式和法律思维导致国际法万能论的倾向。如果仅依靠法律逻辑推演,或单纯依据原理分析,会片面认识国际法的运作,就像把国际法与国际社会的其他系统隔绝起来一样,形成国际法的"乌托邦"。国际法教学是追求真理的过程,现实的答案却非绝对、唯一。在识别某一规则是否确立习惯国际法时,需从国家实践和法律确信两方面分析,国际法委员会的成果文件为识别习惯国际法提供指南,[25]可供理论探讨的问题是国际法委员会识别习惯国际法所依据的理论是否唯一。[26] 从国际法院的司法实践看,国际法院证明一项规则是否确立习惯国际法时,没有严格考察两个要素。如果一味单纯讲授原理而不顾及现实,在识别一项规则是否确立习惯国际法时,学生得出的结论可能与国际司法机构、国家、国际法学者的观点不一致,就可能质疑国际法的知识和功用。由此而言,形式主义的做法即机械地法律推理而寻求裁判的正确结果,并不可取,而"国际法不确定性"体现于国际法教学中可以避免该缺陷。

国际法万能论的另一端是国际法虚无论,即否认国际法的作用。国际法虚无论者或者国际法无用论者最常引用一些事例来证明国际法经常被违反、国际法没有约束力。国际法若无用,就不会出现国家运用国际法为自己行为辩解的现象,简单回顾一下"预先性自卫"及其背景,便知国际法的话语功能。即使最激进的批判国际法学学者将"国际法不确

---

[25] 联合国大会2018年12月20日第73/203号决议:《习惯国际法的识别》(A/RES/73/203,2019年1月11日)。

[26] 两要素说之外的其他理论探讨,参见Bin Cheng, *United Nations Resolutions on Outer Space*: "*Instant*" *International Customary Law*?, in Bin Cheng, eds., International Law: Teaching and Practice, London, Stevens and Sons, 1982; Anthony A. D'amato, *The Concept of Custom in International Law*, New York, Cornell University Press, 1971, p. 73 – 98, 270 – 272; Frederic Kirgis, *Custom on a Sliding Scale*, American Journal of International Law 81, 1987, p. 149 – 150。

定性”推至不可缓解的地步，也没有否认作为话语的国际法的论辩作用。新时代涉外法治的合作与斗争范式中，[27]国际法不可能缺席反而至关重要，涉外法治人才应具有的掌握国际法规则的能力也否认了国际法虚无论。

四、揭示“国际法不确定性”的理论教学路径

“国际法不确定性”反映在国际法规则和国际法体系上，理解国际法规则、把握国际法体系是国际法实践的前提，是掌握与回应“国际法不确定性”基础，交叉课程为理解“国际法不确定性”供给国际法外围知识。

（一）国际法课程：应用导向且以渊源为基础设计教学内容

国际法课程教学内容庞多，从基本理论到不断更新扩大的各分支领域。内容丰富与课时有限的供需矛盾意味着国际法课程教学不可能详尽讲授所有内容，要有所偏重。涉外法治人才的培养要求国际法教学具有应用性和实践性，[28]处理国际事务、维护国家利益首先要熟知国际法。国际法教学揭示国际法的本质特征、形式表现、历史沿革和具体制度，[29]通过这四个维度便能较好把握国际法。国际法的定义与本质特征、国际法的渊源是认识国际法的起点，后者是“国际法是什么”的具象体现，是

---

[27] 参见何志鹏：《现代化强国的涉外法治》，载《吉林大学社会科学学报》2022 年第 2 期；李鸣：《合作与斗争：国际法的双重功能》，载《地方立法研究》2022 年第 4 期。

[28] 近期学者们聚焦“大国崛起与国际法教学”，直接或间接指出国际法教学应当具备应用性。参见魏磊杰主编：《政治与法律评论：大国崛起与国际法教育》（第 13 辑），当代世界出版社 2022 年版。

[29] 国际法教学的知识体系和课程体系，是由国际法的内涵（概念、特征、历史发展）和外延（渊源）以及法教义学的内在逻辑（基础理论和具体法律制度）构成。参见江河：《中国国际法教义学的现实困境和理论构建》，载魏磊杰主编：《政治与法律评论：大国崛起与国际法教育》第 13 辑，当代世界出版社 2022 年版。

从规范获取到法律适用再到权利救济的第一个阶段,[30]所以,国际法课程教学内容可以以国际法渊源为基础进行设计。

以《国际法院规约》第38条为中心的国际法渊源的"快捷工具箱",[31]不仅呈现了国际法是什么、如何找到具体的规则,指明了国际法理论研究和实践运用的第一手资料,而且以规则的形式反映国际法的形成。[32] 只有找到具体规则及其例外规则或反规则,才能据理力争,为己方立场申辩。除寻找规则外,适用和解释规则的技术对立场阐明、政策支撑和利益实现至关重要。在国际法渊源的教学板块,教师需注重讲授条约、习惯国际法等国际法规则的形成与具体适用,在理论上展现国际法是逐步形成的动态规则而非纸面的法律,表明国际法话语的形成规律与价值,[33]这也是国际法教学对"国际法不确定性"中语言开放模糊的回应。

国际法渊源具象地呈现"国际法是什么",国际法律人依此找到具体规则、原则、制度。国际法渊源所提供的方法能让学生较快掌握各分支领域的规则,迅速进入新领域。因此,讲授国际法渊源后,教师就可提纲挈领地讲授国际法各分支领域,主要介绍国际法分支领域的框架、原理,一定程度上解决国际法不成体系在教学设计上的困难,亦缓和内容丰富与课时有限之间的矛盾。

(二)国际法外围:交叉学科的课程设置与协同培养

跨学科课程设置、多学科协同教学是培养复合型、应用型和创新型的涉外法治人才的必要方式。[34] 在课程设置上,国际关系理论、国际关系史、法理学、社会学等课程助益于理解国际法运作的社会文化;在人才

---

[30] 参见刘学文、袁帅:《我国涉外法治人才培养课程建设体系革新方法论》,载《法学教育研究》2022年第3期。

[31] See Jean D'Aspremont, *Formalism and the Sources of International Law: A Theory of the Ascertainment of Legal Rules*, New York, Oxford University Press, 2011, p. 149.

[32] 参见宋杰、郑和英:《我国国际法教学与研究存在的问题》,载魏磊杰主编:《政治与法律评论:大国崛起与国际法教育》第13辑,当代世界出版社2022年版。

[33] 参见车丕照:《国际法的话语价值》,载《吉林大学社会科学学报》2016年第6期。

[34] 参见黄进:《完善法学学科体系,创新涉外法治人才培养机制》,载《国际法研究》2020年第3期。

培养上，国内法学、国际政治学科、社会学学科、经济学学科可以与国际法学科协同培养涉外法治人才。[35]

交叉学科的课程设置与协同培养益于揭示和理解“国际法不确定性”。国际法是确立国际秩序、形成国际体系的一个因素，与霸权、均势、威慑、合作等因素共同作用于国际体系的形成，英国学派的学者认为，国际法不足以产生国际秩序，甚至阻碍维持国际秩序的措施，[36]这说明影响国际社会的因素比传统国际法教学预设的因素更多、更复杂，国际法教学过程中就不能单一考虑国际法在国际社会中的作用，否则陷入唯国际法论。在国际法与国际关系共同服务国家利益、法律与外交融合的背景下，国际法教学不能仅谈法律，不顾及国际关系等相关学科。以国家豁免为例，“湖广铁路债券案”的解决体现了司法与外交的融合，[37]国际法院在“德国诉意大利国家管辖豁免案”中以实体和程序的区分避免了强行法与管辖豁免之间的规则冲突。[38] 所以说，正确认识和把握国际法，不能单纯坚持“政治无涉”“价值无涉”，事实上，国际法院多次承认法律问题与政治问题相关，法律问题的背后有政治动机和政治影响。[39]

交叉学科课程是培养涉外法治人才的国际法课程体系必不可少的一部分。[40] 引入国际关系等学科，不仅为国际法静态法律文本注入了理

---

[35] 比如，加强外语、法律、经贸复合型人才的培养，参见杜焕芳：《涉外法治专业人才培养的顶层设计及实现路径》，载《中国大学教学》2020 年第 6 期。

[36] 参见［英］赫德利·布尔：《无政府社会：世界政治中的秩序研究》（第 4 版），张小明译，上海人民出版社 2015 年版，第 121 ~ 123 页。

[37] 参见孙昂：《国家豁免案件的法律适用问题研究——在司法与外交复合语境中的探讨》，载《国际法研究》2021 年第 2 期。

[38] See Jurisdictional Immunities of the State (Germany v. Italy: Greece intervening), Judgement, I. C. J. Reports 2012, p. 99, para. 92 – 97.

[39] See Legality of the Use by a State of Nuclear Weapons in Armed Conflict, Advisory Opinion, I. C. J. Reports 1996, p. 66, para. 16 – 17; Legality of the Threat or Use of Nuclear Weapons, Advisory Opinion, I. C. J. Reports 1996, p. 226, para. 13; Accordance with International Law of the Unilateral Declaration of Independence in Respect of Kosovo, Advisory Opinion, I. C. J. Reports 2010, p. 403, para. 25 – 27.

[40] 参见曾令良：《卓越涉外法律人才培养的“卓越”要素刍议》，载《中国大学教学》2013 年第 1 期。

解国际法动态运作的养分,[41]也服务于国际法的实践教学,国际关系、社会学等知识被运用其中。目前,国际关系理论在中国国际法教学中略显"贫困",[42]中国国际法教材对其他学科的方法介绍较少,[43]在国际法教学实践过程中对其他学科的运用较少。因此,法学院校尤其是具有法学教育的示范引领作用的重点政法院校在涉外法治人才培养上,不能只讲授法律而不顾及其他学科。

五、揭示"国际法不确定性"的实践教学路径

国际法课程讲授了法律规则、法律渊源和法律解释等知识,交叉学科提供了审视国际法的另一种视角,这些理论知识的运用必须置于具体情境中,涉外法治人才在国际法实践中才能灵活运用国际法,[44]达到预期培养目标,而案例教学、实践教学都是情境教学的重要方式。

(一)国际法运用:案例教学法

国际法课程教学的基本目的是熟悉国际规则,案例教学必须建立在掌握规则与原理的基础上,不仅包括分析国际司法机构的判决、对外视角下国内法院适用国际法的实践,还包括解读和评价国际时事。虚构且简单的预设情境下,逻辑推演造成唯一解的刻板印象。法律规则是大前提,案件事实是小前提,结论由推演而出,但是,即使法律规则精确至不需要运用法律解释,现实中由于作为科学的证据与牵涉政治的事实之间

---

[41] 参见刘志云:《国际关系与国际法的学科结合——中国现状、存在问题及解决思路》,载《国际政治研究》2011 年第 3 期;赵琪:《作为国际关系语言的国际法在教学认知与实施中的逻辑》,载《法学教育研究》2021 年第 1 期。

[42] 参见张光:《"一带一路"倡议下国际法教学中国际关系理论的引入》,载《法学教育研究》2017 年第 3 期。

[43] 国内有国际法教材借鉴国际关系的术语,没有使用"国际法主体"而采用"国际法的参与者"。参见何志鹏等:《国际法原理》,高等教育出版社 2017 年版,第 49 页。

[44] 参见王晨光:《以人才素质为导向　以人才培养规律为依据　科学设置培养模式——国际法律人才培养的模式、内容与方法刍议》,载杨宗科主编:《法学教育研究》第 35 卷,法律出版社 2021 年版。

存在张力等因素,案件事实也难以还原求真,[45]案件结果会不确定。相反,真实的国际法案例可以弥补单纯的逻辑推演不能揭示“国际法不确定性”的缺点。无论是因语言模糊而以不同理论和方法解释法律,还是评估法律事实困难,经由裁判者裁判技术“装饰”后的法律裁判结果并非一个确定答案。在国际法案例教学中通过对司法机构裁决、当事方诉状等文本的分析,比较类似案件的裁判文书,可以了解到法律不确定性在司法裁判中的体现,破除国际法适用结果唯一的观念,在实践中追寻一个较好的解释。

运用国际法原理与规则分析国际时事,也是案例教学的一种类型,同样不能追求结果的绝对确定。对于国际时事,不同国家在合法性问题上的立场可能不同甚至截然相反。国家对外交往以国家利益为底色,国际法由国家建构并服务于国家,作为国家话语,成为辩解和斗争的工具。[46] 尽管国际法是国家行为合理正当与否的尺度,却更像是一把橡皮尺,在规则和原则层面比国内法更具伸缩性,是因为国家可以凭借软硬实力,选取适当的国家实践资料,解释条约、识别习惯国际法、运用一般法律原则,为国家行为辩解。在涉外法治人才培养过程中,解读分析国际时事必先查明各方立场,各方立场是经由国际法话语修饰、以国家利益为底色的多元观点的体现,“国际法不确定性”由此在教学中呈现。

中国国际法学的教材并非以案例为主导,[47]偏重国际法知识的体系化,有助于学生把握国际法体系和原理,但可能导致在国际法教学过程中倾向于阐释纸面的规则、解释静态的文本,缺乏理解动态的国际法。《国际公法学》是法学专业核心课程之一,因课时有限而采取删除其中个别章节的做法并不可取,要将案例教学法贯穿课程始终,则须压缩对

---

[45] 法律现实主义中有“规则怀疑论”与“事实怀疑论”之分,卢埃林和弗兰克分别是代表人物。参见[美]卡尔·N. 卢埃林:《普通法传统》,陈绪纲等译,中国政法大学出版社2002年版;[美]杰罗姆·弗兰克:《法律与现代精神》,刘楠、王竹译,法律出版社2020年版。

[46] See Martti Koskenniemi, *The Politics of Intemational Law*, European Journal of International Law 1, 1990, p.4 – 32.

[47] 国内学者撰写案例导向的国际法教科书,如贾兵兵:《国际公法:和平时期的解释与适用》(第2版),清华大学出版社2022年版。

国际法规则的照本宣科式的讲述时间。一种解决方式是结合线上线下混合教学、翻转课堂等新型教学模式,学生自主学习国家级精品课程中关于国际法原理、原则和规则的内容,教师则以应用为导向且以国际法渊源为基础精简设计课程内容,以案例教学法贯穿其中。另一种路径是单独设置国际法案例研究课程,统筹设计国际法课程群,合理分配各课程的学期学时。

(二)国际法实践:模拟法庭与法律诊所

国际法模拟法庭、涉外法律诊所等国际法实践教学可以缓解应用型涉外法治人才日益增长需求与国际法实践资源相对稀缺之间的矛盾,让学生走出文本中的国际法,直面灵活变化的国际法。与国际法知识的传授、国际法文本的分析阐释相比,国际法实践教学注重法律方法和思维的养成而非纯粹知识的获取,学生的国际法实践技能和国际法之外的能力都能得到提升。[48]

国际法模拟法庭竞赛发布虚构案情与问题,参赛队伍参加书面辩论和口头辩论。在撰写书状的过程中,分析案情的事实、寻找合适的国际法、合理解释国际法,可以检验综合运用国际法的能力。如何将选取的国际法规则适用到案件之中,是国际法模拟法庭的实质功能。[49] 简言之,如何解释国际法是关键。由于国际法语言的模糊性、国际法体系化的缺失、国家对国际法的建构,条约文本可以从文义、目的、宗旨等多角度解释,不成文的习惯国际法的识别甚至被视为是“薛定谔的”,所以,适用国际法的结果不存在唯一正确的答案。现实教学中更不能追求唯一解,“事实、规则、行为体之间的互动,共同造就了现实生活中法律问题的不确定性”[50],而国际法模拟法庭作为国际法的教学方式可以揭示“国际法不确定性”。

---

[48] 参见王晨光、陈建民:《实践性法律教学与法学教育改革》,载《法学》2001 年第 7 期。

[49] 参见冷新宇:《模拟法庭教学的引入及其实质的功能的回归》,载《中国法学教育研究》2010 年第 3 期。

[50] 何志鹏:《模拟法庭与法学教育的职业转型》,载《中国大学教学》2016 年第 4 期。

法律诊所被认为是法律现实主义对法学教育的回应，[51]学生可以从中体会到“司法中人性的一面”，[52]领悟到法律系统之外影响法律的因素。与国际法模拟法庭相比，涉外法律诊所直面真实案件、解决实践问题，其开展方式包括参与国际司法机构诉讼、为当事方提供法律援助、向国际组织递交报告。[53] 涉外法律诊所课程面向国际法的“田野”，学生不仅能灵活运用国际法原理和规则，运用前文所述的交叉学科知识解决现实问题，理解国际法外围对国际法运作的影响，而且在参与诉讼、法律援助、递交报告的前后深切感知到国际法的“用处”，用实践和行动解答了在学习国际法原理时“国际法有什么用”的疑问。

六、结论

“国际法不确定性”是源自法律现实主义、批判国际法学的理论，虽不是国际法的教育理念，但给予国际法教学的启发与涉外法治人才的要求相契合。在国际法教学中，注意到“国际法不确定性”可以避免国际法教学因循守旧，激发国际法教学革新，重新思考统筹和协调由国际法原理课程、国际法交叉学科、国际法案例教学、国际法模拟法庭和国际法诊所教育构成的课程体系。“国际法不确定性”在国际法教学中的价值仍需师生在国际法教学过程中共同挖掘，国际法学的课程设计、国际司法判决的研读、国际法模拟法庭和涉外法律诊所都能让学生理解“国际法不确定性”。当然，“国际法不确定性”只是国际法理论中的一个观点，是普罗透斯式国际法的一个面相，实证国际法学、批判国际法学、第三世界国际法学、国际法与国际关系等理论都为国际法教学提供视角和

---

[51] See Jerome Frank, *Why Not a Clinical Lawyer-School*, University of Pennsylvania Law Review and American Law Register 81, 1933, p. 907.

[52] ［美］杰罗姆·弗兰克：《初审法院——美国司法中的神话与现实》，赵承寿译，中国政法大学出版社2007年版，第256页。

[53] 参见朱利江：《涉外法律诊所：一个可开拓的涉外法治人才培养方法》，载《国际法学刊》2022年第1期。

方法,这些理论可被运用到新时代涉外法治人才的培养过程中。“国际法不确定性”并不意味着国际法教学无章可循,从作为第三方的观察者的视角来讲,国际法确实具有不确定性,但站在一个国家的立场来看,“国际法不确定性”中的“确定因素”是国家利益,国际法的教学与人才培养也必然遵循国家本位。

The Enlightenment of Indeterminacy of International Law on the International Law Teaching in the Background of Cultivating Foreign-related Legal Talent

Yan Yang

Abstract: International law cannot provide a unique and correct answer for a specific case, which is called indeterminacy of international law. This is mainly reflected in the openness and ambiguity of international law language, the fragementation of international law and the construction of international law by international legal participants. Indeterminacy of international law requires that international law teaching can serve to solve practical problems, which is in line with the goal of cultivating foreign-related legal talent. In terms of understanding international law, it avoids falling in the trap of omnipotence of international law and futility of international law. Therefore, the teaching of international law should reveal and respond to indeterminacy of international law. In theoretical teaching, the international law course aims at application and its content should be based on the source of international law in order to cultivate the argumentative thinking of international law. Applying interdisciplinary knowledge or separately setting up interdisciplinary courses is conducive to understand and grasp the influence of others on international law. In practical teaching, the case-study method can be used in international law courses, or the international law case course can be set up separately, along with the practical courses such as international moot courts and foreign-related legal clinics, these courses present indeterminacy of international law in a real situation.

Key Words: foreign-related legaltalent; indeterminacy of international law; interdisciplinary course; case method of international law; international law moot court; foreign-related legal clinic

数字经济时代LED复合型法治人才培养的理念与探索*

邓　辉** 　谢红星***

摘　要：法学是强烈实践性的学科，法学教育和法治人才培养理当与经济社会及产业发展同步。LED复合型法治人才是具备法学（Law）、经济学（Economy）、数字科学（Digital）复合知识结构，在传统的法治思维、职业操守和技能之外，拥有数字经济时代所需要的数据思维能力、跨界适应能力、实战操作能力、协同作战能力、学习创新能力，以及慎独精神、奉献精神、团队精神的法治人才。LED复合型法治人才一定程度上满足了数字经济对文理兼修，法经数融合的新复合型法治人才的需求，有效回应了数字经济快速发展对法治人才培养的挑战。LED复合型法治人才培养需要融合法学、经济学、数字科学专业知识，实行广交叉、深融合的跨文理学科培养，具体做法包括构筑LED特色法学专业群、构建LED

---

* 本文为2021年度教育部新文科研究与改革实践项目“数字时代数据法律人才培养的探索与实践”（项目编号：2021140082）研究成果。

** 邓辉，江西财经大学教授，博士生导师。研究方向：数字法学和法学教育。

*** 谢红星，江西财经大学教授，博士生导师。研究方向：法学理论和法学教育。

特色法学课程体系、培育LED特色法学师资、编写LED特色法学教材、组建LED特色法学实验室、建设LED特色法学产教融合实践基地、研发LED特色教学研究项目。

关键词:LED复合型法治人才　数字经济　新文科　文理兼修

我国正快速步入数字经济的时代。国务院《"十四五"数字经济发展规划》提出,2025年我国数字经济核心产业增加值占GDP比重要由2020年的7.8%提升至10%。[①] 数字经济的快速发展一方面催生出一系列新技术、新产品、新业态、新模式;另一方面也呈现出现行法律体系不够完善,法律解释、适用的理念方法相对滞后,以及数字经济治理现代化水平总体不高等问题,亟须在推进网络空间治理法治体系建设,强化数据资源开发利用与信息保护,完善知识产权保护体系,推进行政法、商法、经济法、刑法等部门法体系创新发展等方面开拓创新,这种需求既形成了数字经济时代法治建设理论创新、规则创新和实践创新的动力,也对数字经济时代法治人才的培养提出了新的现实需求。

一、数字经济对法治人才培养的挑战

数字经济的创新由人才驱动,数字经济的快速发展对人才提出了新的要求和需求。数字经济人才是"服务于数字经济领域,负责数字产业化和产业数字化发展的中高层管理人才,以及具有ICT专业技能的人力资源的统称"[②],法治人才是数字经济人才不可或缺的组成部分。数字经济是市场经济,同样是法治经济,需要法治人才;在数据市场服务、数字化公共服务、数字经济治理、数字经济安全保障等领域,存在对法治人才的巨大需求空间;在数字企业管理、软硬件研发等领域,法治人才同样大有可为。另外,数字经济快速发展带来的要素数字化、数据商业化、市

---

① 国务院《关于印发"十四五"数字经济发展规划的通知》(国发〔2021〕29号)。

② 杨梽永:《数字经济人才建设新思路》,载《软件和集成电路》2020年第5期。

场网络化、交易即时化、服务“不见面”、监管智能化,不可避免地重塑数字经济人才的构成与特质,改变关于法治人才的传统观念及定位,对法治人才培养构成新挑战。

(一)数字经济对法治人才提出新要求

与传统人才相比,数字经济人才不仅要具备基本的职业素养,还应具备数字化思维、数字化执行、数字化创新的数字素养。数字化思维要求数字经济人才面对数字时代铺天盖地而来的模糊不确定的海量数据,保持清晰完整的概念框架,通过数据分类确立基本场景,在基本场景中进一步寻找确定性;要求数字经济人才从组织架构重塑、业务流程再造、商业模式创新等方面,全方位、多角度思考经营数字化转型问题;要求数字经济人才敏锐觉察经营过程中的数据变化,透视数据变化背后的起因与逻辑,针对性作出调整。数字化执行要求数字经济人才践行产出导向,变成果产出为评价工作的主要标准,重视成果的量化,不再“尽力就好”,而是“有量化成果才好”;要求数字经济人才推广在线协作,熟练操作数字化工具,通过在线远程交流,提高工作效率,实现内外部问题快速解决与资源即时调配;要求数字经济人才思维迅速、反应敏捷,面对突发事件和问题,在数据工具的辅助下迅速提出应对方案。数字化创新要求数字经济人才以开放包容的心态面对不断出现的新事物,积极接纳新理念,学习新知识技能;要求数字经济人才始终保有提升自我的动力,不断走出舒适区,坚持学习,善于创新。要言之,数字经济人才必须是掌握但不限于人工智能、大数据、云计算、物联网、区块链等新知识技术的深度复合型人才,是熟练运用新技术工具解决新问题的实操应用型人才,是融合多种知识进而在不同行业和领域灵活自如施展的跨界适应型人才,是包容开放、坚持学习、敢于突破、善于创新的学习创新型人才。

作为数字经济人才的组成部分,数字经济时代的法治人才同样必须是深度复合型人才,精法律、通经济、懂数字技术,融法学、经济管理、计算机信息技术等知识于一体,形成文理兼修的复合知识结构。同样必须是实操应用型人才,能将法律职业技能、经济管理知识技能与计算机信息技术融会贯通,亲自操刀解决数字经济下新法律问题。同样必须是跨界适应型人才，既能在传统领域从事“专业对口”的一般法律业务，又能开展司法会计、舞弊审计、经济犯罪侦查、智慧法务、经营合规、法律数据管理、法务产品开发等新兴法律业务；既能在法律界游刃有余，又能在商界纵横捭阖，创造商业价值。同样必须是学习创新型人才，不受法教义学框架的束缚，充分吸纳新知识、新技术、新概念、新理念，掌握进行创造性活动的思维方法，顺应数字经济时代经济、法律关系的新变化，拓展法律职业的边界，开拓新法律业务。此外，数字经济以开放共享为特征，“数字资本以大数据为其生存和发展的基础”③，而数据只有在更多个体和群体之间进行收集、处理和使用，才能实现其最大效益，在效益最大、合作共赢、收益共享的驱动下，数字经济时代的市场主体将逐渐打破传统企业组织结构和商业模式，网格化的扁平结构将逐渐替代金字塔式的科层制，团队成员之间的平等相待、相互尊重和无间隙合作关系将逐渐替换传统上下级之间的“命令—服从”关系。与此相应，数字经济时代的法治人才，还必须是擅长促成创新团队组建与无间隙协作的协同作战型人才。

（二）数字经济时代法治人才培养衍生新问题

长期以来，我国法治人才培养存在同质化、融通性不足和德育知行脱节的问题。进入数字经济时代，这些问题不仅没有得到真正解决，而且衍生出新的问题：

1. 法治人才特色化培养跟不上时代

新时代全面依法治国“坚持依法治国、依法执政、依法行政共同推进，法治国家、法治政府、法治社会一体建设”，新时代法治人才是“具有丰富的法治知识、娴熟的法治技能，符合特定的法律道德标准，从事立法、执法、司法、法律服务等工作的专门人才”④，覆盖整个法治体系，不只是从事执法和司法活动的人才。从需求方的角度看，社会对法治人才

---

③ 闫瑞峰：《数字资本的伦理逻辑及其规范》，载《海南大学学报（人文社会科学版）》2021年第4期。

④ 刘风景：《法治人才的定位与培养》，载《南开学报（哲学社会科学版）》2017年第5期。

的需求来自各行各业,各行各业都需要做与本行业、本部门相关法治工作的法治人才,不限于法院、检察院、律师事务所。然而长期以来,我国法学教育培养面向狭窄,以培育学生对现行主要实体法、程序法知识的全面掌握,以及训练司法能力为主,目标局限于培养法官、检察官、律师等传统法律职业人才,专业特色不足,没有全面覆盖整个法治体系需要的法治人才,无法满足社会对法治人才的多样化需求,随着数字经济时代来临,也不能满足数字经济对数据监管者、数据保护官、数据法务、法律科技工程师等数字经济法治人才的需求,更没有能力培养出兼具法治思维与数字素养的数字经济全行业通才。

2. 法治人才交叉融合培养不广不深不实

各行各业都需要法治人才,不同行业对法治人才知识结构和工作技能的要求存在一定差异,法治人才除掌握法律知识和技能外,还应掌握与本行业相关的知识和技能。例如,进入党政机关工作的法治人才,最好同时具备公文写作方面的技能;在企业工作的法治人才,最好同时懂企业管理方面的知识,掌握会计、审计、市场运营的技能;从事涉外事务的法治人才,最好懂一些外交、国际贸易方面的知识;处理医疗纠纷要有医学、病理学、药理学方面的知识;处理专利纠纷没有理工背景很难胜任;等等。要言之,社会需要的法治人才应当是知识复合、能力多面、特色鲜明的复合型人才,虽说不可能全知全能,但也决不能偏知一隅,“当今社会的重大特征是学科交叉、知识融合、技术集成。这一特征决定每个人都要提高自身的综合素质,既要拓展知识面又要不断调整心态,变革自己的思维”⑤。随着数字经济时代来临,对法治人才知识能力的复合型要求进一步提高,在原有融合法学专业和其他专业知识能力要求的基础上,增加了掌握及融会贯通数字技术的要求。然而,我国法治人才培养长期存在专业划分过细、自我封闭,与经济、科技发展脱节的问题,尽管近些年来各高校进行了有益探索,推动法学学科同其他学科交叉融合,但学科之间仍壁垒森严,交叉融合专业建设进展缓慢,特色课程成色

⑤ 孟磊:《我国复合型卓越法治人才培养探究》,载《中国高教研究》2021年第11期。

不足,教学资源整合度不高,师资力量难以适应。培养出来的法科学生整体而言仍然知识面狭窄、思维方式相对单一、创新能力相对薄弱,既达不到社会对复合型法治人才的一般要求,更不能满足数字经济对文理兼修,法律、经济、数字全面融合的深度复合型法治人才的新需求。

3. 法治人才培养德育知行脱节

教育部、中央政法委《关于坚持德法兼修实施卓越法治人才教育培养计划2.0的意见》提出,法治人才培养要坚持立德树人、德法兼修,践行明法笃行、知行合一。⑥《法学类教学质量国家标准(2021年版)》提出法学类专业人才培养要坚持立德树人、德法兼修,培养德才兼备的高素质法治人才。⑦ 均表明在新时代法治人才培养的国家规划中,德育与专业知识能力教育同等重要,"法学教育要坚持立德树人,不仅要提高学生的法学知识水平,而且要培养学生的思想道德素养。首先要把人做好,然后才可能成为合格的法治人才"⑧。教育的内外部关系规律表明,道德品质的培育仅靠课堂讲授、知识灌输效果不大,必须"坚持政治性和学理性相统一;坚持价值性和知识性相统一;坚持建设性和批判性相统一;坚持理论性和实践性相统一;坚持统一性和多样性相统一;坚持主导性和主体性相统一;坚持灌输性和启发性相统一;坚持显性教育和隐性教育相统一"⑨,通过实践性、反思性的教育,最终依靠道德主体的自我修炼、自我约束以及社会的外在约束而养成。然而不可否认,我国法治人才德育长期存在重灌输轻启发、重课堂轻课外、重教师主导轻学生主体的问题,助长学生知而不行、说一套做一套的积习,实践中一些法律从业人员人前一套、背后一套,以权谋私以及腐败的发生,与法治人才培养德育长期以来的知行脱节不能说没有关系。知行脱节的德育不可能真

⑥ 教育部、中央政法委《关于坚持德法兼修实施卓越法治人才教育培养计划2.0的意见》(教高〔2018〕6号)。

⑦ 教育部办公厅《关于推进习近平法治思想纳入高校法治理论教学体系的通知》(教高厅函〔2021〕17号)。

⑧ 习近平:《论坚持全面依法治国》,中央文献出版社2020年版,第179页。

⑨ 张烁:《用新时代中国特色社会主义思想铸魂育人 贯彻党的教育方针落实立德树人根本任务》,载《人民日报》2019年3月19日,第1版。

正培养出全面依法治国需要的德法兼修、德才兼备的高素质法治人才,也无法满足数字经济对具备奉献精神、团队精神、慎独精神,多发光、少发热的法治人才素质需求。

总之,数字经济的快速发展要求法治人才需要具备更加复合的知识结构,成为精法律、通经济、懂数字技术的深度复合型人才;既需要逻辑思维能力强,又需要具备数据分析与计算的能力;既要熟悉传统法律行业的业务模式及流程,又要能够随时“跨界”而行;既需要更多的创新精神和能力,更需要以利益共享的自觉和作为,促成创新团队的组建与无间隙协作。但是,传统法治人才培养方案过于追求与边界清晰、逻辑自洽、相对封闭的法学理论体系相吻合,难以养成学生的计算思维,以及跨界应对复杂数字法律关系引发的新法律问题的能力;传统法治人才职业道德培养主要面对法官、检察官、律师等少数法律职业人才,未能覆盖数据监管者、数据保护官、数据法务、法律科技工程师等数字经济时代的新法治人才,以及反映数字经济与治理体系对法治人才利益共享、团队协作、自律自觉等素质的新要求。这一切,构成数字经济对法治人才培养的挑战。

二、LED 复合型法治人才培养的新概念、新理念

顺应新文科背景下文科人才跨学科培养新趋势,总结国内高校法治人才培养经验,瞄准数字经济新需求,本文提出 LED(法律 · 经济 · 数字)复合型法治人才新概念,构建法治人才培养新理念,回应数字经济对法治人才培养的挑战。

(一)文理兼修:新文科背景下法治人才跨学科培养新趋势

随着新一轮科技革命蓬勃兴起,互联网、大数据、云计算、人工智能、区块链等技术加速创新,迅速融入经济社会发展各领域,跨越物理地域和社会的边界,建立起高度依赖于知识、数据和信息,基于网络连接的社会,并日益呈现出生产智能化、组织平台化、技术开放创新、文化多元碰

撞的特征。新科技革命是源自理工领域的科技革命,影响却溢出理工领域;是科技领域的革命,同时也在经济社会文化教育等领域引发革命。在新科技革命引发的生产革命、组织革命、知识革命乃至价值观革命的浪潮中,人文社会科学如何培养具备创新型知识、掌握新技术工具的文科人才,如何将文化传承、知识创新与实践应用融合贯通,如何确保在发展科技的同时遵守人类基本伦理规范并不断予以批判性反思,如何将洋溢价值理性的人文精神灌注于工具理性主导的科技发展中,使后者承担更多更高的社会责任并服务于人类共同体的进步与更为崇高的善的实现?这些都是新一轮科技革命中文科人才培养不能不面对及解决的问题。

新文科运动应运而生。2017 年,美国希拉姆学院提出“新文科”的概念,把新技术融入哲学、文学、语言等课程中,为学生提供综合性的跨学科学习。在中国,新文科不只是一种改造传统文科教育的工具性安排,而是对文科教育“育人”本质的回归,以培养主体自觉、公共精神、家国情怀、全球视野之“有价值引领的人”为目标;新文科之“新”不仅在于跨越文理科畛域的培养方法之新,也在于回应时代之变和国家重大需求的育人目标之新,在于传承及自主创新中华文明基础上的人才培养话语体系之新,在于人才培养效果评价标准及反馈机制之新。总之,中国的新文科建设需要“强化价值引领”“为新一轮改革开放和社会主义现代化建设服务”“不断从中华优秀传统文化中汲取力量,主动适应并借力现代信息技术手段”,目标是为托起国家富强、民族复兴、人民幸福的中国梦,“构建世界水平、中国特色的文科人才培养体系”[⑩]。

然而,无论新文科的含义在中国变得如何丰富,跨文理学科的人才培养仍然是其首要及不变的内涵。首先,新文科的兴起源于新科技革命的深入,新科技革命是新文科建设的源动力。“新文科是相对于传统文科而言的,是以全球新科技革命、新经济发展、中国特色社会主义进入新时代为背景,突破传统文科的思维模式,以继承与创新、交叉与融合、协同与共享为主要途径,促进多学科交叉与深度融合,推动传统文科的更

---

⑩ 教育部新文科建设工作组主办的新文科建设工作会议发布了《新文科建设宣言》(2020 年 11 月)。

新升级”[11]。其次，中国的新文科建设某种意义上由新工科建设而催生。2016年，我国正式加入国际工程联盟（IEA）《华盛顿协议》；2017年，教育部牵头推出“复旦共识”“天大行动”“北京指南”等纲领性文件，新工科建设呈现出强劲势头。同时，“一个国家的发展水平，既取决于自然科学发展水平，也取决于哲学社会科学发展水平。一个没有发达的自然科学的国家不可能走在世界前列，一个没有繁荣的哲学社会科学的国家也不可能走在世界前列”[12]。2018年，中央提出要发展新工科、新农科、新医科、新文科；2019年，教育部等十三个部委共同启动“六卓越一拔尖”计划2.0，全面推进新工科、新医科、新农科、新文科建设工作。由此可见，在我国，先有新工科，才有新文科，新工科可谓新文科之催生婆。新工科催生出来的新文科，必然以充分吸纳理工科领域的新知识技术、实行跨文理学科人才培养为首要内涵。“新文科的最大特点是文理交叉”[13]，新科技浪潮中新文科的跨文理学科人才培养，是指“紧跟新一轮科技革命和产业变革新趋势，积极推动人工智能、大数据等现代信息技术与文科专业深入融合，积极发展文科类新兴专业，推动原有文科专业改造升级”[14]。法治人才一般被认为是文科人才的一种，新文科背景下的法治人才培养，同样必须紧跟新一轮科技革命和产业变革新趋势，实行文理兼修的跨学科培养。

（二）绘制数字经济时代LED复合型法治人才图谱

我国法学教育界对复合型法治人才培养的探索由来已久。21世纪初，清华大学法学院两位学者就指出：“法律问题通常也是社会问题，要解决这些问题需要多方面的专业知识。中国社会的发展需要更多的是既懂法律，又懂科技、懂经济、懂外语的高层次复合型的法律人才。”[15]二

---

⑪ 王铭玉、张涛：《高校“新文科”建设：概念与行动》，载《中国社会科学报》2019年3月21日，第4版。

⑫ 《习近平在哲学社会科学工作座谈会上的讲话》，载《人民日报》2016年5月19日，第2版。

⑬ 徐显明：《高等教育新时代与卓越法治人才培养》，载《中国大学教学》2019年第10期。

⑭ 教育部新文科建设工作组主办的新文科建设工作会议发布了《新文科建设宣言》（2020年11月）。

⑮ 王保树、王振民：《略论复合型法律人才的培养》，载《清华大学教育研究》2000年第1期。

十余年来，培养复合型法治人才上升为中国高校法学院系的基本共识，各种特色“法律+X”复合型法治人才培养的探索层见叠出，这些探索丰富了复合型法治人才培养的理论和实践，但也存在培养目标定位模糊，跨学科培养有交叉无融合，产出人才知识、能力、素质达不到复合型人才要求等问题。

在国内高校法学院系先行探索的基础上，遵循法治人才培养的内在规律，本文提出LED复合型法治人才的新概念，回应数字经济对法治人才培养的时代之问。

1. LED复合型法治人才的概念

LED复合型法治人才指具备法学、经济学、数字科学复合知识结构，在传统的法治思维、职业操守和技能之外，拥有数字经济时代所需要的数据思维能力、跨界适应能力、实战操作能力、协同作战能力、学习创新能力，以及慎独精神、奉献精神、团队精神的法治人才。LED复合型法治人才是多学科（法学、经济学、数字科学）强复合型人才，对学科交叉广度、融合深度，以及培养举措的精准有效，提出了更高的要求；是数字经济背景下的新文科法治人才，要求文理兼修，尤其要掌握数字科学知识和技术；是数字经济时代的卓越法治人才，主动适应数据要素市场化配置、数字产业化、产业数字化、公共服务数字化、数字治理体系完善、数据安全体系等对法治国家、法治政府、法治社会建设提出的新任务新要求，对准法治人才培养和数字产业的结合点，创新数字经济时代的卓越法治人才培养。

2. LED复合型法治人才的知识要求

其主要包括：（1）精通法学专业知识。无论任何时候，法学专业知识都是法治人才安身立命之本。LED复合型法治人才必须拥有严谨的法治思维、扎实的法学专业理论基础和熟练的法律职业技能，具备在法律职业共同体高效高质量提供法律服务的知识和技能。（2）通晓经济管理专业知识。从国家战略来说，法治人才培养必须面向经济主战场，服务于经济高质量发展的需求；从法治人才自身来说，只有通晓企业管理、市场运营、会计、审计、统计等经济管理知识，才能在市场经济的汹涌波涛中击楫中流,争取生存空间、拓展职业空间、赢得发展空间,尤其是当前数字经济加速发展,平台企业、数据市场、数字化产品、数字支付的出现极大扩充了经济管理专业知识的容量,法治人才还需要及时更新以往学习掌握的经济管理专业知识,才不会被数字经济时代抛弃。(3)懂得必需的数字科学专业知识。数字经济是以数字技术为基础的新经济形态,只有了解计算机、大数据、人工智能的基础知识,才可能理解数字经济的内在逻辑、规律、特征、功能与趋向;只有掌握互联网、数据库、编程等基本技能,才能迅速融入经济社会事务和法律业务数字化的数字经济时代。(4)打造法律、经济、数字有机融合的 LED 专业知识体系。LED 并非"L + E + D"的简单相加,而是 LED 的有机融合;既非一成不变固守传统法教义学的知识体系,也非对经济、数字科学专业知识的生搬硬套及囫囵吞枣,而是有所选择、创新改造、重在融合,供给数字经济时代法治人才生存发展、创新创业真正需要的专业知识。

3. LED 复合型法治人才的能力要求

其主要包括:(1)具备法律专业能力。包括法律问题发现、法律文献检索、法律文本分析、法律文书写作、法律事实辨析、法律事务处置以及法学理论思辨和创新的能力,善于运用法治思维分析和解决问题,对经济社会发展中出现的问题、现象保持足够的法治敏感度。(2)具备数据分析与计算的能力。在数据爆炸的数字经济时代,数据分析工具的运用可以大大提高法律人的工作效率,从而更加精准有效地应用法学知识处理法律事务、解决纠纷,以及进行法学理论思辨与创新,法治人才需要学会使用数据分析工具收集数据,发现问题和解决问题。(3)具备跨界适应能力。在技术日新月异、市场快速变化的数字经济时代,资源和机会经常在不同领域之间变换,法治人才要敏感把握资源和机会的变化趋向,灵活调整职业取向,敢跨界、能适应,尤其要敢于跨入与法律关系密切机会却多于法律行业的商界,基于此,法治人才培养要特别重视培养在法律行业、商务领域之间切换自如以及迅速适应的跨界适应能力,引导法治人才眼光朝外,切勿把出路限制在考公、考研的狭小范围内。(4)具备实战操作能力。面对数字经济时代出现的新法律问题,法治人才必须能亲自下场、亲自动手解决,把 LED 的专业知识转化为解决数字经济时代法律问题的综合能力,能战能胜。(5)具备协同作战能力。数字经济时代的市场主体"越来越倾向于采取利用信息技术并建立团队的横向组织结构",这种横向结构是去中心化的结构,"不需要经过冗长的流程来获得上级对创意或业务模式的更改或批准,团队可以及时做出必要的改变,以快速响应不同的市场条件"[16],但也对团队成员的协同作战能力提出了更高的要求。团队成员之间密切配合、无间隙合作的协同作战能力取代上级严格控制,成为决定团队凝聚力和竞争力的关键,同时也是法治人才必备的能力。(6)具备学习创新能力。人生的真谛在于不断进步,而学习和创新是实现不断进步的途径。法治改革如火如荼,新技术新知识层见叠出,法治人才更需要时刻保持强烈的"知识恐慌""本领恐慌"意识,密切关注技术革新、经济新业态、法律新动向,走出舒适区,不间断学习新知识、掌握新技术、增长新本领,实现职业生涯可持续发展,永远保持创新能力和竞争力。

4. LED 复合型法治人才的素质要求

《法学类教学质量国家标准(2021 年版)》提出了法学类人才的一般素质要求,结合数字经济时代的特点,LED 复合型法治人才的素质要求还应包括:(1)具有慎独精神。"慎独"一词出自《礼记》。《礼记·大学》:"此谓诚于中,形于外,故君子必慎其独也。"《礼记·中庸》:"莫见乎隐,莫显乎微,故君子慎其独也。"意思是在独处时也能谨慎不苟,表征一种高度自律的精神素质。数字经济时代是数字化和数据化的时代,现实空间和赛博空间交互交错,个人和组织、权利和义务、物质和精神、观念和行为换算为数字,呈现为代码,转化为海量的数据。数字经济时代又是高度原子化的时代,数据流淌在社会的各个角落,淡化了人之主体光环,弱化了个体的身份角色。在个体湮灭于海量数据流的数字经济时代,法律人作为亿万个体中的一员,隐身于海量数据之中,成为数据处理过程中一个不起眼却重要的环节,比以往更加需要培养自律自觉的慎独

---

⑯ [英]琳达·J. 霍尔比契:《敏捷组织:如何建立一个创新、可持续、柔性的组织》,刘善仕等译,机械工业出版社 2020 年版,第 124 页。

精神,耐得住寂寞,做得好螺丝钉,守得住规矩,管得好自己。(2)具有奉献精神和团队精神。市场经济是有偿经济,但不能事事要回报;企业大都以营利为目的,然奉献精神对企业的发展必不可少。奉献精神并非高不可攀,它唾弃唯利是图,但并不排斥合法合理的利益追求;提倡舍得付出,但并不强求无私无我。与金字塔型组织相比,数字经济时代扁平化团队的成功经营更需要成员之间密切配合和无间隙合作,这就不仅要求团队成员拥有强大的协同作战能力,也要求具有奉献精神,舍得付出,乐于与他人分享。设想,若事事斤斤计较、一毛不拔,团队成员岂能相互信任及合作?又如何能同心协力,朝共同的目标而努力?数字经济时代是团队竞争的时代,法律人只有依靠团队,才能避免在激烈的竞争中被淘汰出局,需要培养舍得付出、利益共享的奉献精神和众人同心的团队精神,用付出融入团队,用行动托起团队。

综上所述,LED 复合型法治人才是具备法学、经济学、数字科学复合型知识结构,在传统的法治思维、职业操守和技能之外,拥有数字经济时代所需要的数据思维能力、跨界适应能力、实战操作能力、协同作战能力、学习创新能力,以及慎独精神、奉献精神、团队精神的法治人才。LED 复合型法治人才回应了数字经济对文理兼修、法经数融合的新复合型法治人才的需求,要求数字经济时代法治人才培养融合法学、经济学、数字科学专业知识,实行广交叉、深融合的跨文理学科培养。

三、LED 复合型法治人才培养的探索与实践

随着数字经济加速发展,国内高校法学院系积极探索数字法治人才培养。西南政法大学 2017 年 12 月成立人工智能法学院,2018 年在全国率先增设“人工智能法学”二级学科,涵盖数据法学、网络法学、算法规制和计算法学四个方向,招收本科生、硕士研究生和博士研究生。中国人民大学未来法治研究院自 2018 年起设立“数据法学”荣誉课程辅修学位项目(本科),同时培养法律与科技方向法律硕士。清华大学 2018 年

正式开设了“计算法学”方向全日制法律硕士学位项目，面向本科为非法学专业的考生招生。中国政法大学 2020 年成功申报“数据法学”为法学目录外二级学科，数据法学硕士在民商经济法学院招生、博士在数据法治研究院招生。华东政法大学 2020 年在法学一级学科下增设“智能法学”二级学科，2022 年正式招收第一届智能法学硕士和博士研究生，同时在法律硕士(非法学)设立智能法方向。东南大学在法学一级硕士点和博士点之下设立“大数据与互联网法学”方向，招收学术型硕士和博士研究生，上海政法学院人工智能法学院开设了法学(AI 法学)专业方向。江西财经大学 2019 年 9 月招收全国首届数据法学专业本科生，2020 年 9 月招收全国首届数据法学专业第二学士学位班学生，2022 年 3 月，申报自主设置目录外数据法学二级学科硕士点，从面向传统法律职业的 L 型法治人才培养模式，到面向经济主战场的“L + E”型商务法治人才培养模式，再到法律经济复合的 LE 型法治人才培养模式，逐渐探索出法律经济数字复合的 LED 型法治人才培养模式。

综合国内高校法学院系的探索，LED 复合型法治人才培养的相关做法主要包括：

(一)构筑 LED 特色法学专业群

中国人民大学未来法治研究院的人才培养包括两个专业方向：法律与科技方向法律硕士；“数据法学”荣誉课程辅修学位。中国政法大学数据法学二级学科据包括四个方向：数据治理、数据安全、数字技术与智慧法治、数据科学计量。西南政法大学的人工智能法学二级学科包括数据法学、网络法学、算法规制和计算法学四个方向。清华法学在全日制法律硕士(非法学)中开设“计算法学”方向。[17] 江西财经大学近年来对本科法学专业进行全方位改造，在通识教育和专业能力教育全过程促成法学、经济学、数字科学专业知识的融合，构筑多学科融合、特色鲜明的“1 + 3”LED 特色法学专业群：(1)法学方向。培养思路是夯实法学专业能力教育基础，补强经济管理、数字科学通识教育，侧重金融证券法务、

[17] 相关内容参见中国人民大学、中国政法大学、西南政法大学、清华法学、华东政法大学、东南大学、江西财经大学、上海政法学院等高校院系网站的介绍。

房地产法务以及税收法务能力的培养。(2)法学(法务会计)方向。培养思路是夯实法学、经济管理专业能力教育基础,补强数字科学通识教育,侧重司法会计、舞弊审计、经济犯罪侦查能力的培养。(3)法学(数据法学)方向。培养思路是夯实法学、数字科学专业能力教育基础,补强经济管理通识教育,侧重智慧法务、法律数据管理、法务产品研发能力的培养。(4)法学(数字企业法务)方向。培养思路是夯实法学、经济管理专业能力教育基础,补强数字科学通识教育,侧重数字企业经营合规审查、风险控制、法律数据处理分析能力的培养。

(二)构建 LED 特色法学课程体系

国内高校在数字法治人才培养上已经形成了较为完整的特色课程体系。以中国人民大学未来法治研究院为例,其“数据法学”荣誉课程辅修学位需要修满“网络法与信息法”“法律数据分析基础”“大数据、金融科技与法律监管”“法律数据分析实践”“计算机软件知识产权保护专题”“人工智能与法律规制”6 门课程 12 学分,法律与科技方向法律硕士开设课程包括“网络与信息法学”“电子商务法”“大数据、金融科技与法律监管”“人工智能与法律规制”“互联网金融”“电子证据法”“软件法”“大数据智能司法”。江西财经大学贯彻 LED 培养理念,大幅度增加经济管理类和计算机数据类课程,建设法学、经济学、数字科学专业交叉融合的特色课程,按专业方向分类构建 LED 特色法学课程体系:(1)法学方向设置法学专业课程和经济管理、数字科学通识课程。通识课中包括“计算机基础应用”“Python 语言与数据处理”“创业概论”等课程,专业课除“1 +10 + X”核心课程外,鼓励选修“数据安全法”“电子证据学”“大数据与竞争法”“法律数据分析”等课程。(2)法学(法务会计)方向设置法学、经济管理专业课程和数字科学通识课程。通识课中包括“计算机基础应用”“Python 语言与数据处理”等课程,专业课包括“1 +10 + X”核心课程和“中级财务会计”“审计学”“会计学原理”“简明西方经济学”等课程,鼓励选修“计算机审计”“舞弊审计”“法务会计原理”“法律数据分析”等课程。(3)法学(数据法学)方向设置法学、数字科学专业课程和经济管理通识课程。通识课中包括“计算机应用技术”“C 语言程序设计”“Python 程序设计”“创业概论”等课程,专业课包括“1 +10 + X”核心课程和“数据法学导论”“大数据处理技术”“数据安全法”“电子证据学”“电子商务法”等课程,鼓励选修“法律数据分析”“大数据与竞争法”“大数据与税收征管”“大数据与电子政务”等课程。(4)法学(数字企业法务)方向设置法学、数字科学专业课程和经济管理通识课程。通识课中包括“计算机基础应用”“Python 语言与数据处理”等课程,专业课包括“1 +10 + X”核心课程和“企业合规”“数字企业法务”“智慧法务平台管理”“智慧法务纠纷防范与处理”等课程,鼓励选修“数据安全法”“电子证据学”“电子商务法”等课程。

(三)培育 LED 特色法学师资

中国人民大学未来法治研究院有教师和研究人员 33 人,多数为法学背景,也有少数是计算机专业背景出身。⑱ 中国政法大学数据法学专业师资多数是民商经济法学院和数据法治研究院的教师。西南政法大学人工智能法学学科现有硕士生导师 24 人,博士生导师 5 人,打造了人工智能伦理与政策团队、数据法团队、网络法团队、算法规制团队、人工智能司法应用团队和智慧仲裁团队。清华大学法律硕士(计算法学)培养实行双导师制,第一导师由清华大学法学院具有指导硕士研究生资格的教师担任;第二导师由清华大学计算机系、社科学院、电子系、网研院等相关院系的教师或实务部门的资深专家担任。师资涵盖法学院、计算机系、社科学院、电子系、网研院等多个院系。江西财经大学整合本校会计学院、财税学院的师资力量,组建法务会计教研团队和财税法教研团队;依托信息管理学院、软件与物联网工程学院的技术力量,从华中科技大学引入多名数据法专业人才,组建数据法教研团队。同时提升来自互联网行业、数字企业、会计师事务所等实务部门的业务专家担任客座教授、校外兼职导师比例,逐步夯实了 LED 复合型法治人才培养的师资基础。

⑱ 根据中国人民大学未来法治研究院网站对研究院成员简历的介绍,有计算机专业背景(本、硕、博阶段有一个学位为计算机类专业学位)的师资只有张吉豫(北京大学计算机专业学士、博士)、丁晓东(中山大学电子与通信工程专业学士)两人。

(四)编写LED特色法学教材

当前,国内出版以数据法学、计算法学、智能法学、数字法学为主题的教材和可作教材备用的代表性著作有:《数据法原理》,齐爱民著,高等教育出版社2022年版;《数据法学》,武长海主编,法律出版社2022年版;《人工智能法治应用》,杨华主编,上海人民出版社2021年版;《数字经济理论与治理》,杨东等著,中国社会科学出版社2021年版;《数字法学论——原则、路径与架构》,赵骏主编,浙江大学2021年版;《计算法学方法初阶》,邓矜婷著,法律出版社2021年版;《电子证据法》,刘品新著,中国人民大学出版社2020年版;《电子证据学》,汪振林主编,中国政法大学出版社2016年版;《个人信息保护法理解与适用》,程啸著,中国法制出版社2021年版;《数据保护、合规指引与规则解析》(第2版),刘新宇编,中国法制出版社2021年版;《网络法:原理、案例与规则》(第3版),刘品新主编,中国人民大学出版社2021年版。江西财经大学鼓励教师编写法学、经济学、数字科学专业交叉融合的LED特色法学教材,目前已经出版《创业法学》《法务会计原理》《电子证据学》《舞弊审计》等特色教材,正在编写《数据法学导论》教材,着力解决LED法治人才培养无教材可用的棘手问题。

(五)组建LED特色法学实验室

中国政法大学虚拟仿真实验教学中心建有网络犯罪侦查实验室,开设"基本网络操作行为与网络数据信息交互过程模拟实验""网络犯罪行为过程模拟实验""虚拟现场的现场勘查与侦查取证活动模拟实验"等实验课程,2021年5月与中国司法大数据研究院签署协议,共建"智慧法治联合实验室"。清华大学法学院2019年5月在最高人民检察院技术信息中心指导下成立了检察公益诉讼与计算法学联合实验室。北京大学于2017年12月成立了法律人工智能实验室。中国人民大学未来法治研究院建立数据法学实验室,已经采购了服务器,具备上机实验的条件。东南大学法学院2021年获批国家智能社会治理教育特色实验基地。江西财经大学实现法学专业与经济管理、计算机专业共享教学设备,充分利用财务数据分析实验室、会计手工实验室、电子商务技术实验室、计算机应用基础实验室、软件开发与数据库应用实验室等开展教学活动,整合全校法学、经济管理、数据科学专业的教学仪器设备、数据库,组建法科生创业模拟实验室、法学模拟仿真实验室等LED特色法学实验室,筹建江西省金融安全联合实验室。

(六)建设LED特色法学产教融合实践基地

东南大学法律大数据与人工智能研究平台积极推动具备核心竞争力的技术向产业有效转化。围绕自然语义识别、知识图谱、机器学习等与司法大数据直接相关的核心技术,成功申报一批知识产权,包括专利12项、面向司法场景软件的著作权26项,完成相关应用系统的开发,先后在江苏、浙江、福建与广东等地法院投入试点,获得市场积极反应,产教融合成效突出。清华大学法学院为法律硕士(计算法学方向)建立交流平台,聘请计算法学相关实务部门专家参与教学及培养工作,提供符合计算法学发展方向的实习机会,设立面向计算法学方向学生的项目,协作开展科研实践创新活动,推动相关研究成果向社会发布和转化。中国政法大学与杭州互联网法院、北京互联网法院、广州互联网法院合作建立实习实践基地,每年选派一定数量数据法学专业在校学生到互联网法院实习,法院选派经验丰富的人员担任指导老师。江西财经大学与科技企业、金融企业、会计师事务所、大数据中心共建课外实践基地,改造既有法学实践教育基地,开发智慧司法、智慧检察、智慧法务等实践基地。建立创新创业中心,构建专业机构、孵化场地、支持经费"三位一体"的创新创业帮扶体系。

(七)研发LED特色教学研究项目

2021年11月,教育部公布首批新文科研究与改革实践项目,其中与数字经济时代复合型法治人才培养相关的项目至少有13项:"新文科背景下'法律+智能科技'法治人才培养改革""数字贸易涉外法治人才培养模式探索与实践""基于法学与计算科学交叉的计算法学学科创新建设""数字经济时代财经法治人才培养的实践与探索""多学科交叉、多主体协同'数据侦查'人才培养模式探索与实践""数字法治人才培养模式构想与实践""数字时代地方高校法学新文科建设的探索与实践""人工智能+实践型法治人才培养研究”“数字时代数据法律人才培养的探索与实践”“以信息技术与法律融合为抓手的‘新法科’改革与实践”“粤港澳大湾区跨境数字法治人才培养模式研究与实践”“书院制视野下科技型高校人工智能法学专业的探索与革新”“智能时代‘法治+数字’复合型人才培养模式创新”。近年来各省市公布立项的教学研究项目中,法律、经济、数字交叉融合的项目也不在少数。江西财经大学2017年以来立项LED特色省级以上教学研究项目10项,其中《数字时代数据法律人才培养的探索与实践》获批教育部首批新文科研究与改革实践项目。

结　语

传统的法学教育因循教义学之基本路径,培养面向传统法律行业的法治人才,一定程度上阻碍了法学与其他学科之间的交叉融合,使我国法学教育在一段时间内呈现出与其他学科相隔绝的封闭性,以及脱离经济社会与产业发展的滞后性。然而,法学本质上是具有强烈实践性的学科,法律的治理深深嵌入社会经济的实践,基于此,法学教育和法治人才培养理当与经济社会与产业发展同步,与人文社会科学其他学科以及自然科学保持对话、交流与合作。封闭与滞后绝非法学学科自主性的必然延伸,而是法学教育和法治人才培养背离法学学科实践性之体现。事实上,从农业社会到工业社会,再到信息社会,法学学科和法学教育一直在紧跟技术革命之趋势,始终与经济社会与产业发展保持同步,并未自生畛域、自我封闭、自娱自乐。伴随数字经济的快速发展和数字社会的降临,法治人才培养革故鼎新、迭代升级,是应然之理、必然之势,更是当今中国法学教育界正在发生的鲜活现实。回应数字经济时代挑战,汲取新文科建设跨文理学科培养文科人才之精髓,本文提出LED复合型法治人才培养的新概念新理念,梳理国内高校法学院系的相关探索与做法,以期抛砖引玉,为进一步的研究与探索提供参照。

On the Concept and Exploration of LED Compound Legal Talent Cultivation in the Era of Digital Economy

Deng Hui Xie Hongxing

Abstract: Law is a discipline with conspicuous practice characteristic, legal education and legal personnel cultivation should be synchronized with the economic, social and industrial development. The model of LED compound rule of law talent is established on the basis of law, economic, digital science compound knowledge structure, which includes in the traditional rule of law thinking, professional ethics and skills. This model is also considered what the digital economy era needs, including big data thinking ability, cross-border adaptability, actual combat ability, collaborative ability, learning innovation ability, and self-supervision spirit, dedication, team spirit of the rule of law talents. To some extent, this LED model of compound legal talent cultivation meet the needs of new compound legal talent who combine liberal arts with sciences and integrate law and finance, effectively responding to the challenges of the rapid development of digital economy to the cultivation of legal talent. This model also needs convergence of professional knowledge of law, economics, digital science, a wide cross, deep integration of cross arts disciplines, specific practices including: specialty, characteristic curriculum system, specialist teachers, characteristic textbooks, characteristic laboratories, characteristic convergence of professional practice, research and development of characteristic education research project.

Key Words: LED compound legal talent; digital economy; new liberal arts; art and science learning

法学虚拟仿真一流课程建设实践与思考

项　焱[*]　秦天宝[**]

摘　要：随着教育部政策的推进落实，法学虚拟仿真一流课程建设越来越具有必要性，本文在比较分析法学类虚拟仿真一流课程申报材料的基础上，将各实验课程划分为“业务流程体验类”和“思维过程训练类”，在分析现有法学实验教学不足的基础上，定义了“虚拟仿真”中“仿真”的含义，以期对法学虚拟仿真实验一流课程建设有所启发。

关键词：虚拟仿真一流课程　必要性　思维过程训练类实验　虚拟仿真实验课程体系

根据《2017—2020年示范性虚拟仿真实验教学项目建设规划》，[①]2019～2020年法学类虚拟仿真实

---

* 项焱，武汉大学法学院教授，博士生导师。研究方向：法律史、法学实践实验教学。

** 秦天宝，武汉大学法学院教授，博士生导师。研究方向：环境资源法学。

① 参见《教育部办公厅关于2017—2020年开展示范性虚拟仿真实验教学项目建设的通知》（教高厅〔2017〕4号），载中华人民共和国教育部网2017年7月11日，http://www.moe.gov.cn/srcsite/A08/s7945/s7946/201707/t20170721_309819.html。

验教学项目的认定数为20项。② 2019年9月29日,教育部发布《关于深化本科教育教学改革全面提高人才培养质量的意见》,“虚拟仿真一流课程”正式成为国家级和省级一流课程建设“双万计划”中五大“金课”之一。③ 目前,已在国家虚拟仿真实验教学项目共享平台“实验空间”上线的法学类虚拟仿真实验项目共35项,其中2019年认定项目7项,2021年上报待认定项目20项。2019年7月,虚拟仿真实验教学创新联盟文科领域工作委员会成立,标志着文科虚拟仿真实验教学项目建设进入新的发展阶段。④ 可以预见的是,未来一个时期内各法学院校必将投身法学虚拟仿真一流课程建设。

本文拟从法学虚拟仿真一流课程建设的必要性考察出发,比较分析现有国家级一流课程申报材料,在讨论法学实验教学手段的特性和局限性的基础上,尝试厘清符合法学教学实际的“虚拟仿真”的含义,即“仿真”之真不仅包括有形的真,也包括思维过程的真。本文试图达成如下结论:通过法学虚拟仿真一流课程建设实践,推动法学教学数字资源共享和法学教学手段的升级换代,形成法学虚拟仿真实验教学课程体系,回应“新文科”建设⑤和“教育信息化”⑥要求,是法学教育界应该思考的问题。

---

② 《教育部高等教育司关于开展2019年度国家虚拟仿真实验教学项目认定工作的通知》,载中华人民共和国教育部网2019年7月1日,http://www.moe.gov.cn/s78/A08/A08_gggs/A08_sjhj/201907/t20190702_388692.html。

③ 参见《教育部关于深化本科教育教学改革全面提高人才培养质量的意见》,载中华人民共和国教育部网2019年9月29日,http://www.moe.gov.cn/srcsite/A08/s7056/201910/t20191011_402759.html。

④ 参见《虚拟仿真实验教学创新联盟文科领域工作委员会成立大会举行》,载中国人民大学新闻网2019年7月16日,https://news.ruc.edu.cn/archives/252089。

⑤ 参见高众、林焕新:《教育部:推进“四新”建设,全面提高高等教育人才培养质量》,载中国教育新闻网2022年5月17日,https://baijiahao.baidu.com/s?id=1733061917062231666&wfr=spider&for=pc。

⑥ 《教育部长怀进鹏:大力推进教育信息化、教育资源数字化建设》,载微言教育2022年2月22日,https://baijiahao.baidu.com/s?id=1725408176599744705&wfr=spider&for=pc。

一、法学虚拟仿真一流课程建设的必要性

近20年来,信息技术的飞速发展给社会各行各业带来了深刻的变化,这些变化对教育行政部门、法律实务部门乃至法学教育的参与者都带来了深刻的影响,具体而言,主要有以下几个方面:

第一,教育行政部门的政策指向法学虚拟仿真一流课程建设。教育部对高校实验室建设的政策导向经历了从实验教学示范中心认定,到虚拟仿真实验教学示范中心认定,再到虚拟仿真实验教学示范项目认定,最终确定为虚拟仿真一流课程认定的变化。这一变化一方面反映了教育行政部门在不断强化实验教学对大学教育重要性的认知;另一方面也反映了国家对信息技术飞速发展背景下教育现代化的重视。值得注意的是,教育部实验教学中心、虚拟仿真实验项目的认定基本遵循了从理工科到文科的过程:在教育部2005~2016年认定的501个国家级实验教学示范中心中,法学类实验教学示范中心共10个,认定时间为2008~2009年;⑦2013~2016年,教育部认定了300个虚拟仿真实验教学示范中心,法学类仅在2014年认定了中国政法大学一个;⑧2017~2020年教育部国家级虚拟仿真实验项目建设规划为1000个,法学类20个项目的建设规划放在了2019~2020年。⑨ 法学实验教学中心和虚拟仿真实验

---

⑦ 国家级实验教学示范中心建设于2005年启动,其中华东政法大学、辽宁大学、西北政法大学、中国人民公安大学、中南财经政法大学的法学实验教学中心认定时间为2008年,四川警察学院、西南政法大学、湘潭大学、中国政法大学和中山大学法学实验教学中心认定时间为2009年。参见《国家级实验教学示范中心名单》,载中华人民共和国教育部网,http://www.moe.gov.cn/jyb_xxgk/zdgk_sxml/sxml_gdjy/gdjy_gxsysgl/gxsys_sfzxmd/,最后访问日期:2022年7月10日。

⑧ 《教育部办公厅关于批准清华大学数字化制造系统虚拟仿真实验教学中心等100个国家级虚拟仿真实验教学中心的通知》,载中华人民共和国教育部网2015年1月8日,http://www.moe.gov.cn/srcsite/A08/s7945/s7946/201501/t20150109_189310.html。

⑨ 参见《教育部办公厅关于2017—2020年开展示范性虚拟仿真实验教学项目建设的通知》,载中华人民共和国教育部网2017年7月11日,http://www.moe.gov.cn/srcsite/A08/s7945/s7946/201707/t20170721_309819.html。

项目认定大约占总数的2%,而法学虚拟仿真实验教学示范中心仅占比0.3%。这一占比意味着法学实验教学和虚拟仿真实验资源建设还有巨大的提升空间,推动法学虚拟仿真实验资源建设也是响应教育部政策指引的必要之举。

第二,卓越法治人才培养2.0需要法学虚拟仿真一流课程建设。2018年10月,教育部和中央政法委联合发布了《关于坚持德法兼修实施卓越法治人才教育培养计划2.0的意见》,对实施卓越法治人才教育培养计划2.0的总体思路、目标要求、改革任务和重点举措以及组织实施都作了详细部署。其中,“拓渠道”明确提出了“发展‘互联网+法学教育’……推动法学专业教育与现代信息技术的深度融合”的要求。有学者就此展开了这一要求对法学教育提出的挑战以及法学教育应对挑战的可能途径,[10]而法学虚拟仿真实验金课建设作为法学教育与现代信息技术深度融合的典型途径,不仅意味着教学方法的更新,更指引了人才培养方式的革新。

第三,法律实务部门的信息化要求法学虚拟仿真一流课程建设。信息化建设在法律实务部门占据越来越重要的地位,“智慧法院”[11]、“智慧检务”[12]、“智慧司法”、“智慧法务”得到广泛运用。国家也在加大法律信息服务的资金投入——科技部自2018年开始设立“重点专项(司法专项任务)”,鼓励科研机构投入研究力量,推动相关技术装备的研发。显然,法学研究人员也是这类研发项目不可或缺的成员。因此,法律科技相关行业的发展和法律科技自身的发展对法科人才培养提出了新挑战,法科院校应以法学虚拟仿真一流课程建设为契机,推动法律科技实验资源建设,健全法科人才的信息科技素养,从而提升法科人才培养质效。

---

[10] 周江洪:《智能司法的发展与法学教育的未来》,载《中国大学教学》2019年第6期。

[11] 罗书臻:《坚持需求和问题导向 破解难题补齐短板 推进人民法院信息化建设转型升级》,载《人民法院报》2016年1月30日,第1版。

[12] 参见《最高检印发意见深化智慧检务建设》,载最高人民检察院网上发布厅2018年1月3日,http://www.spp.gov.cn/xwfbh/wsfbh/201801/t20180103_208087.shtml;《最高检印发〈全国检察机关智慧检务行动指南(2018—2020年)〉2020年底全面构建新时代智慧检务生态》,载最高人民检察院网上发布厅2018年7月20日,https://www.spp.gov.cn/xwfbh/wsfbt/201807/t20180720_385543.shtml。

第四,新一代"数字原住民"师生呼唤法学虚拟仿真一流课程建设。近年来,越来越多的"80后""90后"走上大学教师岗位,他们出生于信息技术初现端倪的时代,和信息技术开发与运用一同成长;和出生于20世纪60~70年代的老一代教师相比,他们对计算机软硬件操作更为娴熟,也乐于采用新的信息化教学手段与学生互动。另一方面,作为"数字原住民"的"95后""00后"已经成为受教育者主体,对他们来说,"数字化生存"是常态,信息化交流不仅是手段而且是刚性需求乃至生存需要。因此,"黑板+PPT"、面对面的教学模式固然无法取代,但是这种传统的教学模式显然难以满足学生多元化的学习需求,更难以调动学生学习积极性。因此,回应受教育者"乐学"和教育者"易用"的需求,利用信息技术打造一流课程,是法学虚拟仿真资源建设必要性的又一体现。

二、法学虚拟仿真一流课程的建设现状

国家虚拟仿真实验教学课程共享平台"实验空间"上共有法学类虚拟仿真实验课程35项,其中绝大多数归属于法学专业。⑬ 2020年10月30日,在教育部发布的《关于首批国家级一流本科课程认定结果的公示》中,法学类虚拟仿真实验教学项目共认定了7项。⑭ 值得注意的是,2019年教育部发布的申报文件还称为"虚拟仿真实验教学项目",⑮2021年发布的申报通知则改称"虚拟仿真实验教学课程";同时推荐程序也

⑬ 根据教育部《普通高等学校本科专业目录(2020版)》,法学类下共有7个专业,除法学专业外,其他6个专业的开设院校大多仅1~2所。参见《教育部关于公布2019年度普通高等学校本科专业备案和审批结果的通知》,载中华人民共和国教育部网2020年2月21日,http://www.moe.gov.cn/srcsite/A08/moe_1034/s4930/202003/t20200303_426853.html。

⑭ 参见中国教育新闻网,http://www.jyb.cn/rmtzcg/xwy/wzxw/202010/t20201030_369612.html,最后访问日期:2020年11月10日。

⑮ 《教育部高等教育司关于开展2019年度国家虚拟仿真实验教学项目认定工作的通知》,载中华人民共和国教育部网2019年7月1日,http://www.moe.gov.cn/s78/A08/tongzhi/201907/t20190702_388692.html。

发生了显著变化,从2019年的省级评审后推荐转变为2021年的分类推荐,即分为教育部直属高校、其他中央部门(单位)所属高校、地方高校进行推荐。[16] 名称的变化体现了教育部对虚拟仿真实验教学取向的变化,即从原先的"项目"转向"课程",对实验本身的体系性提出了更高的要求。目前,2021年申报待认定的项目已在实验空间平台上线,从上线的法学类项目来看,2021年申报的项目数较之2019年有一定幅度的增加,但和其他学科相比,增加幅度不大。

经过三年的孕育和建设,当前国家级平台上的法学虚拟仿真实验教学一流课程涵盖了刑事诉讼法、计算机模拟审判、国际法、法庭科学与物证技术、环境法及诉讼实务、法律谈判、司法鉴定概论、民法及刑法实例研习、侵权法、安全技术防范、刑法及法学综合实验、物证技术等课程。

从申报材料来看,各实验项目具有以下共性:第一,从实验目的来说,所有实验的目的都在于通过虚拟仿真实验解决原有理论教学和实验教学中存在的问题,弥补现有教学手段的不足。第二,从实验原理来看,依托某一或某些理论课程的实践环节,通过业务流程推进实验进程,或通过虚拟仿真某个或某类案件,通过案例或纠纷处理提升学生实践能力。第三,从实验教学方法来看,各教学团队都根据自己的理解列出了各种类型的实验教学方法;如"国际法庭"项目中的案例教学法和比较教学法;"民事诉讼中鉴定意见质证"项目中的沉浸式案例教学法、情景模拟教学法和现场教学法、程序教学法;"长江生态保护诉讼"项目中的沉浸式、问题式、自主式和反思式教学法;"打破调解僵局——疑难复杂纠纷的虚拟仿真调解实训"项目中的角色扮演法、记录考核法、调解观摩法;"道路交通事故纠纷网上数据一体化处理"课程中的真实系统虚拟使用仿真教学方法、真实案例流程高度仿真教学和司法文书虚拟仿真生成教学;"正当防卫"项目中的案例教学法、情境参与法和角色扮演法;"法律责任认定"项目中的自主式、探究式和合作式实验教学方法;等

[16] 《教育部办公厅关于开展第二批国家级一流本科课程认定工作的通知》,载中华人民共和国教育部网2021年4月6日,http://www.moe.gov.cn/srcsite/A08/s7056/202104/t20210419_527007.html。

等。从这些实验教学方法的描述来看,法学领域尚未形成公认的实验教学方法。值得思考的是,法学教学方法与法学实验教学方法有无区别?案例教学法是理论教学方法还是实验教学方法?第四,如果说实验教学方法的表述还有共性的话,实验方法部分的表述就很难找到共同点了,多数项目申报书中将实验方法表述为简化的实验步骤,个别项目如"诉讼中文件真伪的司法鉴定"具体地说明了显微检验法、画线比较法、测量比较法、重叠检验法和连线比对法;"法律责任认定"项目则将情景再现法、角色扮演法、法条切割法、心证形成法作为实验方法。

从各实验项目的教学内容设计来看,基本可以将这些实验项目分为两大类,一类为业务流程体验,另一类为思维过程训练。其中业务流程体验类的实验项目,如"诉讼中文件真伪的司法鉴定"项目,脱胎于真实的实验过程,实现了将已有的法学实验"虚拟仿真化"的建设目标;而思维过程训练类的实验项目,如"法律责任的认定"项目,是将法律思维形成过程设计为实验流程。从比例来看,思维过程训练类的实验占比极低。从认定结果来看,7 项获首批金课认定的项目均可归为业务流程体验类。这在一定程度上反映了法学教育界对"虚拟仿真"的认识还存在一定局限——在笔者看来,虚拟仿真的优势恰恰在于能够突破现有的实验框架,实现法学实验教学的创新和发展。

三、现有法学实验教学手段的特性与局限

法学实验教学的内涵至今尚无定论。⑰ 有学者指出,尽管法学实验教学与理工科实验教学有着显著的不同,但理工科实验室对法学实验教学具有借鉴作用。⑱

---

⑰ 参见郭洁、路军:《法学实验室建设与实验教学的研究》,载《实验技术与管理》2008 年第 9 期;刘茂林等:《基于 LETS 软件的法学实验教学体系》,载《法学教育研究》2015 年第 1 期;王均平:《法学实验教学相关概念的界定及其应用》,载《高等教育研究》2012 年第9 期。

⑱ 参见郭洁、王英明:《理工科实验室对法学实验教学的借鉴作用》,载《辽宁大学学报(哲学社会科学版)》2008 年第 2 期。

相形之下,法学实验室与理工科实验室的设立、运行、职能方面都有诸多不同,其中最为典型的恐怕在于职能的不同——理工科实验室不仅是本科教学不可或缺的部分,也是顺利开展科研的必备条件;而作为社会科学的法学,主要研究对象为社会中的各种法律现象和法律关系,包括实习、实训、实践在内的"实验"也许是本科人才培养方案的必要组成部分,但与教师的科研关联度远不如理工科紧密。在目前以科研为导向的大环境下,法学实验的这一特征决定了其在法学教育体系中相对于理论教学的弱势地位。[19] 另外,法学乃至人文社会科学实验与理工科实验既有共性,也有差异。共性在于,在"通过实际操作提升理论联系实际能力"的意义上说,文科实验与理工科实验是相通的;不过,理工科和人文社会科学的学科特色决定了两类实验的差异,理工科偏重于事实和科学原理从而具有显著客观性,人文社会科学既包含科学性,也包含价值判断,而价值判断则不可避免地具有一定的主观性。[20] 这一特性也决定了法学实验的教学设计应包含理工科实验可能不具备的价值面向、抽象性和非具象性。

目前多数法科院校的法学实验教学实际上受包含实习、实训、实践、实验在内的"大实验观"的指引,由此决定了多数法科院校的课程体系中实验教学课程主要由实习、实训和实践构成,除司法鉴定、刑侦等与理工科相关的内容外,真正意义上的"实验"即"先实践后验证"占比并不高。[21] 实际上,法科生实践能力的核心在于积累与"人"打交道的知识和技能,而每个"人"背后都包含了不可重现、不可回溯的"权益",而包括实习实践实训在内的法学实验教学存在以下问题:第一,难以解决"实验"意义上"先实践后验证"中的"验证"问题,也就没有试错空间和容错

---

⑲ 参见郭洁、路军:《法学实验室建设与实验教学的研究》,载《实验技术与管理》2008年第9期。(文章发表于10多年前,但法学有实验教学而无实验室建设的情况依然存在——笔者注)。

⑳ 参见樊丽明:《"新文科":时代需求与建设重点》,载《中国大学教学》2020年第5期。

㉑ 笔者综合比较了中国人民大学、中国政法大学、清华大学、北京大学、中山大学、辽宁大学、四川大学、上海交通大学、西南政法大学、华东政法大学、中南财经政法大学等院校法学本科人才培养方案得出以上结论。详情请参加各校法学院网页。

机制,任何一个实习实践指导教师都不可能让学生在尚未做好准备的情况下直接在法院、检察院、律所或法律诊所处理真实当事人的权益,更不可能"将错就错"拓展对学生的训练。第二,存在"时空限制"和"角色限制":在师资有限的情况下,实习实训课程一对多、面对面的教学模式不利于教师精准捕捉每一个学生的知识薄弱环节,而实例研习、法律诊所等实训课程中常用的"角色扮演"方法也难以让学生在短时间内体验不同角色的转换。第三,无法适应学生个性化的学习需求:无论大班还是小班教学,教学进程都基本保持一致,在当前的师生比偏低的情况下,教师不可能关注到每一个学生的学习进度,学生也缺乏自查自纠的动力和途径。

法学教育的核心任务之一是法律思维的养成,[22]这也是法学实验教学着力解决的问题。法学教育的各个部分在法律思维养成的过程中各司其职:理论教学通过理论讲授、案例分析养成法律思维,实践、实习、实务教学通过实践活动和案例讨论让学生运用法律思维。不过,目前通行的法科人才培养方案通常要到实习实践等实际操作阶段才能比较精准地检验法律思维的养成与否。怎样通过教学手段、教学环节的更新,以"实验"促进学生法律思维养成,充分发挥法学"实验"教学对卓越法治人才培养 2.0 的效用,是值得法学实验教师思考的重要命题。

四、法学学科背景下"虚拟仿真"的含义

虚拟仿真一流课程建设经历了从理工医科向人文社会科学传导的过程,如何将虚拟仿真实验教学的建设目标、原则和要求适用于法学实验教学,需要实验课程设计者的深入思考。

从教育部的建设通知来看,虚拟仿真教学课程建设的要素包括:以"个性化、智能化、泛在化实验教学模式的建立"为目标,以"能实不虚""以虚补实、以虚促实""线上线下相结合"为原则,以"高阶性、创新性和

---

[22] 参见王利明:《论法律思维》,载张桂琳主编:《中国法学教育研究 2012》(夏季论文集),中国政法大学出版社 2012 年版。

挑战度”为指向,以“着力解决真实实验条件不具备或实际运行困难,涉及高危或极端环境,高成本、高消耗、不可逆操作、大型综合训练等问题”为教学内容。笔者认为,法学虚拟仿真一流课程建设中亟待厘清的问题主要在于对“能实不虚”原则、“真实实验条件不具备或实际运行困难”等教学内容的理解,而这些理解最终指向“法学虚拟仿真”中“仿真”的具体含义。

就“能实不虚”而言,在真正意义的“法学实验”数量较为有限的情况下,建设者对哪些实验应该“实”、哪些实验可以“虚”应有基本判断。笔者认为,从目前信息技术的现状来看,凡与人际交往能力培养相关的内容都不太适宜“虚化”。2019 年,本校开发了一套“会见当事人”虚拟现实软件,但实际运行效果并不好。原因在于人机对话模式下,机器只能根据事先设定的内容与人对答,机器人智能程度的限制使训练难以充分展开,实验课程中半个小时的训练效果远不如学生在法律援助中心和当事人谈话 10 分钟,而通过软件进行人人对话显然也远不如师生面对面。

就教学内容而言,有学者将之总结为“条件不具备而做不到、条件不充分而做不好、条件不允许而做不了、条件不满足而做不上”。[23] 实际上,就法学乃至整个文科实验教学来说,是否存在“真实实验条件不具备或实际运行困难,涉及高危或极端环境,高成本、高消耗、不可逆操作、大型综合训练等”问题呢?从最宽泛意义上看,法律实务中案件处理流程较长,可能会导致实习活动无法获得某一案件的完整体验,可能存在“真实实验条件不具备或实际运行困难”;个别类型案件如纵火可能涉及“高危或极端环境”;时间跨度长可能导致“高成本、高消耗”;多数法律场景中当事人的权利都具有“不可逆性”;综合性法律技能培养当然需要“大型综合训练”。但严格意义上说这些标准跟法学实验教学的真实情况都有一定的距离,原因在于,这些标准主要脱胎于用虚拟仿真解决理工医科实验的现实困境。

---

[23] 张敏、刘俊波:《对高校虚拟仿真实验教学项目建设的若干思考》,载《中国现代教育装备》2020 年第 1 期。

对法学乃至文科实验来说,虚拟仿真实验教学项目设计在努力向以上标准靠拢的同时,需要立足于法律业务流程进行设计。法律业务流程本质上是一种信息输入和输出的过程,所谓“输入”是指案件承办人(律师、法官、检察官、法务人员)获知案件信息的过程,这意味着案件承办人通常面对的是已经发生的事实,需要根据当事人陈述、发票单据、案卷等材料还原案发情形。即便有较为完善的影音资料,也无法百分之百地呈现当时的场景。因此,通过以书面材料为主的原始材料在头脑中还原案发场景是法科人才的重要技能。就输出而言,案件承办人需要在还原案件场景的基础上收集证据、证成观点、适用法律,输出如代理词、辩护状、法律意见书乃至判决书等各类法律文书。

从输入到输出的过程既是法律思维的过程,也是广义上的法学实验教学发挥作用的主要场域。不过,除“仿制”文书鉴定、谈判过程、诉讼流程等真实的业务流程、增强学生对流程的熟悉程度和操作能力外,虚拟仿真实验也使“仿制真实的思维过程”成为可能,而这正是传统的实体实验无法实现的。也就是说,法学虚拟仿真实验不仅可以聚焦于法律业务流程体验,更可以关注业务流程中的法学原理,通过实验步骤设计体现法学原理及其运用,以补充理论教学难以衡量和判断法律思维养成与否的不足。实际上,我们还应充分意识到业务流程体验类实验的一个局限——法律业务流程中,案件承办人绝大多数时候无法身处事件的第一现场,场景重现更多的是一种大脑的思维过程,这就决定了法学类虚拟仿真实验中场景再现只能充当辅助手段,推动实验步骤前进的应该是法律思维的形成过程。

以“法律责任认定”虚拟仿真实验为例。作为一个以培养法律思维为主旨的虚拟仿真实验,[24]实验根据“法律推理三段论”“诉讼构造理论”“法律事实理论”等一般原理,围绕“法律责任认定”进行内容设计,以“纵火案”为例,以“法律职业角色扮演”为手段,以“确定诉讼策略—搭建理论框架—查看和收集证据—根据证据建构事实—确定法律责任”为

㉔ 参见实验空间,http://www.ilab-x.com/details/v5?id=4316&isView=true,最后访问日期:2022年7月15日。

实验流程,目的就在于通过实验步骤的推进固化学生的法律思维形成过程。其中,教学起点的设置、事实呈现方式、角色选择设置和诉讼策略的多种组合可能性等尽量仿真真实的案件思维过程,而从单一角色到多角色互动、互换的跨越,实现了法律推理能力的全方位训练,从培养法律解释能力到提升法律推理能力,完成了从逻辑训练到经验运用的转变,从被动接受事实到能动发现事实,实现了学生操作能力的飞跃。

由此可见,思维训练类实验是实体实验中几乎无法呈现的一种类型,但如果我们对"虚拟仿真"的"仿真"的理解不限于仿制有形的"真",也包括模拟、模仿无形的、思维过程中的"真",则虚拟仿真实验才能真正在法学乃至人文社会科学等具备抽象性、价值面向的学科实验教学中发挥更大效用,从而真正为人才培养发挥作用!

结　语

一流课程建设是"四新建设"工程中"双万计划"的核心组成部分,一流课程和一流专业的评定在学科评估中的重要性也使之得到了法学教育者尤其是法学教育管理者的极大重视。不过,和其他一流课程相比,虚拟仿真一流课程更强调"开放共享",㉕也因其与法律科技的紧密结合而更具技术门槛和开发难度,唯因如此,才对课程设计团队提出了更高要求。

从武汉大学法学院的实践来看,虚拟仿真一流课程建设对实验教学改革、法学实验教师队伍的培育起到了显著的促进作用:自 2019 年启动虚拟仿真一流课程建设以来,武汉大学法学院获一项省级一流课程认定,申报一项国家级一流课程,另有 2～3 项虚拟仿真课程在培育过程中。以实验教师为核心的团队于 2021 年获批湖北省"项焱法学名师工作室",一名教师以虚拟仿真实验为核心素材参与湖北省教师教学创新

㉕ 迄今为止,所有申报国家级虚拟仿真一流课程的实验均可通过"实验空间"访问并做实验。

大赛并斩获二等奖,实验教师团队获多项省部级教改项目、校级实验技术项目立项。

从全国范围来看,随着虚拟仿真联盟文科工作委员会法学专业委员会的成立,法学专业虚拟仿真一流课程建设也必将进入新的发展阶段。2020 年 10 月,《虚拟仿真实验教学课程建设指南》由高等教育出版社出版,[26]在指南编制过程中,法学专业指南编制专家组提出,指南以“金课”建设为目标,以完善实验实践教学体系为指向,以完整实验教学项目为基础,以“智能 + 教育”为建设理念,以探索泛在、灵活、智能的教育教学为应用模式,在梳理法学类各专业实验项目、虚拟仿真实验项目的基础上,推动法学类虚拟仿真实验体系化建设,为各院校法学实验体系建设提供参考,助力法学类虚拟仿真项目的建设。

显然,《虚拟仿真实验教学课程建设指南》在为法学虚拟仿真一流课程提供指引的同时,也将为各法学院校在虚拟仿真资源共建共享方面指明方向,从而使法学虚拟仿真实验教学课程体系化成为可能。

On the Practice and Speculation on the Construction of First-class Virtual Simulation Courses in Legal Education

Xiang Yan　Qin Tianbao

Abstract: Along with the promotion and implementation of policies of the Ministry of Education, the necessity of constructing first-class virtual simulation courses in legal education is continuing improved. Based on the

---

[26] 参见虚拟仿真实验教学课程建设指南编写组编:《虚拟仿真实验教学课程建设指南》,高等教育出版社 2020 年版,第 89 页。

analysis of all legal virtual simulation programs applied in 2019, this article divides the programs into two categories, i. e. , operation flow experiencing and thinking process training. After the discussion of the deficiency of current legal experimental teaching, the author defines the "simulation" so as to contribute the construction of virtual simulation in legal education.

Key Words: first-class virtual simulation courses; necessity; thinking process training experiment; experimental course system of virtual simulation

面向卓越法治人才培养的法学论文写作课程建设*

吴　欢**

摘　要：法学论文写作是新时代德法兼修卓越法治人才培养体系的重要环节，对于培养和提升学生创新思维、学术水平、写作技巧和综合素质至关重要，应作为专门课程建好建强。法学论文写作课程建设的南师探索具有典型意义。近年来，南京师范大学法学院面向卓越法治人才培养的宗旨目标，从课程体系、教学内容、师资队伍和支撑体系等方面博采众长，积极开展法学论文写作课程建设实践探索，取得了较好的建设效果，形成了一定教学特色，但同时存在重视程度参差不齐、体制机制不够灵活、保障措施较为乏力等制约因素。从更大范围来看，今后有必要从提高认识、改革机制和强化保障等方面采取有效措施，因地制宜建好建强法学论文写作课程，充分发挥其在卓越法治人才培养中的积极作用。

---

* 本文系南京师范大学2020年度校级教改研究课题"面向卓越法治人才培养的法学论文写作课程建设研究与实践"的阶段性成果，并获得江苏高校品牌专业建设工程和南京师范大学年度课程思政示范课程建设项目资助。

** 吴欢，南京师范大学法学院副教授，中国法治现代化研究院研究员，法学博士。研究方向：宪法与行政法学、法律史学。

关键词:法学论文写作　课程建设　教学改革　卓越法治人才培养

引　言

法学是一门实践性、应用性和对策性较强的社会学科,同时有着鲜明的理论属性、思辨魅力与文化价值。这就要求法学专业教学特别是法学本科教学在对学生进行实践能力、操作水平和应用技巧等方面训练的同时,高度重视培养和提升学生创新能力、学术水平和写作技巧。二者在本质上应当是并行不悖且相辅相成的。① 在我国目前的法学专业人才培养体系及其实践中,着重培养学生前一方面能力水平技巧的教学方式和课程已经有很多,如内容丰富的实习实训课程、名目繁多的创新创业竞赛以及方兴未艾的诊所法律教育等。② 但着重训练学生后一方面能力水平技巧的教学方式和课程还比较缺乏,特别是法学论文写作训练相关课程。事实上,开设论文写作课程对学生进行专门训练,在国际一流法学院校实属常态且被认为至关重要。③ 令人欣慰的是,近年来有一批学者持续围绕法学论文写作撰文著书,提出许多富有启发性的教学理念、写作方法和学术观点,并且身体力行开设相关课程或讲座,一些重点

---

① 参见房文翠:《法学教育中的法学实践教学原则》,载《中国大学教学》2010 年第 6 期。

② 关于诊所法律教育的中国探索和域外标杆,参见吴欢、韩桂君:《诊所法律教育教学实施方案研究》,载《法学教育研究》2017 年第 2 期;韩桂君、吴欢:《诊所法律教育的耶鲁标本及其启示意义——评〈法庭风暴:美国耶鲁师生诉战总统〉》,载杨宗科主编:《法学教育研究》第 26 卷,法律出版社 2019 年版。

③ 早在 2000 年,毕业于哈佛大学法学院的刘南平博士就撰文呼吁法学博士学位论文以及法学理论研究应有问题意识,同时介绍了哈佛大学法学院等国际一流法学院校在加强法学论文写作训练方面的主要做法。参见刘南平:《法学博士论文的"骨髓"和"皮囊"——兼论我国法学研究之流弊》,载《中外法学》2000 年第 1 期。20 余年过去,刘南平博士指出的"我国法学研究之流弊"仍然存在,其重要原因恐怕正是论文写作训练的缺失,特别是相关课程建设的迟缓。

法学院校也在培养方案中加入论文写作训练的内容。④ 这些做法值得钦佩和学习，但从更大范围来看，法学论文写作实有必要作为建制化的专门课程建好建强，与之相关的课程体系、教学内容、师资队伍、支撑体系等基本问题，也还有待结合常态化课程建设实践进行教学面向的深化研究。此处所谓“教学面向的深化研究”，是指遵循教育教学一般规律，围绕法学论文写作课程建设的现状、经验、问题与对策等展开基于亲历性教学实践的深化研究。这种研究并非主要关注如何写好法学论文，而是主要关注如何建设好法学论文写作课程，尽管二者有着深刻内在联系。笔者近年来持续投身其中的法学论文写作课程建设南师探索具有一定的典型意义，在某种程度上能反映出法学论文写作课程建设的现实境遇及其可能方向，故不揣浅陋撰写本文，从法学论文写作课程建设的总体境遇、南师探索、制约因素和强化路径等方面略陈管见、求教方家，以期共同推进面向卓越法治人才培养的法学论文写作课程建设。

一、法学论文写作课程建设的总体境遇

本文旨在呼吁将法学论文写作作为建制化的专门课程建好建强，同时结合笔者亲身教学实践总结提炼可资参考的课程建设方案。但在介绍具体做法之前，实有必要先对法学论文写作及其课程建设的总体境遇

---

④ 相关代表性论著参见刘作翔：《法学博士论文写作如何聚焦主题》，载王瀚主编：《法学教育研究》第 17 卷，法律出版社 2017 年版；尤陈俊：《作为问题的“问题意识”——从法学论文写作中的命题缺失现象切入》，载《探索与争鸣》2017 年第 5 期；尹生：《法学学术阅读与写作课程模式探索》，载杨灿明：《高等教育评论》第 9 卷，社会科学文献出版社 2021 年版；何海波：《法学论文写作》，北京大学出版社 2014 年版；陈瑞华：《论法学研究方法》，法律出版社 2017 年版；《中外法学》编辑部编：《经验与心得：法学论文指导与写作》，北京大学出版社 2017 年版；阎天编：《法意文心：法学写作思维六讲》，中国民主法制出版社 2021 年版；等等。这些学者所在院校大多开设有法学论文写作相关课程，还有些院校如西北政法大学，则通过经典阅读、论文竞赛、专题讲座等方式加强法学论文写作训练，参见常安、李德旺：《公法经典阅读训练与卓越法律人才培养》，载王瀚主编：《法学教育研究》第 19 卷，法律出版社 2017 年版。部分学者还顺应数字时代发展潮流，通过登录新媒体或者开设研习营等方式，面向更多有需要的人群开设法学论文写作课程。

进行一番概括与描述。

首先是何谓法学论文。根据国家标准化管理委员会制定的《科学技术报告、学位论文和学术论文的编写格式》(GB 7713－87),法学论文是针对法学领域学术课题进行专门系统的科学研究,并记录总结表达研究所取得的新成果新见解新知识的学术论文,应具备学术论文的共性特征和法学学科的个性特征。⑤ 根据研究对象、研究方法、用途去向乃至写作目的、作者禀赋、质量要求的不同,法学论文可以分为三种主要类型。其一,根据研究对象的不同,法学论文可以分为理论研究型与应用研究型。二者的区别在于论文主要解决什么问题,一般来说有不同的目标读者。但理论研究和应用研究并非截然两分,也没有高下之别,能够解决理论或者实践中的法律法学法治问题就是好的论文。其二,根据研究方法的不同,法学论文可以分为规范研究型与实证研究型。规范研究的显著特征是规范分析、学理思辨乃至价值判断,比较强调应然性。实证研究的显著特征是实证调查、定性定量乃至走向田野,比较侧重实然性,试图揭示法律现象背后的因果关系以及发展规律。规范研究与实证研究也不是截然两分的,实践中需要综合运用多种研究方法,综合研究遂应运而生。其三,根据用途去向的不同,法学论文可以分为期刊论文与学位论文。当然这是一种不完全的分类。期刊论文以促进学术交流为主要目的,以在学术刊物发表为主要去向,亦可用于在学术会议上宣读、交流或讨论。学位论文是法学论文重要的基础性类别,是表明作者从事法学研究取得创造性结果或创新性见解,并以此为内容撰写而成、作为提出申请授予相应法学学位时评审用的法学论文。期刊论文与学位论文也不是截然两分的,期刊论文可作为学位论文的阶段性成果,学位论文也可以改写为期刊论文投稿发表。

其次是何谓法学论文写作。基于国家标准和教学实践,笔者认为,法学专业教学和课程建设实践中的法学论文写作,不应局限于本硕博学位论文写作,也不应局限于理论性强、专业细分的期刊论文写作,而是要

⑤ 参见廖华:《批判性思维视角下法学论文教学思路的塑造》,载《湖北经济学院学报(人文社会科学版)》2021年第12期。

以这些类型为基础向外发散,以多样化训练推动法科学生写作能力的多元化提升为基本宗旨。在这种宗旨导向下,笔者主张法学论文写作课程所应训练的写作体裁包括但不限于读书笔记、专业书评、文献综述、专业论文、学位论文、法律时评、法学随笔、政策解读乃至司法文书等,以便循序渐进地培养和提升法科学生规范化、专业性、应用型的综合写作能力。所谓万丈高楼平地起,这种多样化的训练体裁和多元化的宗旨导向,看上去学术性不强,不那么高大上,但却是法科学生科研创新实践能力培育的重要基础性环节,也是法学论文写作课程建设行之有效的教学抓手。⑥

法学论文写作在法学教育和法学研究中具有重要意义,是检验法学教育成效和推进法学研究创新的重要手段,掌握法学论文写作方法对于法学专业学生至关重要。⑦ 一方面,法学论文写作全面考察学生包括学术规范、学术伦理、论文选题、文献检索、学术综述、分析论证和行文结构等在内的综合能力与专业素养,而这些能力素养都是卓越法治人才培养的应有之义。可以说,越是高水平法学院校越重视法学论文写作。⑧ 另一方面,法学论文写作贯穿法学专业本硕博学生学习全过程,不仅申请学位需要写作学位论文和资格论文,日常学习中也需要通过论文方式呈现和检验学习效果,即便毕业进入法律实务部门也需要撰写起诉状、辩护词、判决书等“准论文”,更不用说走上教学科研岗位后主要以论文写作的方式开展学术研究。可以说,论文写作是法科学生安身立命的看家

---

⑥ 参见张小军:《新时代大学生科研创新实践能力培育路径研究——以“法学研究方法与论文写作”课教学为例》,载《陕西教育(高教)》2019 年第 6 期。

⑦ 参见孙占利、刘志娟:《法学学位论文写作中的常见问题与指引——以硕士学位论文为例》,载王瀚主编:《法学教育研究》第 14 卷,法律出版社 2016 年版。

⑧ 北京大学法学院近年来有一大批专家持续投入法学论文写作指导,《中外法学》编辑部为此专门组织专家编写《经验与心得:法学论文指导与写作》,深受中青年学者的欢迎和认可。清华大学法学院何海波教授所著《法学论文写作》,亦受到法科学生的广泛推崇。除此之外,法学“五院四系”以及浙江大学光华法学院、南开大学法学院等法学教育重镇亦持续开设相关课程。

本领。⑨

尽管如此重要，但法学论文写作课程建设在多数院校的法学专业教学中常常被忽视。就大部分学生而言，法学论文写作可能是最不受重视的学习环节，不仅会敷衍应付日常学习中的课程论文写作，而且会因为有考研、考博、考证、求职等考虑，而将学位论文写作置于次要地位。⑩但实事求是地讲，法科学生往往是在没有接受过相关训练的情况下，就猛然被要求写作少则一万字多则十余万字的学位论文，这就好比没有教过他们游泳就要他们到江河湖海里面扑腾，着实有些强人所难。就大部分教师而言，教学科研任务繁重，没有更多时间精力指导学生论文写作，这也是客观现实。即便有所谓毕业论文指导任务，大部分教师也只能抓大放小，把有限的时间精力投入硕、博论文指导之中，因而大多数本科生很难得到深入的论文写作指导。⑪ 就大部分法学院而言，虽然确实希望提升学生论文写作能力，但缺乏合适的课程载体和甘于奉献的教师群体，甚至缺乏相应的激励措施和保障机制。就教学管理部门而言，法学论文写作课程往往需要打破现有的教学管理评价体制机制，如果相关改革不到位，课程开设与建设就会面临障碍。

反过来看，法学论文写作课程建设的不受重视，又会导致更多学生对此项训练的重要性缺乏正确认识，面对论文写作任务更加敷衍对待乃至抄袭了事。就一些法学院和教学管理部门而言，由于种种体制机制和资源条件障碍，多数时候并没有专门开设法学论文写作课程。偶有延请专家开设专题讲座，虽然不乏微言大义，但总体上零碎分散、不成体系，尤其缺乏实战训练，无法满足普遍需要，并不能发挥设想中的作用，这就愈益让相关各方觉得法学论文写作可有可无。长此以往，法学论文写作甚至成为困扰法学专业人才培养的结构性难题，其集中体现就是法学师

---

⑨ 参见管华、何晓琴:《法学本科生学年论文写作调查——以西北政法大学为例》，载黄进主编:《中国法学教育研究》第 3 辑，中国政法大学出版社 2015 年版。

⑩ 更具针对性的分析，参见吴情树:《论在职法律硕士学位论文的写作与指导》，载王瀚主编:《法学教育研究》第 11 卷，法律出版社 2014 年版。

⑪ 参见杨锦帆、李永宁:《供给侧视域中法学学年论文的课程化建设研究》，载田士永主编:《中国法学教育研究》第 1 辑，中国政法大学出版社 2020 年版。

生中一度存在关于法学本科毕业论文该走向何方的疑惑。就多数学生而言,取消法学本科毕业论文自然是求之不得的大快人心事。部分教师也会认为,法学本科毕业论文写作要求机械死板、强人所难,不仅无法有效考察学生能力水平,还可能逼着学生抄袭造假。有些教师甚至建议取消学位论文写作要求,至少应当废除本科学位论文。⑫ 当然,这些都是不可取的片面认识。

以上就是对一段时期以来我国法学专业教学实践中法学论文写作课程建设总体境遇的简要概括描述。这种总体境遇无疑令人叹息,但也迎来了革故鼎新的历史契机。部分学者及其所在院校关于法学论文写作训练的持续提倡和深入实践,已经为法学论文写作课程的境遇改善和扎实建设提供了示范标杆。近年来,在国家教育部发出坚持“以本为本”、推进“四个回归”、建设新时代新文科重要倡导和教育部、中央政法委颁布“卓越法治人才培养计划2.0版”的背景下,⑬特别是在学士学位论文抽检制度已经建立运行的情况下,法学论文写作课程建设的重要性得到高度凸显,其不受重视乃至十分薄弱的境况也必然要随之发生改变。这就要求我们在新的时代背景、政策要求和发展形势下,博采众长,深入加强至关重要的法学论文写作训练,因地制宜积极探索行之有效的课程建设思路方法。

二、法学论文写作课程建设的南师探索

南京师范大学于1986年在原政治教育系下创建法学教研室,开展法学教学科研活动。1994年5月,南京师范大学成立经济法政学院法律系。2001年3月,为适应法学学科的发展需要,经济法政学院法律系

⑫ 参见杜乐其、方晓霞:《法学本科毕业论文该走向何方》,载《行政与法》2014年第5期。

⑬ 参见何跃军、陈淋淋:《从法律人才到法治人才——卓越法律人才培养计划实施六年检讨》,载《宁波大学学报(教育科学版)》2018年第5期。

独立组建为法学院。历经30余年发展,南京师范大学法学院取得了长足的进步,现已成为我国法治人才培养和法学理论研究重镇。在跨越式发展过程中,南师法学院始终坚持以教学为本、以学生为本,注重培养学生的理论素养与实践能力,探索形成了以培养卓越法律人才为目标的立体融通式法学实践教学模式,先后获批建设江苏高校首批法学品牌专业和首批国家级一流本科专业(法学),多门课程入选国家级和省级一流课程。[14] 近年来,在一流课程建设、一流专业建设、一流学科建设引领下,南师法学院的法学论文写作课程建设呈现积极发展态势,具有一定典型意义。

(一)关于课程体系

结构合理、搭配科学的课程体系,是高等学校课程建设的重要内涵。[15] 长期以来,南师法学院注重在日常的教学科研中对学生进行潜移默化的法学论文写作训练,取得了固本培基的良好效果,但同时也因为缺乏系统的课程支撑而呈现出发展不平衡不充分的局面。理论法学、诉讼法学、刑法学等传统优势学科针对学生的论文写作训练较为扎实,其他二级学科针对学生的论文写作训练有待加强;针对硕博研究生的论文写作要求较为严格明确,针对本科生的论文写作要求有待强化细化;针对毕业论文的结果导向型写作训练较为系统连贯,针对日常写作的过程导向型写作训练有待整合提升。聚焦这些现实问题,近年来南师法学院加强法学论文写作课程体系建设力度,形成了贯穿本硕博各培养阶段,兼顾常规课堂教学与学位论文写作,打通各二级学科的法学论文写作课程体系。具体而言,学院支持教师针对本科生开设"法学论文写作"自主发展课程,共40学时,计2学分;支持教师针对硕博研究生开设"法学翻译阅读与写作"通选课,共48学时,计2学分;不定期开设专题讲座,纳入通识课程体系。本科生相关课程侧重学术规范训练,研究生相关课程侧重研究能力提升。课堂教学之外,学院鼓励任课教师与学生深入交

⑭ 参见《学院简介》,载南京师范大学法学院网站,http://law.njnu.edu.cn/NSDWeb/Article.aspx?id=62,最后访问日期:2019年6月14日。

⑮ 参见崔颖:《高校课程体系的构建研究》,载《高教探索》2009年第3期。

流沟通，并根据双向选择情况在选课学生学位论文写作时担任指导教师。这样的课程体系设置，有助于持续满足不同层次学生的不同需求，有助于推动实现法学论文写作训练更加平衡更加充分更大范围地建制化发展。

（二）关于教学内容

因材施教、问题导向的教学内容，是高等学校课程建设的基本要求。⑯ 关于法学论文写作课程的教学内容，不同学校、不同教师基于自身认识会有不同的安排。在设计法学论文写作课程教学内容时，除了博采众长为我所用，南师法学院特别坚持的基本原则就是瞄准实际需要，注重实战演练，提升实践能力。以面向本科生的“法学论文写作”自主发展课程为例。笔者作为任课教师，设计了课程导引、规范与细节、法学论文入门、选题与文献、调查与论证、行文与结构、学习权威文献、心得体悟交流八个讲授专题。在授课时，笔者主要结合各类论文素材，讲授有关专题所涉论文写作事项的基本内涵、基本要求和方法技巧，同时积极落实立德树人根本任务，在授课过程中潜移默化地融入课程思政元素。例如，在“规范与细节”专题，笔者会结合实例向学生强调：规范就是规则，是从事学术活动、进行论文写作必须遵循的“游戏规则”；规范就是规训，是通过学术规则对学术共同体成员及其潜在成员进行的持续训练；规范就是素养，对学术规范的理解、掌握和运用情况能够反映出论文作者的学术素养和学术潜质；规范就是伦理，学术规范看似琐碎无聊，实际上包含着学术伦理的基本要求；规范就是学术，这意味着规范是学术的外化，如果不遵守形式规范，实质学术也做不好；细节是魔鬼的藏身之所，细节是第一个学术印象，细节是外化的学术素养；细节无处不在，包括学术交往的细节、学术训练的细节、学术写作的细节等，都需要认真对待，妥善处理，避免因小失大。在“选题与文献”专题，笔者除了结合实例向学生讲授选题的基本要求、选题的一般过程、法学文献内部关系、文献综述撰写方法以及文献综述注意事项之外，还会特别强调：法学研究

---

⑯ 参见高向平：《法学专业课程体系和教学内容的改革与完善》，载《黑河学刊》2009年第2期。

固然以规范分析为最常用的方法,但是法学本质上是一门社会学科,鲜活生动的社会实践每时每刻都在为研究者提供新的命题和素材;就此而言,在进行文献收集和观点论证的时候,调查研究"活的文献"不可或缺;对于初学者而言,不宜过早地把自己限制在著作论文所建构的"信息茧房"之中,而是要时刻保持对经验事实的敏锐性,直接抵达法治实践的真问题。在"调查与论证"专题,笔者会结合实例向学生强调:法学论文必须有论有文,文是形式,论是实质;确定核心命题,综述既有研究之后,更加艰巨的工作是对核心命题进行证立证成;写作者应当时刻意识到,文章的每个观点乃至每句话,都有较真的眼睛在注视;要想说服读者,写作必须有根据,论证必须有力量;法学论文写作常见的论证方法有规范分析、学理思辨、实证调查、历史比较、经济分析等;论证方法必须服从写作目的,描述状况,分析原因、功能和属性,解释法律和提出政策建议,是常见的法学论文写作目的;不同主题论文或者论文不同部分,需要根据写作目的选用适当的论证方式。在"行文与结构"专题,笔者会结合实例向学生强调:法学研究没有定式,论文写作须有章法,本硕博等法学学位论文完整全面地贯彻了法学论文写作形式上的规范要求,故而可以通过剖析法学学位论文各部分写作要求,较为系统地训练和掌握法学论文的结构方法。在此基础上,笔者会向学生顺次介绍法学学位论文的文章标题、内容摘要、关键词、英文翻译、引言导语、文献综述、论文主体、文章结论、引证注释、作者信息、题注信息、文章附录、参考文献、作者致谢等结构要素的注意事项。在"学习权威文献"专题,笔者会以党中央权威文献作为教学素材,引导学生在学习权威文献精神的同时,向权威文献学习问题意识、谋篇布局、调查研究、文献综述、起承转合、行文表述和理论提升等方法和技巧。[17] 至于八个讲授专题之外的十余次课程,笔者则用于对每位学生的前述八个专题课程作业进行针对性讲评,并适时安排

⑰ 自2017年以来,笔者任教的"法学论文写作"自主发展课程先后带领学生学习过党的十九大报告、党的十九届四中全会相关文件、党的十九届六中全会相关文件、党的二十大报告以及《法治中国建设规划(2020—2025年)》《法治政府建设实施纲要(2021—2025年)》《法治社会建设实施纲要(2020—2025年)》等权威文献,充分践行了立德树人的根本任务,取得了良好的课程思政效果。

期中考查和期末考查。根据这样的教学内容安排,一个学期下来,学生需要循序渐进地完成学术简历制作、学术文稿编校、法律时评撰写、文献检索综述、调查论证还原、行文结构解析等单项作业,此外还有综合性的期中考查和期末考查作业。每个学生的作业都会在课堂上被独立讲评,同时每个学生都可以听到对其他人作业的讲评。这样的同堂逐一讲评作业虽然任务繁重,却能让学生互相取长补短,不断强化认识。这种循环反复的互动式实战训练,显然有助于高强度提升学生的论文写作实操能力和文以载道思想意识。

(三)关于师资队伍

有激情、可持续的师资队伍,是高等学校课程建设的关键因素。[18]长期以来,南师法学院教师都很注重在本硕博人才培养中锻炼学生论文写作能力,并为之倾注大量心血,也取得了显著成果。近年来,从最开始的几位青年教师自发探索,到学院支持下的教学实验,再到目前形成较为稳定且可持续的开课教师队伍,越来越多的青年教师投入到法学论文写作课程建设中来。具体而言,先是2016年年初,姚远、陈辉、杨建和笔者四位青年教师在学院品牌专业建设与改革的背景下,共同认识到有必要以专门课程的形式强化训练学生的阅读、翻译与写作能力。这一设想提出后,获得了学院的肯定和支持,鼓励这四位青年教师首先在研究生教学中尝试合作开设法学阅读翻译与写作课程。试行两轮积累一定经验后,笔者认识到法学论文写作训练需要从本科生抓起,于是在学院的支持下开始在本科生中开设单独的法学论文写作课程,至今已完成八轮教学。此外还有丰霏、姚远、陈辉、杨建、徐歌旋等青年教师陆续单独开设或拟开设法学论文写作课程。这就逐渐形成了较为稳定的教学团队,为法学论文写作课程建设锻造了有激情、可持续的师资队伍。随着这些青年教师成长和发展,法学论文写作授课群体逐渐壮大,开课频率逐渐提高,受益学生不断增多,建设效果持续向好。

---

⑱ 参见蔡立东:《加快构建中国特色法学学科体系》,载《中国大学教学》2017年第5期。

（四）关于支撑体系

高等学校课程建设需要一系列制度性和非制度性条件作为支撑体系。[19] 在南师法学院，法学论文写作课程经历了从最开始的自发探索试验，到纳入学院培养计划，再到形成制度化支撑体系的建设历程。总结起来，南师法学院为法学论文写作课程建设提供的支撑条件包括但不限于：(1)专项经费资助，即在江苏高校法学品牌专业建设经费中安排专项资助，为青年教师的教改探索提供基础性激励。(2)纳入培养方案，即在修订法学本科和研究生培养方案时，纳入法学论文写作相关课程并赋予学分。(3)开展写作竞赛，即在本科生和研究生培养机制改革中统筹考虑论文写作训练要求，建立并推行本科生论文写作竞赛制度、研究生论文写作竞赛制度等，将参加论文写作竞赛规定为学生必须获取的课外实践学分，从而为之扩大群众基础。(4)延请名家讲学，即广泛邀请国内著名资深教授和期刊编辑开设论文写作专题讲座，并视情况纳入通识课程环节。这一系列制度保障措施，为法学论文写作课程建设创造了良好的环境与氛围。

（五）关于建设效果

学生论文写作能力能否持续提升，是衡量法学论文写作课程建设成效的根本标准。南师法学院进行法学论文写作课程建设探索的初衷，就是希望能够达到学生受益、教师顺意和学院满意的效果。经过近年来持续深入的建设实践，越来越多的学生认识到了论文写作训练的重要性，相关课程在选课之际常常爆满，选课人数远远超过正常课堂容量；参加课程学习的学生在结课后自发撰写的课程心得中，也纷纷抒发自己从形式到内容、从规范到知识、从写作能力到专业素养的多重课堂收获；参加课程学习的学生论文写作水平显著提高，接连有学生荣获高层次学术竞赛或者论文评选奖项。[20] 尽管开设论文写作课程需要付出比一般课程

---

⑲ 参见熊勇先：《论卓越法律人才实践教学的保障》，载《湖南科技学院学报》2015年第11期。

⑳ 据不完全统计，课堂学生先后荣获“挑战杯”竞赛全国二等奖/江苏省特等奖，曾宪义先生法律史奖学金优秀学士学位论文奖，江苏省优秀本科毕业论文一等奖，南京师范大学优秀本科毕业论文等奖励。

更多的时间与精力,但包括笔者在内的任课教师仍然对法学论文写作课程教学充满激情和热爱,认为能够通过授课为学生带来实实在在的、看得见的能力提升就很值得。院校有关领导也表示该课程建设效果较好,将持续给予支持。

(六)关于教学特色

总结起来,法学论文写作课程建设的南师探索及其相关举措,具有三个显著的教学特点。一是实战演练。即通过学生真实作业展示讲评、教师真实论文自我剖白和期刊真实稿件修改加工等方式,在高强度实操中训练学生写作能力。二是全程互动。除了每次作业的一对一点评讲解,任课教师还会在专题讲授过程中针对学生作业中存在的普遍性与个别性问题进行举例示范。任课教师还会利用微信群等新媒体,在课前课中课后全程指导学生进行写作训练和研究性学习。即便是课程结束,任课教师仍然会指导有关学生的学位论文或学科竞赛。三是立足实践。即立足于学生能力提升的实际需要,立足于法治建设实践的客观要求,立足于法学研究的实证转向,在专题知识讲授、课程作业设计和教学案例选取等方面注重选用实际、实案、实证素材。正是得益于这些方面的教学特色,法学论文写作课程建设的南师探索迄今为止形成了从单项课程探索到融入教育教学全程,从品牌专业资助到教改课题立项,从教师自发行动到纳入培养方案,从学生盲目热情到竞赛制度保障的建设体系,基本上取得了学生受益、教师顺意、学院满意的建设效果,同时也朝着师生相与、教学相长、教研互动的理想不断迈进。

三、法学论文写作课程建设的制约因素

法学论文写作课程建设的南师探索虽然取得了较好的成效,形成了一定的特色,但从更大范围来看,多数法学院校的法学论文写作课程建

设情况仍然不容乐观。[21] 尤其是对标卓越法治人才培养的基本要求,包括南师法学院在内的法学论文写作课程建设,还存在若干制约其进一步建好建强的障碍因素。

一是各方重视程度参差不齐。法学论文写作训练是一个见效比较慢的持续投入过程,需要相关各方持续投入时间、精力和兴趣,以及一系列软件硬件设施保障。但是就目前整个教育教学评价体系相对而言较为浮躁的现实条件下,相关各方对法学论文写作课程的持续投入的意愿和能力还不够平衡不够充分。[22] 就学生而言,确实有很多学生热切需要通过法学论文写作训练提升自身写作能力,因而在开课之初往往出现选课人数爆满的状况。但是经过笔者的了解和观察,有些学生是跟风选课,只是听了其他老师或同学的推荐,就盲目选择法学论文写作课程;有些学生是无课可选,但又要完成相关学分,于是被动选择法学论文写作课程;还有些学生即使选了课上了课,也只是将其当作一门普通的选修课,没有强烈的自我提升意识。特别是目前一些学生功利性较强,以为单纯听课学习就能显著提升法学论文写作水平,没有认识到法学论文写作需要课内课外长期反复的自我训练。就教师而言,法学论文写作课程的任课教师主要是青年教师,课程稀缺性较为明显,无法充分满足更多学生对于论文写作训练的迫切需求。就法学院而言,尽管有持续的建设资助和制度保障,但是在切实解决有关课程建设困难问题上仍然力有未逮。例如,受制于管理权限和课程资源,学院层面很难按照法学论文写作课程的实际特点和需要限制选课人数,安排小班教学。就教学管理部门而言,虽然对于坚持"以本为本"、推进"四个回归"有高度认同,但是尚未真正认同法学论文写作的重要性,因而在有关学位论文写作和资格论文审查中,仍然坚持延续着重结果、轻过程的导向。凡此种种,都是不利于法学论文写作课程建设的主观因素。笔者相信,这些制约因素也不

---

[21] 参见杨立新:《阅读和写作是我国法学教育的两个短板》,载《人民法治》2018 年第 16 期。

[22] 参见姚远:《法理文献阅读与写作的专题教学倡议》,载郑智航主编:《山东大学法律评论(2016)》,山东大学出版社 2017 年版。

同程度存在于其他院校。

二是管理体制机制不够灵活。新时代法学教育教学改革,最重要的是要改变不适应教学需要、违背教学规律的僵化的教学管理体制机制。如果体制机制问题得不到解决,任何创新的教育教学探索,都有可能遭遇各种有形或者无形的制度“天花板”而陷入困顿的状态。[23] 在法学论文写作课程建设过程中,这一问题突出体现在课程管理机制方面。近年来,我国高等院校的教学管理体制进行了一系列改革,也制定了不计其数的教学规范,但总体而言,目前的教学管理体制和规范要求还不能很好地适应法学论文写作之类的新型课程建设的规律与需要。从笔者的体验来看,不同于其他法学专业课程可以大班授课,法学论文写作课程的开展主要依托于小班化教学。每节讲授课都需要与全体学生进行互动,进行有针对性的提问和回答;每节作业课也都需要针对全部学生的作业展开点评。如此这般才能使每个学生都有参与感和获得感。一般而言,面向本科生的法学论文写作课程学生保持在 15 人以内的规模较为合适。但目前教学管理部门设置的本科生课程选课人数上限多为 60 人(特殊情况可降低),而法学论文写作课程又较为稀缺,这就会导致选课人数大大超标而教学效果难以发挥。此外,法学论文写作课程的教改研究较难获得立项支持。以南京师范大学为例,目前学校教务处和研究生院均规定,如欲申报建设过程性考核课程,须开课三年以上,且须使用在线平台以实现过程性考核,当然这是为了确保实现全程留痕。笔者就是在开设法学论文写作课程满三年后,才获得校级课程建设项目资助,目前仍在建设周期内。但实际上,恰恰是新开课和开新课教师才需要特别资助,而且法学论文写作课程的过程性考核与师生互动很难在在线平台上有效实现。这就意味着,尽管法学论文写作课程是最具过程性考核与互动性教学特点的课程,但可能在一开始无法申报有关教改项目,也难以适应所谓在线留痕要求。也许其他院校在管理体制上有其特点,但能否灵活适用于法学论文写作课程建设,可能仍有疑虑。

---

[23] 参见刘坤轮:《以认证与评估制度体系引领中国法学教育改革》,载《人民法治》2018 年第 16 期。

三是教学保障措施较为乏力。总体而言,在"卓越法治人才培养计划2.0版"深入实施的背景下,各级各部门对于教师在教育教学方面的创新探索是积极支持和尽力保障的,但具体到特定的课程建设上,则有可能存在保障乏力的问题。[24] 在法学论文写作课程建设的南师探索实践中,虽然相关课程先后获得学院的品牌专业建设经费资助和学校的教育教学改革项目支持,但资助力度较小、限制因素较多,多以课题经费形式资助,不能用于任课教师个人劳动报酬,只能用于购买书籍、印刷资料等。根据课程建设需要,任课教师有时拟邀请一些校外编审专家给学生开展有关法学论文写作的专题讲座,但往往因为缺乏相应经费而作罢。并且,这些经费资助和项目支持是有周期限制的,建设周期结束就不再予以支持。任课教师如欲将课程讲义进一步整理成教材出版,也会面临经费短板。此外,在南师法学院现有的本硕学生专业培养方案中,法学论文写作相关课程目前只有2个学分,对应的每周上课时长为2课时,这其实是远远不够的。因为法学论文写作课程要求师生之间的充分互动和对学生作业的一对一深入讲解,而在课堂容量问题没有解决的情况下,动辄30人左右的班级,任课教师几乎没有办法在每次课上都充分兼顾每一个学生的具体情况。在这种情况下,为了保证教学效果,除了在课堂上抓紧时间乃至被迫拖堂之外,任课教师不得不在课下和课外通过微信群、QQ群、电子邮件、短信乃至单独指导等方式完成教学。这就意味着尽管相关任课教师付出了许多额外的心血和劳动,却无法在目前的评价体系中得到适当的呈现和补偿。以上在课程建设经费、课堂容量上限和教师劳动承认等方面的保障乏力局面,在很大程度上制约着法学论文写作课程建设的可持续发展。据笔者了解,类似的教学保障措施乏力的情况也不同程度存在于其他院校。

---

[24] 参见何勤华:《全面推进依法治国视野下的法学教育改革》,载《中国高等教育》2015年第6期。

四、法学论文写作课程建设的强化路径

南京师范大学法学院的法学论文写作课程建设实践探索及其制约因素,在某种程度上是我国当前法学教育改革实践及其问题症结的一个缩影。其中的某些问题虽然比较细微,但却是长期存在的影响法学专业教师教育教学改革积极性的重要因素,而且不同程度地存在于其他开设或拟开设法学论文写作课程的院校。着眼于新时代卓越法治人才培养的迫切需求,笔者认为,今后相关各方有必要从如下方面采取有效措施,进一步因地制宜建好建强法学论文写作课程。

一是进一步提高认识。法学论文写作课程建设相关各方要把思想和行动统一到新时代卓越法治人才培养的基本目标与要求上来,提高思想站位,强化重视程度。就学生而言,要进一步认识到论文写作能力的重要性,对于相关课程任务不能敷衍了事,对于相关规范要求不能心存侥幸;在论文写作课程之外,要积极参与院内外各种论文写作竞赛、学术经验交流等活动;在日常专业学习中,要广泛阅读、积极思考、勤于动笔,在持续不断的自我训练中提升写作能力。就教师而言,需要有更多的教师乐于奉献、甘为人梯,积极探索开设法学论文写作课程,同时在日常教学和指导学生过程中加强对学生写作兴趣的引导和写作能力的点拨,此外还可以考虑借助新媒体等方式打造面向不特定公众的精品公开课程。就法学院而言,需要积极鼓励资深教师开展法学论文写作课程建设,并在力所能及范围内解决相关教师的后顾之忧。就教学管理部门而言,必须坚持教学为本、质量为先,不受错误社会思潮干扰,坚持扭住培养质量不放松不放水不放空,特别是要在学位论文抽检环节强化学术导向和质量要求,以此倒逼前段提升认识。只有有关各方形成思想与行动的合力,才能把法学论文写作课程建好建强。

二是进一步深化改革。要按照教学实际需要和教育教学规律,切实改革现有的相关管理体制机制,切实做到服务于教学、服务于改革。首

先，允许小班教学。教学管理部门应当顺应法学论文写作课程的特点和规律，适当设置课程容量上限，真正实现小班化教学。根据笔者近年来的教学体验，法学论文写作课程学生人数现阶段以 20 人左右为宜，长期来看宜保持 15 人以内。其次，提升课程学分。目前法学论文写作课程的学分限制了课时的长度，导致有关教学内容和教学互动无法有效展开。有时任课教师不得不将有关课程安排在晚间进行，以便适当拖堂以完成教学，但这终究不是长久之计。为此建议将目前的 2 学分 40 课时改为 3 学分 60 课时，如此教学内容得以基本呈现，教学效果也有基本保证。最后，支持教改探索。对于法学论文写作课程之类的学生急需而开课人少的新课，在申报过程性考核等教改项目时，建议不要机械地划定最低开课年限，也不宜强求一致要求适用在线平台等辅助设施，以鼓励青年教师的创新探索。

三是进一步强化保障。从南师探索来看，目前学院层面在政策允许范围内对青年教师的教育教学改革探索提供的支持保障已经较为充分，但是从学校层面来看，相关保障措施还有拓展提升的空间。建议有关学院继续支持资助更多的富有激情又有责任心的青年教师开展法学论文写作课程建设探索，支持资助的方式包括但不限于设置院级教改课题等；在修订培养计划时，将参加论文写作课程学习作为本科生或研究生取得实践创新学分的方式之一。同时，建议有关高校对法学论文写作课程进行具体问题具体分析，避免将其看作一门普通的、可以一再重复的、讲授性课程，而是将其看作一门任课教师投入诸多心血和创造的创新性课程，进而采取教改项目资助、教学任务减免、提升课程系数、提供出版资助等措施，有效保护开课老师的教学积极性，同时支持相关教师将其打造为“金课”，引导其培育形成优秀教学团队。此外，建议教学管理部门对其他学科类似的论文写作课程建设情况进行摸底调查，以便在今后制定相关政策时能有的放矢、因课制宜，为全面提升学生学术写作能力提供良好制度环境和政策支持。

结　语

法学论文写作训练是新时代德法兼修卓越法治人才培养体系的重要环节,对于培养和提升学生创新思维、学术水平、写作技巧和综合素质至关重要,应作为专门课程建好建强,进而结合常态化课程建设实践总结提炼可复制可推广的课程建设方案。法学论文写作课程建设的南师探索具有典型意义,在某种程度上能反映出法学论文写作课程建设的现实境遇及其可能方向。着眼于新的时代背景、政策要求和发展形势,包括南京师范大学法学院在内的立足实践、基于实证和面向实战的相关院校法学论文写作课程建设,需要在既有建设成效基础上,进一步补齐短板、发挥优势,汇集各方面的共识形成推进合力,因地制宜更高质量建好建强法学论文写作课程,充分发挥其在卓越法治人才培养中的积极作用。

需要坦率承认的是,本文主要是以法学论文写作课程建设的南师探索为研究对象,所总结的经验、发现的问题和提出的建议因而不可避免地具有局限性,但笔者深信,这些问题也不同程度地存在于其他学校。有志于建设法学论文写作课程的同行,未尝不可在本文中发现心有戚戚之处;相关院校及其管理部门,也未尝不可在本文中获得正反两方面的镜鉴。与此同时,需要向读到本文的法学专业学生分享的是,法学论文写作没有速成方法,所有的论文写作方法都只是授人以鱼,书面学习或者课堂听讲都只是隔靴搔痒。正所谓绝知此事要躬行,学到再多的方法和技巧,如果不实战运用终究是纸上谈兵,这也正是笔者将“法学论文写作”自主发展课程设计为“八次专题讲授 + 八次专题作业”的重要考虑因素。在“法学论文入门”专题授课中,笔者每次都会向课堂学生强调:法学论文要有命题观点,要有创新之处,要有篇幅结构,要有规范格式;法学论文运用法学方法,体现法学思维,遵循法治逻辑,表达法治观点,使用法言法语,合乎法学规范;读书笔记、一般书评、文献综述、学术随笔、法治时评、法规解读,都不是严格意义上的法学论文,但法学论文写作要入门,必须持之以恒地遵循前述要求,通过前述方式严格自我训练;在日常学习生活中,面对一个个法律现象、法治实践、法学问题,初学者要时刻保持思维训练并及时将思想火花写下来;哪怕是稚嫩粗浅的学术习作,也是自身成长的阶梯,更是论文写作的开端。谨此共勉。

On the Construction of Law Thesis Writing Course for the Cultivation of Excellence in the Rule of Law Talent

Wu Huan

Abstract: The training of law thesis writing is an important part of the talent cultivation system for law professionals, which is crucial to the cultivation of students' practical ability, application skills, operation level and comprehensive quality. In recent years, the construction of law thesis writing course in the Nanjing Normal University School of Law has served the aim of cultivating excellence in the rule of law talent, and has made innovative exploration in curriculum, teaching content and guarantee mechanism and so on, which has achieved initial results and formed a certain characteristic. But at the same time, there are constraints such as insufficient attention, inactive mechanism and weak guarantee. It is necessary to take effective measures from the aspects of raising awareness, reforming mechanism and strengthening guarantee, so as to further exert the positive role of law thesis writing course in the cultivation of excellence in the rule of law talent.

Key Words: law thesis writing; curriculum construction; teaching reform; cultivation of excellence in the rule of law talent

比 较 研 究

法律教育的困境与出路*

卡尔·卢埃林　著**　于柏华***　王淑蕊****　译

摘　要：美国法学院的法律教育普遍面临双重困境：教育目标上盲目，教育方法上贫乏。摆脱此困境的出路在于，一方面，系统深入地调研法律职业者的实际工作状况和职业需求，以此来明确法律教育的目标。另一方面，在法学院的教学工作中补充强化学徒式训练、写作能力训练、人文社科知识训练、个别化教学（针对不同类型学生因材施教）等教育方法，以此来培养更多的、社会需要的合格法律人才。此外，法学院还需要通过开设培训班等方式来不断提升教师的教学理论和教育技能。

关键词：学徒式训练　写作能力训练

---

* 这篇文章是1935年1月22日我在坎布里奇的菲利普斯布鲁克斯协会所做的一次谈话的主要内容。在当时的环境下，该文当然正式投给了《哈佛法律评论》，但正如一直以来那样，它的编辑的品味和风格与我不一致。K. N. Llewellyn, *On What is Wrong with So-called Legal Education*, Columbia Law Review 5, 1935, p. 651 – 678.

** 卡尔·卢埃林，哥伦比亚大学法学院教授。

*** 于柏华，浙江工商大学法学院副教授，法学博士。研究方向：法哲学、权利理论。

**** 王淑蕊，浙江工商大学法学院博士研究生。研究方向：法理学、基本权利理论。

译文中的"摘要"与"关键词"为译者添加。

社科知识训练　实践教学　个别化教学

如果一个人能够看到某种反传统的事情并着手做这件事,他在社会学的意义上是一个反传统的人。如果一个人要么看不到反传统的事情,要么即便看到了也不打算去做,那么他是一个正常的人,一个循规蹈矩的人。下文的论证却基于这样一个命题,即任何一所大学的健康发展,或者更具体地讲,任何一所法学院的健康发展,都有赖于人们能够打破常规、不再全然地循规蹈矩。反传统的人与反传统的政策都是被需要的,并且其被需要的程度还相当高。无论何时何地,情况都是如此。对于一个其本质上具有传统性的学科来讲,情况更是如此。对于一种其教育传统已经变得盲目和渐趋枯萎的教育行业来讲,情况也更是如此。

不过,一个声音高喊着:我们不能抛弃传统,我们需要稳定,我们需要连续性,传统给我们提供了框架,我们必须延续它。是的,先生。没错,先生。我们不能抛弃传统。但“延续过去不是一种义务,它只是一种必然”。在美国法律教育中有一百个反传统的人,他们用十年左右的时间努力看清那些需要被做的新的事情,并去做这些事情。他们身处传统之中,就如同身陷淤泥之中。他们被束住手脚、糊住眼睛。经过五年的努力,他们释放了一只手,挥舞着求救。这就是为什么说反传统的人并不是一种危险:他们还是太少了,他们也还不够反传统,他们在展示其反传统之处的时候在相当程度上受到传统的拘束。

现在的情况又是如何呢?如果亚当、一个婴儿或者一个火星来客,对我们的情况一无所知且很好奇,他会考察我们的状况,他会看到些什么呢?

(1)他无法谈论或思考“美国法学院中的法律教育”这回事,因为它们的多样性远远超过其相似性。有的法学院的训练强度明显超过了这个世界上任何大学,有的则让人难以忍受,以至于我怀疑,在别的地方是否还有它的同类。鉴于此,让我们仅讨论那些被认为是一流法学院的教育情况吧。出于科学和妥当的考虑,我们把讨论的主题说得更具体一些。我们选一个我们熟悉的主题。我的评论将仅针对哥伦比亚、哈佛以及耶鲁的“法律教育”。但我要澄清一点，我不是在攻击这三个法学院或者它们中的任何一个。尽管它们的法律教育是破败的、不实用的，但我不知道有哪个法学院比它们更好。

(2)另一个很明显的现象是，这三个学院以及所有学院中的“美国法学院的训练”，如果客观地评价的话，都是盲目的、缺乏技巧的、千篇一律的、浪费时间的、不完整的以及空洞的。如果你喜欢用动词来表述的话，美国法学院的训练可以说是漫无目的、踉踉跄跄、流水作业、浪费时间、残缺不全、空洞无物。

(3)法律教育的目标是历史形成的环境与机遇的产物，它错失了大多数需要做的事情。它不知道错失了什么，也不太在意。它经常是明显错误的、明显恶劣的。通常这些错误仅被含混地感知到，以至于它们彼此纠缠在一起。

(4)法学院所采取的教育方法映照了其教育目标，它们是可怖的孪生体。

(5)法律自身也有麻烦。它是一个过时的传统，其从业者总体上懈怠地、漠不关心地依附于该传统，而不是把这个传统视为一个此处有用、他处无用的工具。这群人允许他们的目的被既有的工具所表达和限定，而不是试图寻找更好的、更进一步的目的，并依照自己心仪的目的来评判这个工具，并且当锤子和凿子被需要用来替换斧子或锛子的时候，去做一些新的发明。用一句话来概括，这是一群无能的人，其中的保守者盲目，激进者半途而废。

所有这些都是可被理解的，都是可原谅的，毕竟法律教师也是人。但是问题在于，这项工作出了什么问题呢？这项工作的内容也不仅仅在于阐明我自己作为教师的良知，而是要努力应对它。在此过程中，我发现我未能满足我自己的作为教师的良知的要求。

目标：律师到底在做什么？

我所说的法律教育的“目标”既包括那些被明确表达在那种被称为

《院长报告》的著述中的目标,也包括那些隐含在法学院的实际工作中的目标。

这两类目标有着类似的境遇,即没有一个法学院知道它的教育目标,并且我认为,只有不到百分之一的教师知道他的教育目标。

在伟大的案例教科书先行者之前,在1870年前后,美国律师的工作状况看起来呈现为一幅模糊的“乡村+城市”的合成像。甚至那时出现于城市律师中的变化,从一开始也没有得到其应得的重视。更严重的是,法学院对律师职业的理解过于简单,就好像只有单一类型的律师,只存在单一类型的法律实践,因此为学生提供单一类型的法律训练就够了,研析案例被认为是唯一的法律训练方法。我们的法律教育的初始目标就有偏差,但它毕竟是初始的目标,它为未来设定了有待解决的问题、架构了相关议题。在这种意义上,无须奇怪的是,法律教育的后续工作都基于偏见而展开。

很快到了20世纪20年代中期,在一些改革者出现之前,律师行业呈现为另一个同样模糊的合成像,即律师致力于服务大型公司企业。这个纠正是必要的。正如大多数具有革命性的纠正那样,它反映了人们对于活生生的事实的一个姗姗来迟但至关重要的感知。但也正如大多数具有革命性的纠正那样,它反映了人们过于强烈地转向新近被感知的那个方面。在试图理解新的事实的时候,我们从老的事实旁边飞驰而过。

累计达300页的公司定期服务合约确实是今日生活的组成部分,法学院的教学需要对此予以关注。但是旧宅地仍在被抵押,这也需要得到关注。新旧抵押融资的相互作用才是真正值得关注的问题。旧的规则与抵押概念复杂化了、阻碍了关于公司安全的条款。旧的规则和信托概念发挥作用,挫败了那本不该被签署的免责条款。现代的金融与制定法把农场和小型不动产抵押划归到一个改造过的银行制度中。如果人们仅强调新的阶段或者旧的阶段的话,就不可能看到此种互动。在其他法律领域中我们也能看到类似的情况,例如,我们不知道有哪本关于公司的书以及关于商业主体的书,能够以一定的一致性阐述所谓的投资公司与家族公司的区别。我们看得见它们的起源,但看不到它们的完整表现。这是因为大公司和小公司明显没有都获得其所需要的关注。它们各自的规制措施也不能够像被需要的那样,能够针对自己的问题、满足自己的需求。

今天的我们该如何描绘“这个”复杂多样的律师行业的状况呢?

不是规则,而是人们的“所作所为”(doing),才是我们应该训练人们学会的东西。我们需要规则,规则部分控制和型塑人们的所作所为,确实在相当程度上限定了人们的所作所为。但是事情(the thing)仍然体现为人们的所作所为。

律师在做什么呢?我们要教会我们的学生什么呢?我们不知道。受限于旧观念的随意的个人观察,这是我们的眼睛。鉴于此,看看这间教室里的同行,这是一件令人愉悦的、令人同情的事情。他们感受到此种需求,他们也在探索答案。无论何时当我们的经验告诉我们该进行具体讲述时,财产问题或起诉问题会被忽略五分钟,“我遇到过一个案件……”或者“我曾经知道一个律师……”(以一定的技巧和细心来讲述)会让讲述者重新唤起听众的兴趣。麻烦在于,它是偶然发生的:随意且浪费时间,仅有时候如此……这是因为我们知道的太少,无法进行挑选和规划。

关于律师的地域分布,我们知道什么呢?关于他们的工作量与工作性质的差别,或者说他们的工作的差别,我们知道什么呢?关于有多少受过法律训练的人(或者我们自己的毕业生)在从事法律行业,以及他们从事何种法律行业,或者从事了法律以外的什么行业,我们知道什么呢?关于他们的收入,或者他们的收入与其所处地域或其专长的关系(他们从受到的长期“教育”中获得什么支持以及在多大程度上获得支持),我们知道什么呢?

人们对另一类重要的问题也没有兴趣。律师的服务对于律师应该服务但又被其视为摇钱树的那些人太过昂贵了吗?特定类型的法律业务能够被标准化并降低价格,从而使其适合于所有需要咨询服务的人吗?这项工作得到充分开展了吗?在何处充分,在何处不充分呢?在何处以及对于谁,这项被实际执行的任务中仍然存在漏洞呢?人们疑心仍有一些法律业务被遗漏了,即在“接受法律援助”与“付得起律师费”之间,有一类未经探索、未被利用、未被注意的法律需求。但这个需求有多大,它存在于何处,它的内容是什么?我们不知道。我们在意吗?

然而如果(像我假定的那样)我们声称要训练人们从事一种职业,这样的事情我们需要知道,也需要在意。我们要切实地知道,而不是去猜测。我们的毕业生将要从事法律职业,他们需要被训练得适应其未来的职业。他们需要获得一份生计,他们要去做一个律师做的事情。他们要以一个体面的价格体面地去做这些事情。由于其从事的是一种受政府保护的垄断行业,他们要为所有人去做这些事情。由于他们从事的是一种职业,他们既要(在确保他们能够谋生的前提下)为了那些付不起费用或者只能支付很少费用的人做这些事情,也要为了那些买得起克莱斯勒汽车的人做这些事情。

或许法律教育者没有一直忽略法律工作的一个进一步的、主要的阶段,这个阶段我们如此彻底地忽略了。对法律的反思批评,我们不仅在课堂上过分忽视,当我们关注它的时候(囿于我们的技术化的盎格鲁-美国传统),我们坚持仅仅从法官的视角来看待它。但是,法学院必须对律师在政治生活中的重要性视而不见吗?法学院不能认识到这样一个事实吗?即占据政治职位的人终将被撤换掉,但当被撤换掉的时候,只有律师能够继续在其律师职业中利用其任公职期间获得的知名度。法学院能够忽略这样一个事实吗?即哪怕律师在竞争公共职位时失败了,他也获得了合理的宣传,通常来讲,当他在一个得到媒体报道的谋杀审判中提供咨询服务时才能获得此种宣传。由于我们的政治体制的特点,我们的毕业生中有相当一部分将要从事政治事务。为了保证他们体面地参与政治活动,我们的法学院要为他们提供何种训练呢?可以考虑开设一门关于宪法的课程,或许也可以开设一门关于立法的概论课。或许也可以开设贸易规制方面的课程,或许还可以增加某些新的课程,例如,联邦立法方面的课程。为了使学生能够理智地判断和型塑公共政策,在这些课程中,我们又需要做哪些工作呢?

我要重申我在其他场合说过的一些事情:我不是在声称,在传统的课程体系中缺少偶然的政策考量,当教师因其个人因素碰巧获得某种信息、洞见以及激情的时候,会出现此种偶然的政策考量。“改革者”敦促的是,将那些教师关于政策事实、政策选择的偶然的、哪怕是极其绚丽的灵光一闪,替换为具有持续性、一致性的工作。弧光灯要比闪电更有助于人们看清东西。

为了让我们的考虑更为充分,我们需要进一步考虑近来我们的法学院毕业生进入政府的行政部门的趋势。该趋势或许并不持久,但仍需要予以考虑。鉴于这些获得相应职位的孩子们正在作出工业发展决策,无视此种趋势是一种假定该趋势并不持久的赌博。说得更直接一些,我并不怎么质疑他们的决策。依照我的理解,反对这些孩子的那些人是更为盲目和愚蠢的。但是如果这些孩子得到更为充分的训练,会有更令人愉悦的结果。然而我们还在坚决地基于这样一种对法律实践的理解来训练学生,即我们对法律实践的理解仍停留在 19 世纪 70 年代,并且还仅考虑该实践的技术方面。即便就此而言,我们也在花费大多数课堂时间用纯粹“实体规则”来玩跳棋。不,我需要道歉。跳棋太固定了。我们是在玩象棋。棋子、客户都是可替换的非人格物:亲爱的 A、B 与 C。米歇尔·莫里亚蒂、美国钢铁公司、阿尔·卡彭、梅隆部长,这些都是“A”“B”或“C”。我们的毕业生,如果他幸运的话,已经学到了足够多的理论用一个西班牙开局起诉一个恶棍。辩方应诉。我们的毕业生调动“实体性”的卒与马,他用车护王,他展开交战。他因为不了解事实有所疏忽。朋友们!这个可怜的客户……

目标:法学院能做什么?

告诉人们什么是被需要的,这自身只有很小的益处。关键在于,对于被需要的事情,我们能够做什么?我们手头的工具是一所学院和三年的时间。我们的借口曾经是:我们仅仅是一所法学院,我们只有三年时间。我曾经听过庞德和比尔说过类似的话,克拉克、道格拉斯、史密斯以及理查德·鲍威尔也是如此。我也发现,此种逃避虽然令人舒适,但是愚蠢。对于我们所有人,对于我们每一个人,我现在要说的是,这样的逃避在情感上和智识上是懦弱的表现,当面对挑战时,我们溜走了。

当商业公司或政府遇到一个必做之事(must)时,它们会进行自我革新和改进,如若不然它们就会倒闭(垮台)。

对于法学院来讲,必做之事今天已经无法逃避。我们要么完成它,要么持续破产、成为一个公开的耻辱。对我们的要求是非常紧迫的。我们要么依照要求作出改进,要么被戳穿,成为骗子。我们在对学生进行法律训练这个伪装之下,拿到了钱,篡夺了身份。我们的视线和努力不是投放在“在一个法学院中用三年时间能够做什么”上面,而是较为盲目地投放在“我们的先辈或者我们自己碰巧正在做的事情”上面。

再强调一次,当我们在清理土地的时候,或许需要将以往的植物连根拔起,只要这样做可以让我们在土地上获得更多的产出,同时付出更小的犁地成本。

看看欧洲的法律教育制度,特别是看看其政党获得特权之前的那些日子的德国的法律教育。德国的法律教育共有七个学期,进行三年半的学术训练。尽管不断有改革措施试图使其教育变得更为具体,德国的大学教育仍然过度理论化。相比于我们的最好的法律教育,它仍然是二流的,甚至是三流的。但是作为它的补充,德国还有另一个为时三年的指向性的、全面的学徒式训练。“指向性”的意思是,在“你能够获得何种职位”这件事上没有偶然性。一个律师负有法律义务来接收并训练指派给他的人。这个义务被滥用了。所有义务都是如此。但即使“剥削”也是一种训练。“全面”的意思是,学徒的训练经历了从小额法庭审判到上诉法院,从法院到行政机关,再到执业律师的办公室。经过此种训练他会了解法律工作的总体轮廓。在经过三年此种训练之后,再进行第二次律师考试。只有在通过了第二次考试之后,一个人才能面向公众进行法律执业。在此种学徒式训练的过程中,政府会给他提供一定的津贴。国家的利益在于培养法官和行政官员,但是它也培养律师。

我们的法学院全然缺少学徒式训练。为什么法学院一定要进行学徒式训练呢？为了填补这个漏洞，我们已经做了什么呢？你会在哪里发现这个问题已经得到检讨的标志呢？我们或许可以探究一下德国法律教育体制的缺陷。我发现其中没有针对辩护人（不同于法官）的法律论辩工作的训练，其中也没有关于“如何与客户打交道”这个律师的“生活必需品”方面的训练，或者关于赢得客户的方法的训练。我想到较为老练的法律实务人士以及他的这样一种建议，即当你的未经仔细考虑的意见被证明是错了的时候，如何推卸责任。“让你的客户回来，让他再讲述一遍案情，不要进行提示。他一定会给你提供某些新的事实。然后你就可以责备他：‘昨天你怎什么不告诉我呢？’”这不是法律技巧，而是法律诡计。作为对比，一个经验丰富的公司法律顾问会告诉你，“有时上级想让你替他承担责任。即他们想做某件事情，如果做错了，他们想让你受责备。你的建议基于他们给出的事实，你的名声因此依赖于相关记录。因此你的建议的开头应该是：‘你说了……’然后再说，‘基于以上事实，我的意见是……’”这不是诡计，它是见识，它是行为准则，它是一致的、标准的经验法则。“诡计或者技巧”指的是，除非在偶然情况下，我们并未提供什么。当然，尽管相关课程设置具有好的意图。

以上这些故事可以使一个学生明白，没有事实的规则是空洞的，它们清楚地呈现了“将法律知识或者人文知识转换为行动”这个问题。它们在趋势上的不同也使观察者明白这样一种全职的法律教师的价值，即他希望搞清楚一所职业学校能够妥当地培训人们掌握何种“实践”事务。我自己的信念是，为了与狼战斗，你必须了解狼。“狼式学习”是法律训练的适宜的组成部分。无法在此种学习中存活下来的理想是没有生命力的。

现在让我们考虑这样一个问题，即“妥当的案例分析训练”与“全职教师”所具有的优点（它们明显如此），会使得对流行的“最佳”法律训练进行补充和添加这个需求变得模糊吗？

作为一个不完全类比，我们看看医学专业对“诊所服务”与“实习生”所投入的关注。医学专业的理论训练时间比我们的长，但是在它们的毕业生足以能够帮助无助的路人之前，它们坚持对学生开展得到精心安排的实践锻炼。医疗比法律更为复杂吗？我认为答案是否定的。法律教育中实践教学比例之所以比医学教育低,那是因为法律的标准更低。我想到最近有一份针对50个律师的调查问卷。其中的问题涉及很多法律活动,它的问题是,“依照你现在作为律师所具有的知识,从客户的视角来看,你会将下列任何事项委托给一个‘你认识’的人吗……”尽管问题有一定的含糊性(它没有提及受托人的技能或者其用于研究的时间等)律师们尽力诚实地作答。在50份答卷中,得到肯定回答最多的问题得到37个肯定回答。对于大部分问题,没有一个答卷律师愿意冒险将其托付给他的同行。这样看来,法律并不简单。那么,克服法律的此种复杂性难道不是法学院的工作的一部分吗？或者说,把规则转换为可感知的行动这个麻烦事不是法学院的工作的组成部分吗？

总而言之,除了机遇以外(机遇未能使骰子转出我们希望的那一面),我们的内在缺陷没有得到补救,为了弥补我们的内在缺陷,我们已经尽力做了什么呢？

目标:预备法律训练的缺陷

我们对我们的毕业生的前途知之甚少。关于我们的生源,我们知道的多一点。但是知道的越多,我们就越不喜欢它。他们在入学之前并未做好充分的准备。我们知道这一点。但是对此我们啥也没做。当我们试图采取一点行动的时候,我们发现自己被卷入一场发生在我们自己之间的无希望的争辩之中。

我不打算阐述关于前法学院的教育工作应该如何进行的通常观点,不论该观点是过去的还是未来的。正如大家将要看到的,我的观点是,不论前法学院的教育工作开展得如何,这都丝毫不会减少法学教师的工作量。不充分的前法学院训练迫使法学院的教师在三年时间里将其工作量加倍。更为充分的前法律训练会减轻我们的工作负担。但是它不会清除羁绊,事实上它会使我们的创新任务变得更重。因为无论我们打算在任何给定时间内、凭借给定的人力资源去完成什么，这都会落后于律师和共同体对我们提出的正当要求。新生素质与训练质量的提升仅仅意味着，我们有一个新的机会去完成我们自己的工作中的一个尚未被着手开展的部分。无论如何，我们总是负有义务来把我们在分配给我们的三年时间里或许碰巧完成的东西予以加倍。

乍看之下让人灰心的是，关于前法学院教育应该如何，人们没有一致意见。看看记录吧。美国法学院协会的委员会的最终报告，重复了三个来自委员会以外的成员的迥然不同的意见。这样看来该委员失职了、破产了。医生们能够有一致意见，法律人却不能达成一致意见，他们甚至不能达成暂时的妥协。

这部分是因为法律人没有能力知道他们自己是否要做改进，部分是因为他们对教育过程无知（该问题仍有待讨论），尤其是因为，法律人关于法学院的教育目标有不同看法。

这样看来答案只能是这样的（尽管它引起混乱和不幸，它仍然是唯一一条希望之路），即（如果学院没有一致意见）每一个学院自己必须规定它对前法律教育的要求。正如奥利芬特和汉德勒所坚持的，法学院必须自己来看看它们是否得到了它们要求的东西。我们（法学院）自己所属的大学或者我们所属的城市的那些大学，是我们的新生的主要来源。可以将他们与来自其他大学的学生进行对比测试，来看看对于法律教育来讲，我们关于前法律教育的理念（如果得到实施的话）是否具有我们认为它们或许具有的价值。做实验的实验室是清楚的、开放的。我们需要做的是提出相关要求，将其在我们所属的大学内予以实施，然后对比测试我们学院中那些已经完成了这些要求的学生与来自没有完成我们的要求的学院的学生。五年之后就会有结果……它会使我们搞清楚事实，假如我们没有堵上或者破坏实验室大门的话。

关于新生在进入法学院之前需要完成哪些事情，今天在座的每一个人都有自己的看法。我的看法是，应该对学生进行一个入学测验，它非常不同于那种在哥伦比亚大学或者耶鲁大学流行的“能力测试”，也极为不同于获得大学文凭所需要满足的条件。我想要的是，每一个法学院的学生都能够阅读和写作。我们法学院有一半的一年级学生以及超过三分之一的二年级学生,这两件事都做不了。我想要的是,新生大体上了解逻辑学、美国历史、描述性经济学、制度社会学以及人类行为的心理学,他们也要对生物进化有所了解,以及了解如何依照已经引证了某陈述的“权威”来确定该“事实”陈述的分量,最后还要了解量化思维的理念,而不是只会进行纯粹的定性思维。有50%的新生对上述这些知识完全不了解,那些知道某一方面知识的,不知道其他方面的知识。

但是,比掌握这些技术或知识更为重要的是,学生对法律有着情感上和智识上的兴趣(渴望)。在职业学校里,我们通过增加此种兴趣而受益,该种兴趣的增加依赖于新生的这样一种认知,即法律教育关乎他的生计。然而我们看到有一半的学生缺少此种兴趣,他们坐在那里,像是没发酵的面团。如果有任何法学教师真诚地怀疑兴趣的重要性,认为在没有得到环境(职业化的学院)和过去的传统(案例书)的帮助下,他在教学中无足轻重。那就让他去上一堂大学课(甚至是前法律学生的课),并尽力像任何有能力的教师能够做的那样去引起这样的渴望。实验能够帮助我们认清事实。

把大学改革的事情放在一边不论,我还主张,我们必须改革我们自己。除非我们的学生进步到足以阅读和写作,并且对法律有着智识兴趣,对政策考量有某种掌握,如果我们授予给他们法学学士学位,我们就未能履行对共同体的义务。对于“不能培养足够多的服务于共同体的律师”这个责备,我们或许可以将其推卸掉(尽管关于这个,我已经听到了来自共同体的抱怨)。但我们不能够推卸掉这样的责备,即我们培养了无能的毕业生。我们也不能推掉这样的责备,即我们将无能者包装成有能力的人。“最好”的法学院将要继续培养那些他们的教授并不会推荐的毕业生吗?或者,更糟糕的是,继续培养那些教授们带着良心上的不安予以推荐的毕业生吗?

法律的从业者必须具备我们前面讨论的所有技能、所有态度,否则法律的声望会被毁掉。法学院必须提供这些东西,此种要求越来越迫切,债主们正在敲门催债呢!

但是,我们却将这些事情交给机遇。为了让自己感到舒适,我们将我们的望远镜仅对准那些处于较高位置的毕业生,对准入选《法律评论》编辑部的那些学生所取得的成功,诸如此类。就如同一个赌徒不断回味着拿到四张"A"时的瞬间欢愉。

目标:理想与完整的生活

"机遇"这个可怕的符号在它重复出现的时候既不会嗡嗡叫也不会嘎嘎响。它更像是一道长廊下的弥尔顿式惊雷,冲击着我们的灵魂,使我们认识到,我们这些同行不过是不断重复这样一种竞赛的历史。即机遇总是占据支配地位,直到我们认识到新的需求并进行相应的创新。当传统为机遇的新卵提供养分和新的祭品的时候,传统总是在扼杀创新。

我再重复一遍,所有这些都是人类活动的不可避免的产物。此种不可避免性几乎让人失去勇气。相关的社会发展过程是如此清楚,在任何给定的时候,都会存在一个传统。我们中的大多数人仅仅去适应它,不能适应传统的是反传统的人。多数反传统的人是"疯子"、无用的,甚至会引起混乱。传统因此得到延续,直到它已经过时很久了。只有天才能够为了生存而打破它。甚至像朗戴尔这样的天才也需要阿莫斯这种辅助性的、执行性的天才,并且需要花费三十年,才能使他的理念对其同行产生影响。这样伟大的团队抛弃了很多价值或者他们自己所反抗的东西,尽管他们(至少阿莫斯)将早先的思考模式的价值吸收进他们自己的工作。他们的追随者,那些侏儒们,既缺乏巨人的平衡能力,也缺少巨人的传统。曾经多汁的牛排被他们做成了一块散发着难闻的年迈气味的汉堡。

如果"学生"和"时间"没有对快餐车上的快餐员一般的法学教师施加压力,那是让人沮丧的。

学生们环顾四周,并且开始反抗。当他们怀疑自己是小白鼠,而不是过去那样的教学中心,当他们怀疑自己是神像前的祭品的时候,他们

(为了维护伟大传统)反抗得不少,反抗规模颇为壮观。学生对我们的顽强反抗对我们所具有的价值(除了绝望之外),是我们经常忽略的。该反抗不仅规模壮观,也经常是非常荒谬的。看看外面,学生盯着一两个名人,问道:“为什么我们无法像他们那样好?”在外面,类似的学生组织会议讨论相似的问题。但是,因为所有人都不清楚到底需要什么,学生实际上是在捣乱。他们不仅搞乱智识方面的事务,学生也持续地、坚决地、一致地搞乱了涉及他们的灵魂方面的事务,以及他们的整体自我(whole self)。这对我们是一个提醒。

学生的心中抱有理想。对于一个见证了华尔街长达十几年的繁荣的人,让他很惊讶的是,有如此多的年轻人渴望让法律发挥作用。这些年轻人偏好进入政府工作,这些年轻人担心自己成为一个发不义之财的人。例如,今年在我们学院,学生们自发地聚集起来,计划进行有组织的研究,律师在保留其公民和人的身份的同时能够做什么,以及律师如何开展他的工作,使其更像是人的工作、公民的工作(我猜他们的报告会刺痛他们学院的教师)。

我们没有义务去引发和引导这样的理想吗?我的意思不是开设一门课程来教授法律伦理,我指的是使每一门课程(除了其他内容以外)都应该包括这样的内容,即相应法律部门在社会中的作用到底是什么,以及其作用发挥得怎么样。

为了避免误解,让我再强调一下。我认为,一个律师的首要工作是成为一名律师。我认为,我们必须教会他的首要事务是获得一个稳定的法律职位。没有技术的理想是一团乱麻。

但是没有理想的技术则是一个威胁。学生必须运用经过训练的手和头脑来实事求是。如前所述,他必须能够与狼战斗。但是这就够了吗?我还要说,他必须想要去拔下狼皮。鼓励这种愿望是一所法学院的任务。并且,如果这个人(像许多人愿意的那样)进入立法和行政机关,那么法学院需要提供给他的是:首先,一个能够获得工作的体面的事实根据;其次,理解社会事实中的需求;再次,获得这些职位的兴趣;最后,判断这些职位的分量以及它们对于人民的意义所必需的技术。技术和兴趣不仅与“法律”有关,也关乎“事实”和“政策”。在民事案件中,那些在实践中发挥作用的、具有至关重要的社会意义的事实往往悄悄地发挥作用。

法学院的这项任务并不止步于此。以上我谈到了学生的整体自我。从律师与客户、证人、陪审团、法官打交道的角度来看,以及从一个律师在四十几岁后为了自己或孩子的生计而奔波的角度来看(直到四十几岁,有时甚至是五十几岁,他才能够依照某种形式从事艰难的工作并且通过完成它取得成功),该整体自我值得注意。

但是正如在许多事情上那样,我们的法学院在完成此种任务时离不开这样一种外源性文化,即该文化萌发自家庭或者大学,在某种程度上被自动地重新引入法律教育体系,并与我们所教授的东西和谐地组合在一起。现在的情况是,首先,这个文化一般没有萌发。其次,我们已有的教育方法是尽可能地扼杀它。“让他像律师一样思考!”把文化挡在门外! 如果在使一个学生像律师一样思考之后,我们真的重新引入这个文化,这当然是好的,但我们做到了吗?

确实,法学院越是“积极进取”,留给学生用于阅读案例、研究案例附录以外的事情的时间就越少,法学院要求学生的眼睛仅盯着法律。我认为(并且希望),得到“C”以上成绩的学生,每周学习55小时以上才能通过哥伦比亚大学的能力测试。作为一个全职工作的检测手段,这是好的。但是此种学习自身如何呢? 规则(总是规则)或者判决最受关注(然而律师在进行观点概述时,有时候也需要顾忌创意、诗意与文风)。很清楚地,法律上人为的去人文化思考体现了一种政策作风,但是应该体现多少呢? (然而,有时候审判或上诉也需要“氛围”以及对立法机关本可以规定什么的关注)。在立法过程中,需要关注“议题”(然而有时候生活也会要求我们理解人类的冲突以及人类冲突的戏剧情节)。有的小伙子对他没有时间练钢琴感到遗憾,有的小伙子非常想比较米莱与麦克利什,第三个对这些都不了解,不理解他们在说什么。

我们需要做的是以某种形式整合人文、艺术与法律。需要做的不仅仅是添加,而是整合。现实中确实有一些试图进行整合的例子。尽管此处不太适合讨论整合的方法,但讨论方法或许有助于澄清目标。下面我引述一些例子。

这里有六张科年科夫制作的霍尔姆斯的半身像的照片(这个半身像现存于哥伦比亚大学和哈佛大学)。这也有六张匿名作者雕刻的班贝格的玛丽亚、瑙姆堡的乌塔以及其他现代名人的雕像的照片。艺术家以悲剧性的热情雕刻了他心目中的玛丽亚。他爱她,他选择她作为他的玛丽的模板。他没有看见或了解,但是他记录了,她是贪婪的、苛刻的、奸诈的以及可爱的,对于乌塔也是如此。这是如此不现实,以至于正脸是优雅的,侧脸却是恶毒的和泼妇般的。这些照片被发给了一群法科学生,让他们讨论光线和角度所导致的区别,对雕像的整体印象,以及尽管所有照片都是真的,但是论题选择对评论的影响。通过回答下述问题:看起来简单的案件记录如何能够因颜色的亮度以及观察者的经验而改变,一个教师每一次分析案例时如何会看到新的信息以及新的形式;或者如果一个人在契约案件、弃权案件、上诉案件以及售卖案件中持续地解读某个意见,如何会使这个单一意见变得丰满起来;或者法官如何像艺术家一样,在用手指肯定某些事实时,内心却否定那些事实。一个人便很容易知道,雕像和案件已经获得了新的意义以及新的关系。即便是胜利女神的画像也不例外!

对于一个没有时间练习音乐、发现他的法律专业对钢琴有敌意的学生而言,他会看到,教师在一本案例书的一章中或者一个律师在一个观点概述中是如何尽力模仿巴赫的赋格曲,以及法律阐释工作在方式上是如何类似于音乐。

有人企图研究如何说服这样一类学生,即他们试图回到他们的大学课本中寻找文风,回到他们的案情中寻找论据并说服他人,回到小说(《布兹福兹中士》的开头)以及生活中寻找人性的钥匙。

此类例子有很多,但是我们需要更多的例子。“完整的生活”(a full life)这个目标(尽管我们努力扼杀它)如同沙漠里的植物一样顽强。我们不能让法律抑制一个人学习如何过完整的生活,也不能让法律将其与艺术在实践中提供给他的东西相分离。我们必须找回旧时律师的圣经与莎士比亚，或者为其提供一个替代品。但尤其是，当学生成为律师之后，法律必须让它的学生从生活中、从富裕的生活中分离出来。那些如同刻板的解剖刀一般的教授在酿造悲剧……

我前面说了，不仅学生，还有时间，在挤压着我们的快餐车烹饪式的舒适。但是二者有一点不同。学生能够因为某些因素受到控制，如苦行训练、教师的权威、他们自己的无知以及他们的服从习惯，时间却不受控制。确实，迄今为止我们以一种部分改革旧传统的方式所拥有的东西是时间的直接产物。那些更新的倾向于依照现代问题重新设计规则的改革，全然依赖于发现这样一个事实，即一些法律人不再依照过时的法律程式所预设的套路行事。例如，尽管所有人都在说"没有无过错的责任"，很多责任已经依照关于风险分配的理想出现了。尽管所有人都在说"承诺仅限于要约陈述的事项"，在要约陈述的事项被履行之前，一些要约人却陷入两难境地。当这样的案子出现在法庭上时，为办公室里的律师制造了较大压力，在法庭与律师的办公室之外，此种压力尤其明显。

在 20 世纪 20 年代中期，出现了新的课程、新的案例书以及新的课程设置，时间显示了它们对法学院的借以进行抵抗的外壳的冲击力。在过去的几年里，这个力量进一步增长。当汉德勒以国民产业复兴法案为核心重新设计贸易规制课程时，那或许仅是一个令人愉悦的工业以及外部刺激产生影响的标志。麦克劳林尽管把国民产业复兴法案视为"笑话，悲剧，注定流产和诈骗"，却依照传统方式让学生用一个学期来学习它，这真的使我们看到时间在施加压力。

简言之，看起来"学生"和"时间"或许仍会让法学院的教学发生改变。如果情况如此，我们必须重新找到发展方向，我们已经讨论过一些发展方向。但是实现它们的方法是什么呢？

方法：辩护与借口

前面这种关于法律教育的目标的讨论，会遇到一些借口。其套路是熟悉的,正如哈姆雷特的独白。

(1)当然,教育的崇高理想是可爱的,每一人都爱它们。

(2)但是,我们受到时间、学生素质以及教师素质的限制和阻碍。

(3)因此我们应该把属于初级教育的事情交给初级教育。

(4)把属于实践的事情交给实践。

(5)我们自己的课程设置是充分的,我们的教学也没问题。

(6)……我们保持原样(证明完毕)。

对于此类借口,我先简要评论一下,后文将进行更为详细的讨论。

(1)“有必要”当然不意味着一定会有相应的发明。一个人如果并不想为必要之事付出努力,就不会取得成效。但态度不积极从来不会使你抱得美人归。

(2)即使基于我们现有的知识,现有的课程设置也明显是在浪费时间。对于一个“快”学生而言,纯粹的案例教学法(与当初教师们发明它的时候一样好)在一年的时间里便完成了它的使命。甚至对于一个“慢”学生,如果“慢”学生在第二年的时候能够得到明确的、针对他的需求的指导,案例教学法在两年的时间里便完成了它的使命。第二年的教学在实践中两头落空:既不能让“快”学生保持兴趣,也不能让“慢”学生跟上。此种组合是在浪费时间、是自相矛盾。《法律评论》作为一个权宜之计,为一些学生提供了一点帮助,但它仅为一些学生提供了一点帮助。甚至对于“慢”学生,一年的时间足以用来尝试不同的事情,某些在技术上不同于纯粹分析的事情。

(3)我们的教师在教学时浪费时间,并且对此很满意。他们并不试图总结经验,每一个人都认为自己是正确的。尽管这样,老教师们并不试图纠正那些占据法学院教师很大比例的年轻人的错误。除了自己的传统教育方法以外,没人在意教育方法。进而,我们教师极为自负地将所有失败都归到学生身上。这可能意味着一些学生的潜能在未经开发之前就夭折了、被埋葬了。我们会在那种通过考试来甄别学生的法学院中看到这个可能性的范围,在接受考察的学生中,有20%的不及格的学生是有缺陷的教学所导致的。然而,我不知道还有比这更好的法学院。

(4)一些现有的关于重组教学材料的实验,已经明确地证明了它们的价值,它们有助于在更少的时间里获得更多的成效。例如,鲍威尔缩写了遗嘱、信托、期待利益方面的书,每一个这样的实验都为进一步的实验留下了空间。

(5)几乎没有人考虑过这样一种在实践中一定会发生的事实,即许多"C"学生如果得到更为个别化的关注,他们会更快地用一年时间掌握案例分析的本领。人们也没考虑过,在第二年通过特殊的课程设计来帮助"慢"学生学习案例分析。

(6)当案例分析技能已经被学生学会的时候,几乎没人想过在进阶课程中使用教科书、讲义以及案例书的附录来完成"信息掌握"部分。而这样做会为学生使用教学材料进行的真正工作留出时间,学生检测他的案例解析工作时,不是以第一年的风格、以广为人知的每小时十五页的方式进行交叉询问,而是针对他在起草、论证或建议中对案例的使用情况进行交叉询问。

以上所展示的,不是无关痛痒的事情,而是我们面临的挑战。我们确实有需要改进的地方,所有征兆都在说,我们有改进的余地。我们不是在改进,而是坐着不动,这是一个需要处理的大麻烦。

方法:律师做什么

为了训练学生,我们必须知道我们为了什么而训练。正如下面将要展示的,即使就我们现有的知识而言,也有许多可作为我们的训练目标的东西。但是为了稳妥起见或者为了获得新的视角,我们必须考察一下律师行业。

我们能够发现律师到底在做什么吗?目前已经有三次相关研究活动。纽约郡律师协会开始对此进行公开讨论。盖瑞森对于威斯康辛的律师行业主持进行了一个启发性的、非常谨慎的、深思熟虑的研究。该调查的内容是,谁在从业、在哪里从业、以何种收入从业、以何种学术文凭从业。它也研究了,在多大程度上以及在哪些方面律师存在过度竞争。伊利诺伊州律师协会也着手研究律师正在做什么:他们的工作量、专业化程度以及业务类型。在普通的或高度专业化的实践之中,不同的工作类型对律师的专业能力有何要求。律师的收费情况如何。除了最后一个问题,所有问题都不容易切实地探究出结果。但是仅仅此种研究的出现,便是一个让人欣慰的标志。

除了上述问题外,关于律师行业还有哪些需要做的事情,在法律援助协会那里以及针对公众或者志愿辩护人的研究那里,我们很少得到确切的信息。

关于我们的毕业生的从业情况,我们没有清楚的信息。校友登记人能够对此提供某种帮助。

关于已经出现在这样一些事务上的费用降低与标准化,如租赁、租赁咨询、简单遗嘱,我们能做的不过是猜测。

总体而论,这个领域对于调研来讲看起来是开放的。律师对于我们的生活是重要的,我们缺少的东西是想象、创意以及兴趣。大体上方法仍有待形成,工作仍有待去做。但是相关需求很迫切。关于法律职业的课程主要讨论书本,而它们的内容几乎全靠猜测,或者着眼于警示或预测。然而我们需要证明事实。我们需要证明这样一些信息,即我们凭个人经验将其确认为事实的东西是否具有典型性。例如,这已经被驳斥了:“为什么在法学院里要担忧学徒制呢?学生已经受到此种训练了!”但是有多少学生受过此种训练呢?从哪里得到训练?何种条件有利于学习?你知道吗?有人知道吗?

就个人而论,我怀疑,当我们确实发现了经过法律训练的人正在做什么之后,我们会发现,我们的训练目标包括很多来自旧式的和新式的教学的东西。但是除了二者外,还有其他训练目标。因此,我们要么扩张课程设置(看起来不可行),要么在其中加入新的经济学内容。

方法：社会事实的背景

新的经济学内容与引入社会事实和政策的背景直接相关。但不幸的是，人们对此经常有很大的误解。

(1)有一种观点认为，在教学中引入事实背景意味着按照它们的原貌引入，即以囫囵吞枣式的方式提取、重印或者援引社会科学的研究。只有在少数案件中才有必要这样做。

在为数非常稀少的案件中才可以这样做。因为社会科学家在收集他们的数据时，并不是为了供我们使用，而是供自己使用。他们是从他们感兴趣的那些问题的角度收集相关数据。不论相关数据收集得多么好、多么妥当、多么彻底以及多么具有启发性，社会科学家的工作与我们律师的工作仅在一个单一的点上相交叉。通过解析这两类工作，找到它们的交叉点，揭示案件的事实背景，这通常是法学教师的工作。这样做会使得编制案例书的教师的工作量增加3倍。他需要收集大量的素材，以摘要的形式从交叉点中提取他解读出来的信息。这会花费编辑者的时间，它属于编辑者的教育工作的范畴，它不会使学生的负担或者课程总数超量。

(2)有一种观点认为，将社会事实作为法律课程材料加入法律教育中，这会使学生的学习更为困难、耗时更多。

这完全是胡说。事实是，法律规则自身几乎没有什么意义。它们是语词公式，部分传递了人们希望的发展方向和理想。但是它们对于法律学生来讲是空洞的。一个出色的学生最近告诉我，他在学习债券课程的时候很开心，在学习中他使用了一些代数技巧。然而这个学生从来没有看过一个债券（我在学习债券课程时曾经有类似的快乐）。他并不怎么了解境外交易，贸易承认运动，承诺在英国的中期债券中的使用，债券与票据在功能和使用上的差别，然而他能够带着真正的激情摆弄关于债券的规则。我记得我在高中的时候经常用“$\frac{\sin a}{\cos a}$”替换“$\tan a$”，以此来成功地得到答案,在此过程中我并没有画一个直角三角形,边与对角线的关系,正弦曲线,正切曲线,也不需要考虑这些事情的意义。那很好玩,却是无用的。

此类操作在审美上、有时在实践中具有价值,但就其自身而言则是坏的。在一个审判中,它用帕克法官喜爱的“强势判决”威胁我们。在一个辩护中,它带来不充分的论证,无视审判人员的朴素的感觉。但是更糟的是,(一个出色的学生会以妥当的方式学会他需要知道的其他事情)它导致“慢”学生在三年时间里迷茫地摸索,无所适从。那些“慢”学生,那些思维更为具体的学生,甚至从学习中感觉不到好玩。

如果将规则放在它的社会背景中,放在人们如何做事情的语境中,放在规则给人们带来改变的语境中,这可以让学生形象地理解一个规则。它使得规则更为形象、生动,它有助于学生进步,更有助于学生记忆。这样被看到的规则不仅仅更有意义,它们也更容易被学习。当你这样来教授规则的时候,你可以节省时间。你也对这个规则的人文内容进行了反思,你使得对规则的批判变得不可避免,因为人文内容一旦被引入规则中,将不会被否定。

让我举一个例子。(a)如果没有对价,没有简式契约是有效的。(b)任何对接受允诺的一方造成损害的交易,并且仅是此种交易,是充分的对价。我认为这些是规则,确切来讲,它们是通行的程式。

现在在其中放入一些来自生活的例子。(a)一个工人被过失伤害,并且担心丢掉工作、付不起租金和买不起食物。保险理赔员让相关律师介入,工人签署了一个以“1 美元以及重新得到雇用”为对价的弃权声明。然后他得到了钱和为期一周的雇用。(b)一个外汇经纪人给另一个经纪人一个五分钟内有效的“实盘”,四分钟后撤回。二人都任职于外汇交易所。(c)一个啤酒酿造商答应他的女儿,在她与之前已经与其订婚的意大利伯爵结婚后,每年付给她一笔钱。第二天他们结婚了。几年以后,不是该女儿或者伯爵,而是一个已经克扣了他们的年金的放款人提起了诉讼。(d)某家庭的一个世交向新生儿的父亲允诺,如果新生儿随他的姓,他就付给新生儿 10,000 美元。(e)一个声誉卓著的汽车生产商任命了一个负责奇奥库克地区的代理人，这个代理人同意了十七件事情，但该生产商一件也没有同意。该代理人用 10,000 美元已经买断了他的前任的合同。这五个案件都是关于交易的。这五个案件对“此种”规则的意义有何影响？尽管存在此种规则，法庭在利用事实得到合适的结果时，“此种”事实受到什么影响？我认为，这些“影响”不仅赋予规则以意义，还使它们容易被理解。此外，真正理解在这样的案件中被类型化的社会背景，对于形成政策判断同样有价值。

理解规则的社会背景的最终结果是：更有成效，即付出更小的努力，惠及更多的人。

(3)第三个观点是，用“非法律”的材料取代研读课本，这会挤占学习“必要的”“法律的”素材的空间。这个观点很有说服力，但我认为它是荒谬的。

对于这个观点，除了已经说过的“节省时间”以外，还有一些反对理由。

(a)总体上看，我们的课程设置(以及必然)反映的“法律”意义上的法并不多，如果我们使用新的教学方法，只需要改变总课程的 20% 或者 30% 左右的内容。

(b)通过添附新内容大幅度扩充现有课程、而不是对已有课程内容进行有意义的重新遴选，这样一种做法是三个因素的结合体：其一，在课程总体设计上盲目，其二，对课程内容的幻想，其三，照顾教师的既得利益。

(c)在教科书中，着眼于案件整体，对其进行摘编和缩写，这比过去的教学方法能够节省更多的空间。缩写有一定风险，但是从长期来看，我们都以某种方式在这样做。我认为如果认真做的话，这样做比仅仅摘录案件内容更好。我认为，现有的案例书仍过于忽略一个缩写的案例的讨论价值。

(d)最后，必须要说的是，离开了背景材料，任何案例都无法被分析。真正的理解，哪怕少一点，也要优于更多的不理解。

就我个人而言，如果使用“标准的”案例书讲解关于售卖的规则、法案等问题,我每周要花费四个小时的时间,并且教学效果很差。而如果使用提供了规则的社会背景的案例书,我每周只需要用三个小时就可以使学生理解相关法案、案例以及二者的商业意义。这或许只是证明了我个人缺少使用标准案例书的能力,但它也确实证明了,增加学习领域并不会挤占总课时。米歇尔已经在他的证据学课程中增加了逻辑训练内容,他教授证据法像以前一样有成效,只需要多用一点点时间,并且多出来的这部分时间正在减少。

方法:关于社会背景的结论

结果似乎是,在我们有限的教学时间内,我们要么逐个课程地整合社会经济事实和政策的背景,要么无法完成我们的工作。大约在1910年,有一种声音认为,应该增加一年教学时间来开设《法律史》《法哲学》《法理学》《比较法》。我很高兴学生们拒绝这个建议。仅增加一年教学时间,这样的做法几乎是外源性的,如同来自大学阶段的经济学一样,在法学院的冰箱里被冻结成无害的。学生们对四年制的蓄意破坏已经产生了这样的效果,即它唤醒法学教师完成将(社会的或哲学的)背景整合进每一门课程这个工作。如果耶鲁法学院(而非哈佛商学院)设计的新的四年制课程在试行几年之后,改成一个新的并且更好的三年制,我将会非常惊讶。

这样做当然会给教师带来麻烦。他知道他的传统教学技术,将其作为自己的工作中心予以珍视,他不了解其他技术。即便假设他学着去掌握社会科学或者社会科学的事实性材料,但将其与法学融合为一个整体,这对他仍然是一个艰巨的任务。在完成了这个任务后,还有进一步的工作要做,即依照材料与课程的相关度予以提炼和缩写,这更是一个艰巨的任务。尽管如此,这仍然是一个需要马上着手完成的任务。

对于火星来客来讲,不太容易理解的是,为什么法律教育通过开设课程或者课堂教学的方式来进行。美国的学生很难构想,如何在课堂教学之外获得知识。作为人之常情,当大班中的学生发现只有3%的概率被提问的时候,他们就很难去努力学习。学生们从实用性的角度考虑,喜欢直接针对律师考试的课程。但是,为了全体学生来抵制此种群体心理动因,我们又做了多少工作呢?

方法:对法律的批评

“我的兄弟格雷已经教会你们法律通常是什么;我的兄弟阿莫斯已经教会你们法律应当是什么;请你们包涵,我想要关注一下法律是什么。”没有改革者会质疑此种目标,一所法学院的首要任务仍然是培养尽可能多的律师。不吃饭的历史学家无法持续从事理解历史的工作,不吃饭的改革者也无法持续推进改革。

反思批评不仅是理解和改革的实质,也是实践的实质。只有从成效的角度才可能进行理智的批评。我们必须依照“所作所为”来度量规则:法律人的所作所为,以及这样的所作所为对法律人的效果。孤立的闪电做不了这个工作。日复一日,周复一周,我们必须提供和探索规则的背景,规则的背景不是附带地被提供、被探索,而应被视为被研究的规则材料的一个不可避免的组成部分。我们需要分辨,哪些背景关乎理解规则,哪些背景关乎规则的实践利用,以及哪些背景关乎对规则的反思批判。

社会科学家对律师进行了一个有趣的评论。他们说,“在那个律师们引以为傲的严格的学科中,律师们开心地基于纯粹语词开展作业。在语词技术方面,或者在具体案件的事实方面,律师是让人钦佩的。但是当涉及更为宽广的社会事实时,在它们的社会意义上,律师是没有帮助的、幼稚的。他们开始胡说,就像记者对妇女俱乐部、政治家在银行家的会议上胡说一样”。这个批评是中肯的。例如,有什么事情比“纯粹的”律师在对待统计学时表现出的天真更可悲吗?比如说,他们对于犯罪的相关问题的统计,或者关于律师行业的过度竞争的统计?不过,我认为最近这种局面有所改观,许多学校设置了关于国家复兴总署这样的论题的讨论课,法科学生能够学习如何处理大量的社会和经济事实,他们在法学院中就能够学到这个,他们只需要通过少量地增加总课时就能够学会它。我说的这种现象不是通过《法律评论》中的评注所表现出来的那些,它或许仅显示了被选定的极少数人的能力。我指的是那些"C"学生的学习状况,他们的境况有所改变,有了新机遇。

很明显的是,由个人来调研社会事实或者由个人撰写相关著述,这在常规的法律课程设置中是一个偶然的现象。它实质上属于学院全体教师的工作,这需要他们逐个课程、逐个案件地收集整理相关材料,这会使人们明白,关于"更好的规则"的判断所依赖的不是无知和自负。我的经验是,"更好的规则"几乎不是任何一个规则,而是近乎两个规则的这样一种智识综合,即立基于每一个规则部分地满足的需求基础之上。

方法:分析之外的技术

在目前情况下,一个法学学士学位告诉我们:它的拥有者受过一定的训练,能够从判决中辨识出法官的附带意见,对少量法律规则有一定了解(还没有完全遗忘),并且不会在考试中完全说错。

它没有告诉我们的是:它的拥有者能够使用法律图书馆,或者找到一个恰当的案例;能够用语言概括一个要点,至少能够发现一个需要概括的要点;有能力设计一个经验法则来规避一条法律规则,或者已经设计出了有用的经验法则;能够辩护或审理一个案件,或者甚至提起一项诉讼。

这些事情中有一些是学校教不了的,但其中没有一个是法学院可以忽视的。

使用法律图书馆是一件能够被教授的事情,《法律评论》的成员学会了这个,模拟法庭给予许多人更多的帮助。学期论文已经证明了它在使此种学习更为普遍上的价值,为了实现此种价值,"C"学生必须分别在第二年和第三年完成两篇学期论文,此种强制性的学期论文制度应该被引入每一所法学院。

法律写作是一件更难掌握的工作,它不容易学。背景知识是很难传授的,但理智的写作必须依赖于背景知识。兴趣很难被唤醒,但只有兴趣才能使学生坚持不断地进行修改,从而提高写作技能。然而,关于培养学生的写作能力,教师可以做一些事情。在每一门课程中,都会出现一些被教师讨厌的规则,他的任务是提供使他的憎恶足够可信的事实。为什么不能将其替换为讨论制定法或者草拟契约方面的问题呢?为什么不能用一个小时来检查学生的写作情况呢?让我直截了当地说,第一次进行此种尝试意味着一场混乱。一个班级中至多有七个学生会真的去思考,剩下的都是在胡说。并且在讨论时,一个班级 90% 的学生既不思考也不反思,只是无精打采地记录下讨论结果。但是第三次、第四次、第五次尝试,如果得到适当的支持,将不会导致混乱。一个法律班级的 3/4 的学生都将体会到用恰当的语词来表达相关情境的审美之乐,他们定下基调,另外 1/4 的学生则被他们带动。我主张,法律写作是每一门法律课程的组成部分。

除了程序问题以外的所有法律领域中的法律咨询,也是法律课程的组成部分。总有这样的问题:"着眼于这个判决,你会建议输掉的那个人下一次应该做什么?"我没有耐心处理一个老式的反驳,即学生对相关信息了解得太少。如果他做不到,他就不能理解这个判决。如果他做不到,他就不知道这个规则。一个有能力的教师在判决和规则的教学中,需要为学生交代足够的事实背景,从而为相关的法律咨询问题提供一定基础。从教师的视角来看,如果学生为"应该做什么"问题提供了一个糟糕的答案,这意味着他完全没有掌握相关背景。仅就此而论,咨询性问题的学习应该被变成强制性的。

在"现代"法律材料书中的表格使用方面,坎贝尔早在 1925 年他的抵押课程中使用了关于公司抵押的表格。它被放在书的最后,没有相关解释,毫不起眼。即使在 1930 年,我把表格也放在材料书的最后,表格以及它们的注解都没有引起关注。汉娜、道格拉斯以及伯尔在正文的相关内容处插入表格,但这些表格并没有发挥它们的价值,即有助于教学、有助于评议材料以及有助于解决问题。尽管传统仍然束缚了人们的想象力,新的模式已初显端倪。

当我们来到法庭工作,欧洲模式提供了希望。我们要承认,实践法庭只有在那些知名教师手中才获得成功。我们要承认,多数教师很难克服氛围的人为性。那又怎么样呢?实际的情况是,法学院不应该从生活中抽离出来。在满足下述条件下,"亲眼看见一件事"为"在书本中了解一件事"赋予了新的意义、提供了新的视角。即在每年的每个学期中,每周拨出一个下午的时间,不用上其他课,让学生在教师的指导下参观不同的法庭;教师对于学生针对被观察到的东西的书面反思进行评论和批评;邀请相关律师来解释他们自己关于他们的策略的观点。

法学院或许可以在经过周密考虑后着手实施一个间歇进行的学徒制度。如果要求学生在第一个或者第二个夏天去某种法律岗位进行锻炼,有一半的学生能够负担得起交通费和午餐费。有足够的律师会愿意接受别人给他们打下手。确实,可以说服他们为了跟他的学生去展开一个要点,并使其工作变得周延。但是由谁来说服他们呢?与弗兰克不同,我不认为应该用实践或诊所教学来代替理论教学。但是我完全相信,补充实践教学会使理论教学变得鲜活、真实起来。

我看不到法学院不应该有意识地给自己安排这样的工作的理由,即计划和控制一个"后学院"学徒制。并且直到学生完成了该学徒制学习之后,才授予其学位。

1919年,威格莫尔受到军队教学法的启发,为法科学生确立了一种"任务分析"教学法。这样做的目的是,把每一个律师业务设计成一个任务,它会彻底检验或者教授每一个人必要的技能,然后让每一个学生完成每一个任务。这个方法是摆在我们面前的最珍贵的宝石之一。

方法:极端的与保守的

前文说过,对于案例教学法所训练的分析技术,"快"学生在一年内就能掌握,其他学生在两年内也可以掌握。人们早就知道,在提供信息方面,纯粹的案例教学法近似于纯粹的浪费时间。对此还需要补充一个进一步的观察结论:除了两个教师以外,每一个出色地运用案例教学法的教师都是这样来组织其出色的教学的,即限缩其教授范围,仅讨论那些“法律”意义上的法律。不断地、前后一致地运用案例教学法来教授“法律”型法律,如果不超过三次,这对学生是很好的训练,四次就太多了。

另外,改革者仅证明了很少的有价值的改革措施,几乎所有人都是半途而废。他们中的某一个人在某处获得某种好的、有用的东西,但那仍然是他自己的。他们在如此多的学院中、在如此多的不同方向上进行改革,但彼此很少有接触,以至于他们的共性仅在于,他们都招致了反感。然而引入案例教学这场战斗的持续时间以及强度自身,证明了法律教师的惰性。我们需要的不只是发明,还有引入。那么我们需要的不仅是创造,还有传送,以及用于传送的“机器”。我徒劳地四顾,试图找到某种现代的教学传送技术来补充我所知道的这个多中心但是有限的传统。

方法:迈向一种教学理论

简言之,我们的教学同时包含了正统的要素和怪异的要素,二者都被做过头了。我认为,这是因为我们没有动脑筋。关于法律和法官,我们已经进行了思考。关于律师,我们开始进行思考。关于我们自己的教学方案,我们没有进行思考。每一个人都是自顾自地开展教学活动,就好像教师都是与生俱来的,不是被培训出来的。

现在我总结一下我观察到的东西。我发现,在我的记忆中只有一个天生的教师。其余都是被培训出来的,除了少数人以外,所有人都是慢慢将自己训练为教师。大多数人从他们的老师那里借了某些东西,通过试错继续开展教学,学生们为此付费(这就好像几年以后客户为了这样一件事情付费,即把我们大胆地投入市场的那些“伪劣产品”转变为律师)。

需要承认,只有生而为艺术家的人才有真正的技巧可言。尽管如此,我们不能加速这项工作吗?我们承认我们能够做到。我们设计出教科书,使一个人的经验部分地适用于许多其他人。但是关于教学方法,我们回避交流与分析。这明显是过于白痴的行径。在潜在的改革者积累足够的知识和经验,并带着移情式反思揣摩彼此的教学技术之前,他们仍然会去吹自己的泡泡,然后吹破它,声音或许很大,但是没有成效。如果学院之间每年交换教师一次,那会有所帮助。这样做会更有帮助,即学院面向全体教师开设教学方面的讨论班:“谁是我最好的教师,为什么?”“我最初的教学理论是什么,为什么我必须改变它?”以及对三年级学生进行调查:分别让一个“C”学生、一个“B”学生以及一个“A”学生回答这样的问题,即他们喜欢哪个老师、不喜欢哪个老师,以及为什么。诸如此类。然后进行分析和综合,我们既会看到真正的教学技术,也会看到哗众取宠式教学。

方法:个别化

手持案例书、做着不甚地道的苏格拉底式独白,我们已经在我们的传送带旁边舒服得快睡着了。学生们也已经舒适得快睡着了,他们感觉到法学院很容易读。现在是时候改变这个批量式生产体制了。

我们如何教学呢?我们在课堂上抛接着杂耍球。我们中那些更有能耐的人能够抛接桌子、刀以及圆顶礼帽。上课被认为是通过观看来学习。法律知识几乎成为一种简单的抛接杂耍,“快”学生学会它,“慢”学生部分学会它,或者完全学不会。

但是这些“慢”学生是问题的关键所在。“慢”学生占据了毕业生的大部分,如果他们无法仅仅通过观看来学会抛接杂耍球,我们就需要做更多的工作。首先,因为我们现在浪费他们的时间以及我们自己的时间。其次,因为没有基础,就没有稳固的建筑。经验显示,个别化的关注是有帮助的。经验显示,那些需要个别化关注的学生中有 3/4 不会自己学会法律技术。经验显示,在对那些仍然没能学会技巧的一年级学生给予个别化关注时,一个被唤醒的三年级课堂比一群教师更有价值。所有这些可能性会因为仅仅缺少组织协调而被冲入下水道吗?在一所法学院中,最好的法律训练存在于哪个教学环节?我们都知道:在《法律评论》那里,以及在学生那里。

结　论

即使在最好的法学院中,法律教育也是如此不充分、浪费时间、盲目且令人不快,以至于人们付出了 20 年的不懈努力,但仅使得它部分实现其使命。

看起来没有不开始改革的理由。我们该从何处着手呢?招生是其中一个。教授负责招生工作。教授还需要整理相关事实背景知识,在课程教学中使用它们,以此来引发学生对政策研究的兴趣,使一个规则有意义,使一个法律咨询问题具体化,使一个批判性评价有的放矢。律师是辅助教学和实施学徒制的重要力量,但 70 年来该力量没有得到利用。

作为不同于单个教授的法学院全体教师,需要讨论一下为了什么而训练学生,以此来指引他们的教学活动。除此之外,他们还有很多需要做的事情,特别是需要拓展和丰富教学技术。受到有缺陷的训练的学生来到我们面前,但这不是我们为这些法盲授予法学学士学位的借口。适当地限制纯粹案例教学法,适当地区分“快”学生与“慢”学生,适当地进行个别化指导,这些都是可以着手实施的改革措施。在教学中加入足够的事实材料,这会加速、而不是减慢教学进程。

以上这些让人想到了《天路历程》这部小说,但我们很难判断,我们唱的这出戏究竟是《绝望的深渊》还是《名利场》。

On the Dilemma and Way Out of Legal Education

Karl N. Llewellyn (*author*) *Yu Baihua*
Wang shurui (*translator*)

Abstract: Legal education in American law schools generally faces a double dilemma: blindness in educational objectives and poverty in educational methods. The way out of this dilemma lies in, on the one hand, systematically and thoroughly researching the actual working conditions and professional needs of legal professionals, so as to clarify the goal of legal education. On the other hand, we need to strengthen the teaching methods of law schools, such as apprenticeship training, writing skills training, humanities and social sciences training, and individualized teaching (teaching students in accordance with their aptitude) and other educational methods, so as to cultivate more qualified legal talent that meet the needs of society. In addition, law schools need to continue to improve the theoretical and pedagogical skills of its faculty by offering training courses.

Key Words: apprenticeship training; writing skills training; social science knowledge training; practical training; individualized training

新加坡的法律职业立法与法学教育

赵西巨*

摘　要：新加坡的法律职业发展和法学教育历史并不长，但发展成效令人瞩目。这部分得益于其细致入微的法律职业立法和通力合作的法律共同体和机构。新加坡法学院提供的高规格的法学教育培养了律师资格考试的"适格人"，走出法学院的法学毕业生须历经实训课程学习、考试、实习培训方可取得律师资格。新加坡改革后的法律职业图景将由"法学教育—适格人—考试—实习培训—执业律师"这一线性结构转换为"法学教育—适格人—考试—取得律师资格—实习培训后以执业律师执业或从事其他替代性法律职业"这一法律职业路径多元化格局。新加坡法学教育和法律职业的精英化、多元化、职业化、国际化和动态化令人印象深刻。

关键词：法律职业　立法　法学教育　新加坡

---

* 赵西巨，山东中医药大学法学教授，新西兰奥塔哥大学法学博士。研究方向：民商法、医事法。

一、历史追溯

(一)法律职业史

新加坡的法律职业发展和法学教育历史①并不长。新加坡的法律职业发展史经历了英属东印度公司年代法律代理人(law agents)或"准律师"(semi-lawyers)盛行的时期和律师教育和培训日趋正规化、法律职业逐渐"新加坡化"(Singaporeanisation)的时期。

从1819年现代意义上的新加坡创立到1826年《司法第二宪章》(Second Charter of Justice)颁布这一段时间,新加坡并没有处于法律与秩序的统治之下。法律服务很大程度上是由法律代理人提供的。法律代理人并不需要任何正式的法学学历学位,他们主要是兼职,大多来自商人阶层。

新加坡法律服务职业化的努力始于1852年。1855年颁布的《司法第三宪章》(Third Charter of Justice)促进了海峡殖民地和最高司法法院(Supreme Court of Judicature)的成立(1867年)。尽管法律代理人得以保留,但是来自英国的职业学历学位资格得到了认可。1873年的《法院条例》(Courts Ordinance)将可准入人员限定在了具有英国律师身份的人或通过地方考试的人,从而结束了"业余律师"的历史。经由1878年第三号条例(Ordinance No Ⅲ of 1878),律师开始被称为"advocates and solicitors",这一称谓沿用至今。随着律师行业的职业化,获得法学学位学历的亚洲人开始步入法律职业。1893年,第一位华人律师在新加坡出现。一些早期的律师事务所,包括亚洲人律师事务所,也开始出现。

"二战"以后,随着英国殖民时代的终结、新加坡民族主义的高涨和本土政党的形成,特别是伴随新加坡的独立,新加坡法律职业的本土化加速,律师在政治生活中也日益活跃。法学教育机构的新加坡化和本土

① 参见新加坡法律学会(The Singapore Academy of Law)网站相关内容,https://www.sal.org.sg/Resources-Tools/Legal-Heritage,最后访问日期:2022年7月24日。

化增强了法律教育在社会不同阶层中的可及性。在 1962 年之前,大部分律师来自社会上层,这主要与海外法学教育的高成本有关。本地法学教育和法学学位的诞生,给社会各个阶层提供了获得法学教育的机会。20 世纪七八十年代,新加坡经济的快速增长也促进了法律职业的发展。新加坡律师公会(Singapore Advocates and Solicitors Society)(后改名为 Law Society of Singapore)和法律教育委员会(Board of Legal Education)的相继成立为法律职业的继续教育提供了渠道。1988 年,以英国的"出庭律师公会"(Inns of Court)②为模式而构建起来的新加坡法律学会(Singapore Academy of Law)将执业律师、法律服务官、学者和法官聚合在了一起。

20 世纪 90 年代,对许多人来说,法律仍然是一个充满希望、大有可为的职业。一些不能在本土法学院获得教育机会的人转向境外攻读法学学位。律师在整个人口中的比例引起了人们的关注,并由此催生了 1993 年的法律职业修正案[Legal Profession (Amendment) Act 1993]和《法律职业(适格人)规则》[Legal Profession (Qualified Persons) Rules]。这些法律法规的立法目的是通过某些控制措施限制律师的数量。能获取新加坡律师资格的人士限制在了在新加坡国立大学或指定的 15 所英国大学获得法学学位的学生。1988 年《新加坡法律学会法案》(Singapore Academy of Law Act)引入了资深大律师或高级律师(senior counsel)这一称谓,以期强化法律服务的质量。

从 20 世纪 90 年代末期开始,新加坡的法律服务市场对外开放的步伐逐渐加大。全球化的发展、新加坡金融服务领域的增长和对争议解决需求的加大促使新加坡对法律服务业的严加管制出现松动。2000 年,新加坡法律职业法案得以修改。在要求在新加坡的所有外国律师和外国律师事务所都需要注册的同时,允许外国律师事务所以与本地律师事务所成立合资律师事务所(Joint Law Venture)的形式在新加坡提供法律

---

② 泛指各自治性的、自愿组合的非法人的出庭律师社团。其历史悠久,据悉至少可追溯至 13 世纪,是集法律职业训练、同业纪律惩戒与行业资格授予等功能于一体的行业公会式的组织。参见薛波主编:《元照英美法词典》,法律出版社 2003 年版,第 699 页。

服务。一些本土律师事务所和一些外国律师事务所,特别是那些专长于公司法和金融法的律师事务所,组成了合资律师事务所。随着有限责任形式引入法律服务领域,许多大型的律师事务所成为有限责任公司。2008 年,新加坡法律职业法案进一步为法律服务业松绑。法案允许建立“合格外国律师事务所”(Qualifying Foreign Law Practice, QFLP)。该类律师事务所实际上是在新加坡的外国律师事务所,但是法案允许其通过接纳新加坡律师为合伙人或成员的方式从事商事和公司领域的新加坡法律业务。2012 年通过的法律职业法案修正案允许外国律师事务所在本土律师事务所中持有股份。合格的外国庭审律师可以在本地法院出庭。这些改变既有助于打造一个能够为日益复杂的知识密集型商业环境提供尖端法律服务的有生机的、精致的法律市场,也为新加坡成为区域性法律枢纽助力。

(二)法学教育史

关于新加坡法学教育的历史,1957 年是一个“分水岭”。在 1957 年之前,若想入职新加坡本土律师行业,只有两条路可以走:或者在英国获得职业资格,或者在本土律所中争取学徒(articled clerkship)身份。新加坡并没有本土的法学院和法学学位。从 1953 年开始,在本地大学成立法学院的建议和努力就一直存在。1953 年,当时的马来亚大学(University of Malaya)校方同意了成立法学院的设想。1955 年,一份报告呈送给了马来亚大学并向社会公开。该报告建议成立一所能颁发法学学位的本土法学院。尽管公众倾向于建立本土可及的法学教育,但是当时的本土的律师资格委员会仍对英国的职业学位情有独钟,对本土法学教育表现消极。最终马来亚大学与当时的联邦和新加坡律师资格委员会(The Bar Councils of the Federation and Singapore)达成的意见是,在获得执业资格前,所有的人员,包括本土的 LLB(Bachelor of Laws)毕业生,都必须参加由律师资格委员会所组织的职业考试,并为本土律师做学徒一年。

1957 年 7 月,当时的联邦和新加坡律师资格委员会与马来亚大学达成了一致意见,同意本土的 LLB 学位与海外取得的相关法学学位具有同等价值,可以成为入职律师行业所要求的学位。1957 年 9 月,LLB 学位班在新加坡开班。1961 年 6 月,《律师(修改)草案》[The Advocates and Solicitors(Amendment) Bill]得以通过。该草案允许本土法学毕业生申请入职律师业。

一开始的法学教育机构是以"法学系"(Law Department)的身份出现在马来亚大学的新加坡校区。1959 年 11 月,其升格为"法学院"(Law Faculty)。1962 年,随着马来亚大学的分立,马来亚大学的新加坡校区重新命名为新加坡大学(University of Singapore),法学院成为新加坡大学的一分子。1980 年,一份议会法案将新加坡大学和南洋大学(Nanyang University)合并为新加坡国立大学(The National University of Singapore),法学院遂成为新加坡国立大学的一部分。

新加坡早期的法学生源并不理想。究其原因,一是对于来自非英语中等学校的学生来说,使用英语学习法律并不容易。二是基于文化上的偏见,法律这一西方概念对于来自中文中等学校的学生来说有些陌生。三是对于法学学位的职业上的认可也处于不确定状态。因此,新加坡早期的法学院教育采取的是自由入学政策,学生流失率高。不过,这一问题逐年消退,以至于现在 LLB 就读机会的获得已演变成了一个具有高度竞争性的过程。

新加坡早期法学院的课程设置偏重本土法律和自由教育或文雅教育(liberal education)。1966 年开启了职业化和专业化教育的转向。随着政治环境(如 1965 年新加坡从马来西亚独立出来)和经济环境的变化,新加坡法学教育更加注重对一个崭新的国家实体法(如商法)的教学。1981 年新加坡的一份课程评估报告也建议为法学生开设一些强制性的非法学课程,给学生一个"更广泛的教育",以适应毕业生步入公共服务和商业领域的需要。从 1995 年开始,新加坡法学院将同世界其他法学院的学生交流项目纳入课程设置,并注重参与国际性的模拟法庭竞赛,国际化程度日益增强。

2007 年,一份发展新加坡法律业委员会出具的报告(Report of the Committee to Develop the Singapore Legal Sector)建议成立一个专门的法

律教育机构。借由《法律职业法案》(Legal Profession Act),新加坡法律教育管理机构,即新加坡法律教育学会(Singapore Institute of Legal Education,SILE),得以成立。该机构于2011年5月3日开始运作。从此,新加坡的法律职业和法学教育发展开启了一个新的篇章。

二、法律职业立法框架

关于法律职业立法,新加坡制定了《法律职业法案》[Legal Profession Act 1966 (2020 Ed.)],该法曾数度修订,它是法律职业领域的母法。该法案在第一部分——文前(preliminary)部分——规定了新加坡法律服务总监(Director of Legal Services)相关内容。其第二部分规定的是新加坡法律教育学会的相关内容,并专门规定了律师的准入。该法案第三部分规定的内容是执业证书。第四部分涉及的是律师的特权,该部分也涵盖外国律师和非执业者的注册问题。第五部分规定的是新加坡法律协会(或律师公会)(The Law Society of Singapore)。第六部分和第七部分关涉的分别是职业行为与纪律和纪律处分程序。第八部分和第九部分关注的是法律执业实体(Law Practice Entities),比如律师事务所(Law Firms)、有限责任法律合伙(Limited Liability Law Partnerships)、法律公司(Law Corporations)等。

在新加坡《法律职业法案》之下,新加坡还制定了为数众多的(三十多部)次级或下位立法,其中包括《法律职业(适格人)规则》[③]、《法律职业(准入)规则》[④]、《法律职业(法律执业实体)规则》[⑤]、《法律职业(执业证)规则》[⑥]、《法律职业(志愿法律报务)规则》[⑦]和《法律职业(执业

---

③ Legal Profession (Qualified Persons) Rules, Cap. 161, R 15.

④ Legal Profession (Admission) Rules 2011, S 244/2011.

⑤ Legal Profession (Law Practice Entities) Rules 2015, S 699/2015.

⑥ Legal Profession (Practising Certificate) Rules, Cap. 161, R 6.

⑦ Legal Profession (Pro Bono Legal Services) Rules 2013, S 658/2013.

行为)规则》[⑧]。通过这些立法,就法学教育、实习、职业准入和律师执业行为,新加坡基本形成了完备的、系统的、立法层次较高的规范。其中:

1.《法律职业(适格人)规则》的立法目的之一,或者说与新加坡《法律职业法案》的衔接点,是具体规定一个人要成为《法律职业法案》第2(1)条"适格人"定义(a)段下所称"适格人"所应拥有和满足的资格条件和要求。[⑨]

2.《法律职业(准入)规则》是由新加坡法律教育学会理事会,基于新加坡《法律职业法案》第10(1)和(2)条之授权,在商请律政部长和新加坡法律协会(或律师公会)理事会之后制定的。其内容包括:(1)指定课程与考试;(2)行为与纪律;(3)与执业培训期间(practice training period)有关的要求;(4)与执业培训合约(practice training contracts)有关的要求;(5)律师之准入。

3.《法律职业(法律执业实体)规则》是由律政部,基于新加坡《法律职业法案》第136、150、166和184条之授权,而制定的。该规则的内容包括:(1)律师事务所(Law Firms);(2)有限责任法律合伙(Limited Liability Law Partnerships);(3)法律公司(Law Corporations);(4)新加坡团体执业(Singapore Group Practices);(5)合资法律企业/合资律师事务所(Joint Law Venture)、正式法律联盟(Formal Law Alliance)、合格外国律师事务所(Qualifying Foreign Law Practice)、获得许可的外国律师事务所(Licensed Foreign Law Practice)、外国团体执业(Foreign Group Practices)、代表处(Representative Office)等。

三、与法律职业有关的机构设置与角色定位

根据新加坡《法律职业法案》,两大法律职业利益相关者——新加

⑧ Legal Profession (Professional Conduct) Rules 2015, S 706/2015.

⑨ Rule 1(2), Legal Profession (Qualified Persons) Rules.

坡法律教育学会和新加坡法律协会(或律师公会[⑩])得以成立。关于法律职业管理,律政部(Ministry of Law)也参与其中。另外,基于《1988年新加坡法律学会法案》(The Singapore Academy of Law Act 1988)[⑪],新加坡法律学会(The Singapore Academy of Law)成立。

(一)新加坡法律教育学会

作为新加坡《法律职业法案》下成立的法定机构,新加坡法律教育学会[⑫]的职能包括:(1)维持和改善新加坡的法学教育标准,特别是就取得律师资格的"适格人"(qualified persons)所需要的培训和教育条件提出建议,并评估法学教育项目和课程体系的执行情况;(2)负责注册可以取得律师资格的"适格人";(3)向有意在新加坡执业的"适格人"或有意在新加坡注册的外国律师提供培训、教育和考试;(4)监督实习受训者(practice trainees)的实习;(5)监督实习机构给受训者所提供的培训;(6)认证新加坡内和新加坡外高等教育机构所颁发的学位是否符合"适格人"所应具备的教育资质(qualification)条件;(7)就法学课程教学提供奖励和资助;(8)设定律师的持续性职业发展(Continuing Professional Development, CPD)要求,并协调和监督持续性职业发展项目的运行;(9)助推新加坡成为法学教育的国际中心。[⑬]

新加坡法律教育学会的事务和财产管理由理事会(Board of Directors)负责。该理事会是由以下人员组成的:(1)总检察长(Attorney-General);(2)新加坡法律协会(或律师公会)的会长;(3)三所大学(新加坡国立大学、新加坡管理大学和新跃社科大学)法学院的院长;(4)由新加坡法律学会任命的人数为8~12人的其他成员。[⑭] 新加坡法律教育学会的理事会可以就法学教育、持续性职业发展和律师资格取得制定规则。比如,该理事会,经与律政部商议后,可以就以下事项形成规则:(1)获得《法律

⑩ 这一翻译可能源自该协会原先的名称。该协会或公会原先称为"Singapore Advocates and Solicitors Society"。

⑪ Singapore Academy of Law Rules, Cap. 294A, R 1.

⑫ 可参见其网址:https://www.sile.edu.sg/。

⑬ Section 4(1), Legal Profession Act 1966.

⑭ Section 5(3), Legal Profession Act 1966.

职业法案》所认可的学位的人所应参加的课程,包括参加这一课程的条件、课程中的科目、参加课程中的行为规范;(2)获得《法律职业法案》所认可的学位的人所应参加的考试,包括参加考试的条件、参加考试的行为规范。[15] 该理事会还可以就以下事项制定规则:(1)取得律师资格前的实习受训;(2)实习受训期间的长短和实习受训的方式;(3)在取得律师资格前,一位"适格人"需完成的教学课程、参加该教学课程的条件、该课程以及课程学习中的行为规范;(4)在取得律师资格前"适格人"需通过的考试,参加此类考试的条件、考试中的行为规范;(5)外国律师在注册前需完成的课程、参加此课程的条件、参加此课程的行为规范;(6)外国律师在注册前需通过的考试、参加此类考试的条件、考试中的行为规范;(7)"适格人"取得最高法院律师资格的程序;(8)新加坡律师和外国律师需满足的与持续性职业发展有关的要求、实施情况和豁免情况。[16]

新加坡法律教育学会不仅负责注册意欲取得律师资格的"适格人"、协调与督导持续性职业发展项目,还负责组织一系列考试和课程,这些考试包括新加坡律师资格考试的 A 部分(Part A of the Singapore Bar Examinations)、新加坡律师资格考试的 B 部分(Part B of the Singapore Bar Examinations)、新加坡律师资格考试 B 部分的预备课程(Preparatory Course)、外国执业者考试(Foreign Practitioner Examinations)。

(二)新加坡法律协会(或律师公会)

新加坡法律协会(或律师公会)是由《法律职业法案》于 1967 年设立的。其设立目的包括:(1)维持和改进新加坡法律职业的行为和学习标准;(2)促进法律知识的获取;(3)帮助政府和法院处理有关立法和法律实施的事项;(4)代表法律行业、保护和帮助法律行业成员、促进法律行业的利益;(5)建立图书馆为会员使用;(6)在有关法律事项上为公众提供保护和帮助;(7)提供并促进一种穷人可获得律师代理的机制;(8)就法学课程教学提供奖励和资助;(9)向有需要的会员和其受扶养

---

[15] Section 10(2A), Legal Profession Act 1966.

[16] Section 10(2), Legal Profession Act 1966.

者提供金钱和其他帮助;(10)促进会员之间以及会员与他人之间的良好关系和社会交往;(11)建立并维护与其他国家法律职业机构间的良好关系,并参与国际性协会的活动。⑰

每一位持有效执业证的新加坡律师都自动成为新加坡法律协会(或律师公会)的会员。新加坡法律协会(或律师公会)的使命是服务于其会员和公众,维持一个独立的、既尊崇法治又确保司法可获得性的律师行业。⑱

(三)律政部

依据新加坡《法律职业法案》,律政部,经与新加坡法律教育学会理事会商议后,可以就"适格人"所需要的学位、教育、训练和其他要求制定规则。⑲ 这些规则可以规定:(1)《法律职业法案》所认可的高等教育机构、其提供的课程和所授予的学历学位,以及新加坡法律教育学会对这些课程教学大纲、教学内容和考试的评估;(2)获得规定学位的人所取得的最低成就标准,比如所获得的荣誉的等级;(3)获得规定学位的人所应参加的课程和考试。⑳

(四)新加坡法律学会

新加坡法律学会被认为是新加坡法律业的促进和发展机构,其愿景是让新加坡成为亚洲的法律中枢;其致力于与其他法律机构合作,通过思想引领、发展世界级设施、开发法律方案,来设定新加坡法律的优质新高度;其使命是,通过增强法律知识、提高新加坡法律的国际知名度、促进新加坡成为争议解决的中心、通过持续性职业发展和技术运用改善法律实务的质量标准和效率,来构筑法律职业的智力中心。㉑

根据《1988 年新加坡法律学会法案》,新加坡法律学会的功能定位是:(1)促进与维持新加坡法律职业成员的行为和学识标准以及该职业在本区域和其他区域的地位;(2)促进有关法律和法律体系之知识的更

---

⑰ Section 38(1), Legal Profession Act 1966.

⑱ 参见 https://www.lawsociety.org.sg/,最后访问日期:2022 年 8 月 13 日。

⑲ Section 2(2), Legal Profession Act 1966.

⑳ Section 2(3), Legal Profession Act 1966.

㉑ 参见 https://www.sal.org.sg/,最后访问日期:2022 年 8 月 13 日。

新和传播;(3)促进法学研究和法律改革与发展;(4)为其成员提供持续性法学教育;(5)为意欲从事法律职业的人提供培训、教育和考试;(6)对由新加坡法律协会(或律师公会)或新加坡法律教育学会转送的针对有关问题的提议和建议给予考虑;(7)向新加坡法律协会(或律师公会)或新加坡法律教育学会转送其认为应予考虑的提议和建议;(8)促进成员间、成员与法学生和在法律实施和司法中的相关方之间的良好关系和社会交往;(9)指定公证员(notaries public)或宣誓公证人(commissioners for oaths),并鉴证其签名;(10)承办与法律和法律体系的研究、发展和运行有关的活动和项目,并提供支持性设备设施和信息技术;(11)提供与法律和法律体系的研究、发展和运行有关的咨询和其他服务,并提供支持性设备设施和信息技术;(12)证明文件签名的真伪、签名者的资格、文件的印章;(13)行使法律赋予的其他职能和义务。[22]

新加坡法律学会事务和财产管理权赋予了其理事会。该理事会是由以下人员组成的:(1)首席大法官(Chief Justice);(2)最高法院法官;(3)总检察长(Attorney-General);(4)每位代理总检察长;(5)副检察长(Solicitor-General);(6)新加坡法律协会(或律师公会)的主席;(7)三所法学院的院长;(8)在与新加坡法律协会(或律师公会)主席、总检察长和三所法学院院长商议后,首席大法官任命的9位其他成员。[23] 新加坡法律学会有14,000多名会员。这些会员包括法院法官、律师、法律服务官(Legal Service Officers)、公司法律顾问/律师(corporate counsel)、三所本地法学院的教工和在新加坡的外国律师。

四、律师资格的取得

在新加坡,取得律师资格,要满足以下条件:一是符合新加坡《法律职业法案》和《法律职业(适格人)规则》中所规定的“适格人”的要求;

---

[22] Section 4(1), Singapore Academy of Law Act 1988.

[23] Section 5(1), Singapore Academy of Law Act 1988.

二是符合以下条件:(1)年满21周岁;(2)品性良好;(3)成功完成实习培训期间;(4)参加并成功完成新加坡法律教育学会理事会所规定的教学课程;(5)通过新加坡法律教育学会理事会所规定的考试。[24] 也就是说,在目前的法律构架下,在新加坡,律师资格的获得分两个阶段:一是获取学历学位(qualification)阶段,即成为"适格人"。二是获得执业许可(admission)阶段,即完成考试和培训。

(一)"适格人"规则

成为一名"适格人"是取得新加坡律师资格的条件之一。如何成为一名"适格人",这一问题是由新加坡律政部决定的,并具体规定在《法律职业(适格人)规则》之中。

在新加坡,"适格人"之要求因学生获取法学学位的高校之不同而有所差异。在"适格人"问题上,新加坡法律不仅承认新加坡境内所认可的高校的法学学位,也认可澳大利亚、新西兰、英国、美国一些高校的法学学位,但是具体要求不同。因此,在新加坡,法学毕业生要成为取得律师资格的"适格人",要分两种情况:

一是在新加坡本地三所大学,即新加坡国立大学(NUS)、新加坡管理大学(SMU)和新跃社科大学(SUSS),获得LLB或JD(Doctor of Jurisprudence)学位的毕业生,在满足一定条件后,可以成为"适格人"。[25] 具体来讲,此处所说的条件是:(1)新加坡国立大学的LLB毕业生要获得二级荣誉学位(乙等)以上等级的学位;[26]新加坡国立大学的JD毕业生要获得JD (Merit)级别以上的学位。[27] (2)新加坡管理大学的LLB和

---

[24] Section 13(1), Legal Profession Act 1966.

[25] Rules 5, 5AA, 5A, 6, Legal Profession (Qualified Persons) (Amendment) Rules 2022.

[26] Rule 5, Legal Profession (Qualified Persons) (Amendment) Rules 2022. 该校LLB学位等级分为:一级荣誉学位(First Class Honours);二级荣誉学位(Second Class Honours);三级荣誉学位(Third Class Honours)。其中二级荣誉学位又分为甲等(Upper Division)和乙等(Lower Division)两个等级。

[27] Rule 5AA, Legal Profession (Qualified Persons) (Amendment) Rules 2022. 该校JD学位分为四级:JD (Highest Distinction), JD (Distinction), JD (Merit) 和 JD。

JD 毕业生 GPA 至少达到 3.00。[28] (3)新跃社科大学的 LLB 和 JD 毕业生 GPA 至少达到 3.50。[29]

二是在国外(澳大利亚、新西兰、英国、美国)指定大学(Scheduled Universities)获得 LLB 或 JD 学位[30]的毕业生,如果是新加坡公民或永久居留者,在获得二级荣誉学位(乙等)以上等级学位(针对英国大学)或者名列同批次同学前 70%(针对其他国外大学)时,可以成为取得新加坡律师资格的"适格人"。[31] 但是,对于这些外国大学生,还需满足以下额外条件:(1)完成新加坡律师资格考试 A 部分考试;(2)接受了不少于 6 个月的相关法律培训或从事了相关法律实务或工作。

新加坡律师资格考试 A 部分是一项强制性的转换考试,适用于打算申请取得新加坡律师资格的部分海外大学的毕业生。新加坡律师资格考试 A 部分考试是由新加坡法律教育学会组织的。一年内考试有两次,第一次在 4 月或 5 月,第二次在 10 月或 11 月。对参加第一次考试的申请者来说,可以选择是否参加新加坡律师资格考试 A 部分课程培训(Part A Bar Course)。该课程培训是自愿性的,通常在每年的 1 月至 4 月进行。申请参加考试时间因初次申请者和再次申请者之不同而不同。

新加坡律师资格考试 A 部分考试考查以下五门科目:(1)公司法(Company Law);(2)刑法(Criminal Law);(3)证据法(Evidence Law);

---

[28] Rule 5A, Legal Profession (Qualified Persons) (Amendment) Rules 2022.

[29] Rule 6, Legal Profession (Qualified Persons) (Amendment) Rules 2022.

[30] 具体到不同国家的大学所授予的法学学位,情况是:英国大学授予 LLB 学位,澳大利亚大学授予 JD 或 LLB 学位,新西兰大学授予 LLB 学位,美国大学授予 JD 学位。另外,需要说明的是,非全日制课程导致的法学学位通常不符合"适格人"要求,学生如果在国外就读的是联合学位(combined degree)、双学位(dual degree)或速成班(accelerated course),其"适格人"认定也会受到一些限制。此处的联合学位指的是一个单一学位,但其与两个或多个不同的学业领域有关,如法律和信息技术方面的学士学位(a Bachelor's Degree in Law and Information Technology);此处的双学位指的是两个或多个不同的学位,每个学位涉及不同的学业领域,如法学学士学位(Bachelor of Laws) + 会计学士学位(Bachelor of Accountancy);此处的速成班指的是少于三个学年的学业。See Rules 10, 11, 12, Legal Profession (Qualified Persons) (Amendment) Rules 2022.

[31] Rule 6, Rules 8, 9 and 9A, Legal Profession (Qualified Persons) (Amendment) Rules 2022.

(4)土地法(Land Law);(5)新加坡法律体系(Singapore Legal System)。A部分考试为开卷考试。每次考试时长2小时。考前每个科目大都公布有阅读清单。

(二)职业"准入"规则

在职业"准入"或获得执业许可阶段,"适格人"需要完成职业或执业培训方可获得执业许可。具体来讲,"适格人"需要完成三项任务:(1)参加并成功完成新加坡法律教育学会理事会所规定的教学课程。[32]此处的课程指的是新加坡律师资格考试B部分的预备课程。[33](2)通过新加坡法律教育学会理事会所规定的考试。[34]此处的考试指的是新加坡律师资格考试B部分考试。[35](3)成功完成规定的实习培训期间。[36]获得律师资格的人,如果愿意以律师执业,可以申请执业证书。

目前的新加坡律师资格取得途径基本上呈线性的,如图1所示:

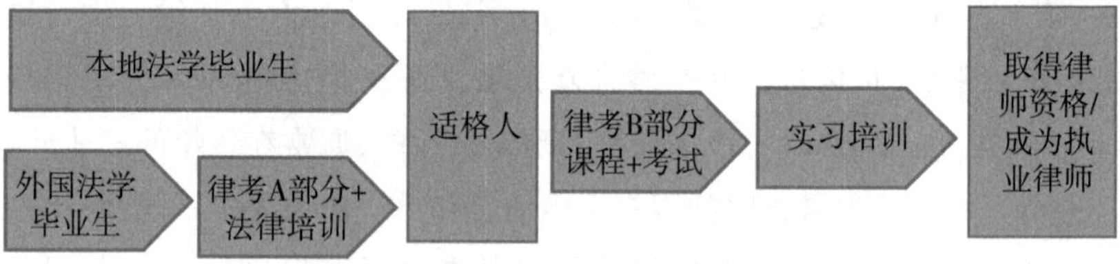

图1 新加坡律师资格取得途径

1. 新加坡律师资格考试B部分的预备课程

新加坡律师资格考试B部分的预备课程是由新加坡法律教育学会组织的。它是一种收费课程。该课程的目的是:(1)在程序法和与民刑事诉讼和某些特定领域有关的实践方面训练学员;(2)在律师的技能方面训练学员,给学员提供机会在有指导的情况下去练习这些技能,特别是一位新入职律师所应具有的核心能力。该课程的教员主要是法律从

---

[32] Section 13(1)(d), Legal Profession Act 1966.

[33] Rule 3(a), Legal Profession (Admission) Rules 2011.

[34] Section 13(1)(e), Legal Profession Act 1966.

[35] Rule 4(a), Legal Profession (Admission) Rules 2011.

[36] Section 13(1)(c), Legal Profession Act 1966.

业者和法律服务官,包括法官、学者和其他从业人员。

该课程包括七门必修科目和两门选修科目。七门必修科目是:(1)民事诉讼实训(Civil Litigation Practice);(2)刑事诉讼实训(Criminal Litigation Practice);(3)破产法和实训(Insolvency Law and Practice);(4)不动产实训(Real Estate Practice);(5)家庭法实训(Family Law Practice);(6)伦理与职业责任(Ethics & Professional Responsibility);(7)职业技能(Professional Skills)。选修科目分为A、B两类。学员需从A、B两类中各选一门。A类可选科目包括:(1)高级公司实训(Advanced Corporate Practice);(2)知识产权法实训(Intellectual Property Law Practice);(3)仲裁法律与实训(The Law and Practice of Arbitration)。B类可选科目包括:(1)海事法庭实训(Admiralty Practice);(2)遗嘱、遗嘱检验与实施实训(Wills, Probate & Administration Practice);(3)调解代理(Mediation Advocacy);(4)跨境交易(Cross-Border Transactions)。

新加坡律师资格考试B部分的预备课程为全日制课程。学员必须参加一些实践训练和研讨会。课程学习期间,学员未经同意不得从事任何雇佣活动。对“适格人”来说,B部分预备课程学习和实习培训不能同时进行。

2. 实习培训

完成一定的实习培训期间是入职律师行业的一项前提条件。“适格人”可以通过以下三种方式完成实习培训期间:(1)与新加坡律师事务所签订实习培训合约;(2)以法律服务官(Legal Service Officer)[37]身份工作;(3)在合格的相关法律官(qualifying relevant legal officer)[38]的监督下工作。[39]

---

[37] 法律服务官(Legal Service Officer, LSO)指的是在新加坡法律服务处(Singapore Legal Service)工作的律师。法律服务官由新加坡法律服务委员会(Legal Service Commission)负责任命,主要服务于检察总署、国家部委的法律服务部门/岗位、法定机构或主要公共机构的法律服务部门/岗位,在法治国家中扮演重要角色。载 https://www.lsc.gov.sg/,最后访问日期:2022年7月30日。

[38] 该合格的相关法律官须持有律师身份不少于5年,而且在培训监督开始前的7年内有不少于5年的担任相关法律官或/和在新加坡律师事务所执业的经历。

[39] Rule 14(1), Legal Profession (Admission) Rules 2011.

实习培训合约下的实习培训期间为6个月,[40]且须在持续的8个月期间内完成。[41] 如果属于以法律服务官身份工作或在合格的相关法律官的监督下工作这两种情形,实习培训期间为36个月,[42]且须在持续的48个月期间内完成。[43] 在实习培训期间,“适格人”不得担任任何职务或从事任何雇佣活动,无论是全日制还是兼职,[44]但是“适格人”可以在实习培训期间依据实习培训合约从新加坡律师事务所处获得报酬。[45] 如果“适格人”的新加坡律师资格考试B部分预备课程学习和实习培训同时进行的话,新加坡律师资格考试B部分预备课程学习期间不能计入实习培训期间。[46]

实习培训合约是“适格人”与新加坡律师事务所就实习培训所达成的正式安排。处于实习培训期间的“适格人”称为实习受训者(practice trainee),在实习培训合约下负责指导实习受训者的律师称为指导律师(supervising solicitor)。指导律师必须是新加坡律师事务所的执业律师,而且在指导前的7年内其执业证有效期至少为5年。[47] 执业少于12年的指导律师最多可以同时指导2名实习受训者,[48]执业多于12年的指导律师最多可以同时指导4名实习受训者。[49]

---

[40] Rule 14(2), Legal Profession (Admission) Rules 2011.

[41] Rule 17(1), Legal Profession (Admission) Rules 2011.

[42] Rule 14(3), Legal Profession (Admission) Rules 2011. 根据该规定,以法律服务官身份工作或在合格的相关法律官的监督下工作6个月计为实习培训期间的1个月。基于此规定,以法律服务官身份工作或在合格的相关法律官的监督下工作这两种情形的实习培训期间变成了:6×6=36个月。

[43] Rule 17(2), Legal Profession (Admission) Rules 2011.

[44] Rule 14(4), Legal Profession (Admission) Rules 2011. 但是,根据Rule 14(5)(a)(b), Legal Profession (Admission) Rules 2011,该禁止不适用于法律服务官或其他相关法律官、在总检察署(Attorney-General's Chambers,AGC)担任助理检察官(Assistant Public Prosecutor)所提供的服务。

[45] Rule 14(5)(c), Legal Profession (Admission) Rules 2011.

[46] Rule 14(6), Legal Profession (Admission) Rules 2011.

[47] Rule 18(1), Legal Profession (Admission) Rules 2011.

[48] Rule 18(2A), Legal Profession (Admission) Rules 2011.

[49] Rule 18(2), Legal Profession (Admission) Rules 2011.

实习培训合约并没有固定格式。如果律师事务所有意接纳实习受训者,它必须在其网站或新加坡法律教育学会指定的其他网址公布其细节。[50] 指导律师有责任确保其所指导的实习受训者:(1)在实习培训期间,在新加坡法律教育学会指定的事项上,包括与职业责任、礼节和行为有关的事项上,获得充分的训练;(2)能接触到以下所列执业领域中的两项或两项以上执业领域:①民事诉讼(Civil Litigation)、②刑事诉讼(Criminal Litigation)、③公司实践(Corporate Practice)、④产权转让实践(Conveyancing Practice);[51](3)在实习培训期间,参加新加坡法律教育学会所指定的课程、研讨和项目。[52] 如果律师事务所没有能力或资源向实习受训者提供某一执业领域的指导,它可以安排受训者在另一律师事务所就该执业领域接受指导。[53] 律师事务所需要向新加坡法律教育学会登记每一份实习培训合约、实习受训者和指导律师细节,并向其报告可以作为指导律师的律师数目。[54]

五、新加坡的法学教育:以新加坡国立大学为例[55]

正如新加坡《法律职业法案》所规定的,目前,新加坡只有三所大学提供法律专业,分别是新加坡国立大学、新加坡管理大学和新跃社科大学。新跃社科大学法学院是为了解决刑事法和家事法律师的短缺问题而设置的,而且它面向的是具有一定相关工作经验的申请人。

新加坡国立大学法学院被广泛认为是亚洲领先的法学院。新加坡国立大学法学院在2021年QS法律学科排名中位于世界第10名,亚洲第1名。它提供一个比较的、国际的和多学科的法学教育。它提供多种

---

[50] Rule 22, Legal Profession (Admission) Rules 2011.

[51] 也可为经指导律师申请和新加坡法律教育学会认可的其他执业领域。

[52] Rule 19(1), Legal Profession (Admission) Rules 2011.

[53] Rule 20(2), Legal Profession (Admission) Rules 2011.

[54] Rule 21, Legal Profession (Admission) Rules 2011.

[55] 载 https://law.nus.edu.sg/prospective-students/,最后访问日期:2021年12月1日。

学习项目和学位,既包括学术性学位(如 PhD),也包括专业学位(如 LLB 和 JD);既包括本科层次的专业学位(如 LLB),也包括研究生层次的专业学位(如 JD)。

(一)传统的 LLB 学位项目

法学学士(荣誉学士)[The Bachelor of Laws (Honours) (LLB)]是一种认可的专业学位(professional degree),获此学位者可在新加坡执业。它属于一种本科层次的项目。新加坡国立大学毕业生还被允许在马来西亚、一些英联邦国家(如澳大利亚、加拿大和英国)以及美国某些州(如加利福尼亚和纽约)执业。

大多数 LLB 学生是在完成大学前学业之后向法学院提出申请的。大部分学生攻读 4 年制 LLB 项目(4 - Year LLB programme),其他学生会攻读双学位课程(double degree programmes)(如商业管理与法律和经济与法律)或兼读学位课程(concurrent degree programme)(如法律与公共政策)。其他学生在完成另一学科的学位后,也可以申请攻读 JD 学位。

4 年制 LLB 学生有机会前往合作大学攻读 1 年的 LLM 硕士学位,以获得新加坡国立大学的法学学士(荣誉)学位(LLB)和合作大学的 LLM 硕士学位。3 年制 JD 学生也可申请加入与纽约大学的交换项目从而获得两个学位。

新加坡国立大学法学院每年录取 240 名 4 年制 LLB 项目学生,这些学生大部分来自新加坡,但是 LLB 项目对国际学生也是开放的。学生须在 4 年里至少修满 160 个学分。

4 年制 LLB 学位项目的课程有两大模块:必修课程模块和选修课程模块。

必修课程模块在前两年完成,有一小部分课程是在第三年或第四年开设(见表 1)。必修课程模块旨在:(1)让学生对基本的法律模块和一般原则有所理解;(2)培养律师的基本技能,包括分析、研究、写作、辩护和分析问题能力;(3)让学生了解法律和律师在社会和全球中的角色,以迎接全球化挑战。

表 1　新加坡国立大学 LLB 项目的必修课

学年	第一学期课程	第二学期课程	横跨第一学期和第二学期的课程
第一学年	侵权法(Law of Torts);新加坡法通述(Singapore Law in Context)	刑法(Criminal Law);法学理论入门(Introduction to Legal Theory);志愿法律服务(Pro Bono Service)	合同法(Law of Contract);法律分析、研究与沟通(Legal Analysis, Research & Communication)
第二学年	公司法(Company Law);亚洲法律体系(Legal Systems of Asia);财产法原则(Principles of Property Law);志愿法律服务	宪法与行政法(Constitutional & Administrative Law);公司交易法(Corporate Deals);衡平法和信托法(Equity & Trusts);志愿法律服务;庭审辩护(Trial Advocacy)	—
第三学年和第四学年	证据法(Evidence)	—	—

选修课程模块一般在第三年和第四年提供。学生可以根据对某一法律领域的兴趣,从广泛和多样化的 100 多门选修课程中做选择。学生可以选择的课程组包括:亚洲法律研究(Asian Legal Studies);大陆法系法律(Civil Law);公司与金融服务法(Corporate & Financial Services Law);知识产权与科技法(Intellectual Property & Technology Law);国际法与比较法(International & Comparative Law);国际仲裁与争端解决(International Arbitration & Dispute Resolution);海事法(Maritime Law);法律与社会(Law & Society);私法(Private Law);研究与技能(Research and Skills)。

令人注意的是,在这些选修课当中,有三门与医药有关的法学课程。

它们分别是:(1)医学法律与伦理(Medical Law and Ethics)(5学分);(2)公共卫生法与规制(Public Health Law and Regulation)(5学分);(3)生物科技法(Biotechnology Law)(4学分)。

LLB学位属于一种荣誉(honours)学位。如前所述,自1997年以来,只有获得二级荣誉学位(乙等)以上学位的学生才有资格在新加坡执业。[56]

(二)新近的JD学位项目

JD(Juris Doctor)学位是一种研究生层次的学位。获得JD学位者有资格在新加坡执业。

新加坡国立大学所提供的JD项目包括两类:(1)两年制JD项目:为其他法域的获得基本法学学位的申请者开设;(2)三年制JD项目:为获得非法学学位的申请者开设。其中,三年制的JD项目取代了新加坡国立大学原有的Graduate LLB(GLB)项目。在例外情况下,三年制JD项目可在两年半内完成。

关于申请条件,三年制JD项目是针对非法学专业毕业生的,需要至少获得优等成绩(cum laude)或二级荣誉学位甲等或同等学位。两年制JD项目是针对从大陆法系国家大学或名单外的普通法系国家大学(non-gazetted common law university)[57]获得法学学位的毕业生,至少需要获得优等成绩或二级荣誉学位甲等或同等学位。NUS法学院表示特别欢迎来自东盟、中国和欧洲的申请人。

JD项目的必修课程与LLB学位项目相同。具体有:

第一学期课程:公司法;证据法;侵权法;亚洲法律体系;财产法原则;志愿法律服务;新加坡法通述。

第二学期课程:宪法与行政法;公司交易法;刑法;衡平法和信托法;法学理论入门;志愿法律服务;庭审辩护。

横跨第一学期和第二学期的课程:合同法;法律分析、研究与沟通。

---

[56] Rule 5, Legal Profession (Qualified Persons) (Amendment) Rules 2022.

[57] 名单内的(gazetted)普通法系国家大学的名单由新加坡法律教育学会提供。载https://www.sile.edu.sg/qualified-person,最后访问日期:2022年8月14日。

JD 项目与 LLB 项目共享一个选修课程库。

成功完成 JD 学业者可获得 JD 学位。学生应获得至少 JD(Merit)级别的学位,才可在新加坡作为律师执业。[58]

(三)LLM 学位项目

新加坡国立大学的法律硕士(Master of Laws,LLM)是一个研究生层次的项目。它提供了各种各样的专业领域或方向,申请者可以选择申请亚洲法律研究、公司和金融服务法、知识产权和技术法、国际仲裁和争端解决、国际法和比较法或海商法等专业领域或方向课程。在提供课程时,它充分利用了 JD 项目与 LLB 项目所共享的选修课程库。

为了获取某一特定专业领域 LLM 的学位证书,学生必须完成该特定专业领域所要求的学分及必修模块。或者,学生可以选择任一领域的 40~44 学分的课程,并在毕业时获取无特别专业领域标识的法学硕士学位证书。后一种选择根据学生的个人喜好和兴趣,提供最大的课程选择灵活性。

需注意的是,不同于 JD 学位项目与 LLB 学位项目,LLM 学位项目并不属于取得律师资格的"适格人"所应具备的学位情形,因此,LLM 学位持有者不能在新加坡作为律师执业。

六、新加坡的法律职业改革:从"线性结构"到"多元格局"

近年来,新加坡的法律服务业稳定增长。与此相适应,法学毕业生数量也呈一种增长态势。2012~2016 年,新加坡本土法学毕业生的数量相对较为稳定,维持在了大约每年 380 名毕业生的水平,98% 的本土法学生能在毕业后 6 个月内找到工作,约 90% 本土法学生能拿到实习培训合约。随着新加坡第三所法学院(新跃社科大学法学院)的成立,2016 年本土法学院法学生达到了一年 480 人的规模。但是,近些年,新

---

[58] Rule 5AA, Legal Profession (Qualified Persons) (Amendment) Rules 2022.

加坡出现了实习培训合约机会难得的现象。导致这一问题的真正原因是境外返新法学生数量的急剧增长。境外返新加坡的法学生数量从2011~2013年的每年210人增长到了2014~2016年的每年330人。境外法学毕业生获得实习培训合约的比例(70%)往往低于本土法学毕业生。越来越多的海外法学毕业生不能通过新加坡律师资格考试的A部分考试。海外法学生此类考试的通过率从2010~2014年的90%下降至2015~2016年的79%、2017年的64%。值得注意的是,为了确保可进入新加坡律师行业的海外法学生的质量,2015年新加坡将法定的可认可其学位的英国高校的数量从19所减至11所。另外,与其他国家,如澳大利亚、加拿大、美国的情形一样,新加坡法学生的就业形势也不容乐观。[59]

在此背景之下,2016年8月,新加坡成立了一个由15人组成的律师职业培训委员会,以全面检讨新加坡的律师职业培训机制。该委员会是由来自新加坡最高法院、总检察署(Attorney-General's Chambers)、律政部、新加坡律师公会、新加坡公司法律顾问协会(Singapore Corporate Counsel Association)和数家律师事务所的代表组成的。2018年3月,评估报告面世。[60] 尽管此次评估与新加坡律师人数增长过快、实习培训合约紧俏这一背景有关,但是该委员会并不聚焦法律市场的"人力资源"问题,而是将评估目的定在了律师职业培训方面,即探索提升律师事务所培训标准的质量和一致性的方式,寻求强化律师职业培训机制的举措,以期强化培训质量、保证培训机会的公平,培养技能良好、职业价值观正确的新一代律师。在该委员会看来,律师的"培训"与"供应"可能是交织在一起的问题,为了解决实习培训合约机会的短缺问题,也许需要减少律师的源头供应,比如减少本土法学生的培养或者拉高境外法学

---

[59] 在澳大利亚,1/4的法学毕业生在毕业后的4个月内不能找到一份全职工作,大型律师事务所每1个职业往往有30~50位申请者;在加拿大的蒙特利尔,2016年,取得律师资格的法学毕业生有20%的不能找到法律方面的工作;在美国,40%的法学毕业生不能在毕业后的10个月内找到全职工作。See Para. 29, The Committee for the Professional Training of Lawyers, Report of the Committee for the Professional Training of Lawyers, March 2018.

[60] The Committee for the Professional Training of Lawyers, Report of the Committee for the Professional Training of Lawyers, March 2018, 载 https://www.supremecourt.gov.sg/publications/commemorative-and-other-publications,最后访问日期:2022年7月18日。

毕业生进入新加坡律师行业的门槛(如学业要求),但是该委员会认为这些市场供应问题并不属于其评估范围。

该委员会直面了与“实习培训”有关的一些挑战或问题。这些问题出现在不同阶段,其中包括:(1)在获得实习培训合约阶段:缺乏培训信息、在获取实习培训合约上竞争激烈、招募程序不公;(2)在实习培训期间:不同律师事务所的培训标准缺乏一致性、律师事务所对所规定培训标准的遵守沦为表面文章、执业领域“轮转”机会有限、实习受训者与指导律师缺乏有意义的交流;(3)在完成实习培训合约之后:在是否留用受训者的决策程序上缺乏透明、在通知是否留用决定上出现迟滞、对持续培训强调不够。

在给出对策之前,该委员会作了几点说明:一是关于攻读法学学位并以法律为执业的动机。该委员会提醒求学者,攻读法学学位的决定应谨慎作出并考虑周全。这是一个充满挑战和期望的领域,也是一个需要付出、牺牲和为公众服务之精神的领域。在该委员会看来,法律之所以称为一种“职业”(profession)而不是一种“工作”(occupation),关键在于其与公共产品的提供息息相关,它关涉整个人类状态的改善,而非个体利益和名利。这种法律职业的价值导向可避免指导律师对培训事业和受训者进行过于功利的计算。另外,对于那些在境外攻读学位的学生来说,这还意味着父母财力的巨大支出。尽管不想涉足法学教育改革,不过该委员会仍指出将法学列为本科后学位(如美国的JD)而不是本科学位(如LLB)的好处之一是,相较于较为年轻和经验不足的高中学生,曾接触过非法学领域的本科学生在是否攻读法学学位上会作出一个更加成熟、更加知情和更加恒定的决定。二是关于执业环境的变化。新科技,比如人工智能的发展会替代一些事务性、重复性、劳务密集型的法律工作;精明的、成本意识强的客户在使用和支付法律服务方面会更加考虑价值增值;世界关联程度的深化使法律服务之间的竞争更加激烈。

该委员会并不想推翻现有体制从而设计一个全新的职业培训机制。该委员会横向比较了世界范围内存在的两种律师生成机制:偏重统一考试、学术型的机制(如美国的一些州)和注重律所实习、实践型的机制

(如一些大陆法系国家和加拿大的部分州)。该委员会认为目前新加坡现有的以"统一课程和考试(律师资格考试B部分考试)+律师事务所内的个性化的指导培训(实习培训合约)"为基本架构的律师职业培训机制较好地平衡了学术与实践、评估的一致性与培训弹性之间的关系,可以予以保留。

该委员会的改革建议集中在两个层面:一是针对现有的职业培训机制之框架所提出的"结构性"改革建议;二是针对如何强化律师事务所的培训质量和如何完善培训合约获得程序和培训者留用程序所提出的"具体"建议。其中,"结构性"改革建议有三点:(1)将律师资格的取得(admission to the bar)[61]与实习培训合约完成脱钩;(2)提高律师资格考试B部分的标准和严苛程度;(3)将实习培训期间从6个月延长为1年。此外,该委员会还提出了17项与"培训"(training)和"程序"(process)有关的"具体"建议。具体来讲,围绕"培训"提出的建议包括:(1)在6个月培训之后赋予受训者一定的执业权;(2)除非存在有限的例外,实习培训合约须在一个律师事务所内完成;(3)在12月的实习培训期间内允许受训者在事先获得认可的公司的法务部门受训最多3个月时间;(4)鼓励受训者向不同的执业领域"轮转";(5)鼓励律师事务所,在指导律师之外,为受训者建立"伙伴"(buddy)制度;(6)要求指导律师与实习受训者之间建立定期(一年四次)反馈制度,并就是否留用受训者进行讨论;(7)建立一个与实习培训合约有关的争议解决机制;(8)在实习培训合约期间和之后的两年内实施持续职业发展(CPD)风格的培训,以培养实习受训者和年轻律师的技能;(9)建立培训培训者(指导律师)的机制;(10)为律师事务所和指导律师提供与培训有关的材料和指南;(11)律师事务所须设置"培训合伙人"(training partner)负责培训事务;(12)建立一个独立的律师事务所培训质量控制和评估机

---

[61] "bar"既可以指律师界,也可以泛指整个法律职业(legal profession),因此,"admission to the bar"既可以狭义地理解为"律师资格的取得或授予",也可以理解为法律职业资格的获得或法律职业的准入。但是,"admission to the bar"通常翻译为执业律师资格的授予或律师执业许可。参见薛波主编:《元照英美法词典》,法律出版社2003年版,第38、134页。

制;(13)鼓励较大律师事务所向来自较小律师事务所的实习受训者开放其内部培训(in-house training);(14)建立一个法律职业资深前辈对青年律师和实习受训者的"传帮带"(信息和经验分享)机制;(15)建立实习受训者之间交流和分享经验的正式渠道。围绕"程序"提出的建议包括:(1)规定实习培训合约申请的暂停日期,本土法学生在第三年考试结果出来之前,境外法学生在最后一年考试结果出来之前,不允许提出实习培训合约的申请。(2)强化律师事务所对培训和留用信息的公开。

现就三点"结构性"改革建议,详述以下:

1. 将律师资格的取得与实习培训合约完成分开

在现有机制下,只有符合学位条件的"适格人"在通过律师资格考试B部分考试且完成实习培训合约的情况下才可以获取律师资格。这种机制充满了简化思维和线性思维。说其"过于简化"(simplistic)是因为其认为法律职业只包括取得律师资格并有执业权的律师;说其"线性"(linear)是因为现有的体制只认可一种单一的法律从业路径。它们导致了法律职业的黑白分明的二分法:执业律师和非执业律师。它并没有认识到法律职业的多元化和职业发展的多路径。因此,该委员会建议将律师资格的取得与实习培训合约完成分开,不再将二者捆绑。一个满足法学学位条件的"适格人"只要能通过律师资格考试B部分考试就可以取得律师资格,完成实习培训合约不再是取得律师资格的前置条件。一个人取得律师资格后,他可以决定下一步走何种法律职业发展路径。这些法律职业发展路径可能包括:(1)成为执业律师(a practising lawyer)。这意味着他必须完成实习培训合约。执业律师可以出庭,可以向客户提供法律建议。(2)加入学术界(academia)。这意味着他可以通过法学研究和教学对法律职业作出贡献。(3)作为公司法律顾问(corporate counsel)加入公司。(4)作为一名"执业支持律师"(practice support lawyer),即在律师事务所内提供专家支持,但没有必要获得律师执业权。"执业支持律师"可以是兼具法律知识和工科知识的专利代理人、能将法律训练和会计和金融工程知识综合运用的法庭诉讼支持专业人员。目前后三种职业发展路径并不需要取得律师资格,但是律师资格的取得意味着当事人取得了最低水平的职业标准,意味着当事人具有了处理相关实务的资格和技能,这有助于其履行相关职能。为了将无执业权的律师与有执业权的律师区分,该委员会建议将取得律师资格但无执业权的律师称为"律师(非执业)"[advocate and solicitor (non-Practising)]。

在该委员会看来,将律师资格的取得与实习培训合约完成分开存在以下好处:(1)更多的法学毕业生可以进入法律职业,以多种身份贡献其法律知识和技能,而不仅仅是作为执业律师。(2)它赋予法学毕业生更多的空间和弹性来考虑以何种方式介入法律职业,比如先作为"执业支持律师"(无须完成实习培训合约)积累经验。(3)它可以让律师资格的获得独立于或者摆脱个人无法控制的市场条件的影响。律师业会员资格的取得只取决于基于客观评估的个人法学才能,而不是依赖于由市场决定的实习培训合约的有无。(4)这可以减少对实习培训合约的争夺。不愿从事执业律师工作的法学毕业生可以将实习培训合约机会让给那些真切期望成为执业律师的人。在该委员会看来,将律师资格的取得与实习培训合约完成分开在其他法域也存在,比如英国。在英国,一个人若获得必要的学位资格并完成律师职业培训课程(Bar Professional Training Course),即可取得律师资格,就可以正式成为一名"律师"(barrister)(尽管未注册)。但是,他如果想执业的话,他就需要进一步完成"实习"(pupillage)阶段从而取得执业证书。

2. 提高律师资格考试B部分的标准和严苛程度

在新加坡,律师资格考试B部分考试的通过率很高,接近100%,这与其他法域的相关考试通过率形成了鲜明的对比,如英国与威尔士的律师职业培训课程的通过率为63%~77%,美国纽约律师资格考试的通过率为44%~68%,美国加州律师资格考试的通过率为35.3%~49.6%,日本律师资格考试的通过率为20.7%~25.8%。

该委员会之所以提议提高律师资格考试B部分的难度,其考量是:(1)可提升法律职业人员及其服务的质量;(2)可遏制对法学没有真正热忱的人士选择这一职业路径;(3)在将履行实习培训合约这一环节剥离出律师资格取得之先行条件之后,律师资格考试B部分有必要发挥其最终的“过滤器”功能。该委员会也建议与时俱进地重构B部分的考试大纲,比如跟随全球化和科技发展的步伐,让未来的新一代律师知晓如何利用新兴科技,了解大陆法系国家的基本知识及其与普通法传统的不同。

3. 将实习培训期间从6个月延长为1年

在听取各方建议后,该委员会之所以建议延长实习培训期间,是因为:(1)这可以给受训者更长的受指导时间来获取基本技能,以便为日后的执业打牢根基;(2)这可以给受训者更有意义的“轮转”时间去接触不同的执业领域,以便对法律服务有一个更加全面的了解,以便受训者能作出更加知情的职业选择;(3)可以给律师事务所更长的时间去全面和公正评估受训者的表现和质量;(4)更长时间的投入也可以产生将对律师执业并不很感兴趣的受训者筛选出去的效果;(5)许多其他法域所规定的实习培训时间都较长。[62]

另外,在现有的体制下,关于实习培训期间,新加坡区分了在律师事务所完成实习培训和以法律服务官身份工作,前者实习培训期间为6个月,后者实习培训期间则为36个月。对此,该委员会认为两种情形下的培训并无实质上的不同,因此加入法律服务(legal service)行列的法学生的实习培训期间应与在律师事务所实习的受训者的实习培训期间一致。

以上这些改革建议的落实,将意味着新加坡法律职业立法及其相关下位立法的进一步修改。2018年8月30日,新加坡律政部对外发布了一份新闻稿[63],称其原则上接纳律师职业培训委员会旨在强化新加坡律师职业

---

[62] 该委员会所给出的其他法域所规定的实习培训时间数据是:(1)加拿大安大略省和不列颠哥伦比亚省分别为9个月和10个月;(2)澳大利亚新南威尔士州和维多利亚州均为12个月;(3)英国的律师在以“barristers”身份执业之前须完成12个月的实习(pupillage);(4)英国、法国、德国的以“solicitors”身份执业的律师须完成24个月的培训。See Paras. 100 – 101, The Committee for the Professional Training of Lawyers, Report of the Committee for the Professional Training of Lawyers, March 2018.

[63] The Ministry of Law's press release “Law Ministry Accepts Recommendations to Strengthen Professional Training of Lawyers”, 参见 https://www.mlaw.gov.sg/news/press-releases.html,最后访问日期:2022年7月20日。

培训机制的建议,认为这些建议的实施将有助于提高法律培训的质量,有助于更好地培养法学毕业生的专业技能以迎接未来经济和社会的挑战。具体来讲,律政部认为,将律师资格的取得(或法律职业的准入)与实习培训合约完成分开可以使一位适格的法学毕业生在没有必要履行实习培训的情况下获得律师资格,这有益于那些从事"替代职业"(alternative careers)[64]的人,它给法学毕业生更多的弹性和职业选择,它使人意识到法学教育可以指向多种职业路径。对于将实习培训期间从6个月延长至1年这一建议,律政部认为,师徒制或导师制期限的延长有助于为受训者的未来成功执业打下一个更加坚实的基础。律政部也原则上认同提高新加坡律师资格考试B部分难度这一建议,认为这有助于维持该考试的高标准,从而确保新律师们成功迎接现代职业环境的挑战。这三项"结构性"改革建议将于2023年开始实施,具体来说,前两项改革建议将适用于通过了2023季或以后律师资格考试B部分的"适格人",第三项改革建议将适用于2023季或以后律师资格考试B部分。

改革后的新加坡法律职业准入将呈现如图2所示图景。

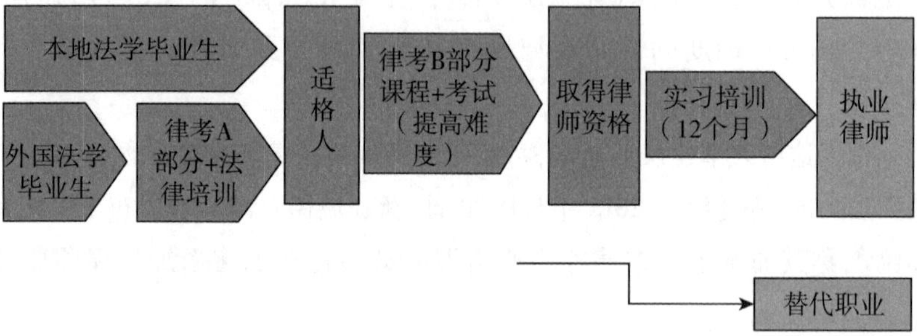

图2　改革后新加坡法律职业准入途径

---

[64] 此处的"替代职业"(alternative careers)指的是某公司或机构的内部律师(in-house counsel)、执业支持律师(practice support lawyers)、法学学者(law academics)、公务员(public servants)和法律技术专家(legal technologists)。

七、启示

新加坡的法律职业和法学教育发展史并不长，但发展成果却令人印象深刻。归纳起来，其可圈可点之处包括：

1. 法律职业立法无微不至

新加坡制定有专门的《法律职业法案》，在此基础之上，针对法律职业的每一个环节，如“适格人”、准入、法律执业实体、执业证、执业行为，出台下位立法，制定规则，规则细致入微、全方位覆盖，真正做到了法律职业规制有法可依，增加了法律职业发展的可预见性和稳定性，增强了法律职业规则的权威性和可信度。在律师行业组织（律师公会）之外，通过立法，推出了专门的、包容性更强的法律教育管理机构（法律教育学会）和法律职业促进机构（法律学会）。这些机构，尽管职能各有侧重，但都具有较强的法律共同体色彩，它们将法学教育工作者、律师、司法机构人员聚合在了一起，共商法律职业自律之举，共谋法律职业发展大计。

2. 法学教育精英化、多元化

新加坡的法学教育秉持了一些发达的英美法系国家的精英化发展路线。国家所认可的能提供 LLB 或 JD 学位的法学院是法定的和精而少的，攻读法学学位入学门槛较高，竞争较为激烈，这是第一层过滤机制。只有 LLB 或 JD 学位才是律师资格取得所认可的学位，对于参加律师资格考试的前置学位要求较为严格。不仅如此，学生获得 LLB 或 JD 学位也并不意味着就可以参加律师资格考试。参加律师资格考试对 LLB 或 JD 学位的等级有要求，此为第二层过滤机制。改革后的难度系数提高的律师资格考试将发挥进一步的第三层过滤功能。

与一些其他英美法系国家法学院出现的景致相似，[65]新加坡的法学院所提供的 LLB 或 JD 项目的法学必修课也较少，而法学选修课则众

---

[65] 参见赵西巨：《法学第一学位教育之定位：基于域外法学院的观察》，载王瀚主编：《法学教育研究》第 13 卷，法律出版社 2015 年版。

多。这给学生的个性化培养留出空间,这有利于促进学生根据兴趣爱好进行多元化发展。在这些选修课当中,医药法类课程也没有缺席。与其他世界著名大学一样,像新加坡国立大学这样的综合性大学也提供了数门医药法类课程,这足以证明其选修课涉猎之广博和深入,这与我国综合性大学法学院形成对比。[66]

3. 法学教育职业化

新加坡法学教育的职业化体现在其对实践教学的重视。法学教育直接面向法律职业、指向实务部门。新加坡对法学生的职业化训练可分为三个阶段。一是法学院层次。法学院阶段的实践教学主要体现在让学生参加志愿法律服务和庭审辩护课程。这相当于"热身"。二是律师资格考试阶段。与我国不同,新加坡的法学实践培训大多是在法学生毕业之后完成的。新加坡律师资格考试 B 部分考试的预备课程具有很强的实践属性,教员不限于学者,还包括法律实务界人士。三是律师事务所阶段。若想成为执业律师,法学生还需要完成实习培训合约。这一法定的实习培训阶段更是提供了学生与法律实务机构(如律师事务所)亲密接触的机会。新加坡律师资格考试 B 部分考试的预备课程培训与实习培训这两个阶段不能重叠进行。三个阶段的职业化训练层层渐进。

4. 法学教育和法律职业国际化

新加坡属于英语国家,同属英美法系,国际化努力存在优势。归纳起来,新加坡法学教育和法律职业国际化至少体现在四点:一是新加坡法学院与国外大学合作密切,所获法学学位在其他法域执业时也获认可。二是在提供 JD 学位时,新加坡的法学院设置了两年制的 JD 学位项目,向一些大陆法系国家和普通法系国家的法学生开放。三是在界定可以取得律师资格的"适格人"时,认可了部分其他英美法系国家的 LLB 或 JD 学位,使得在新加坡之外获得法学学位的人士在满足法定条件后可以通过"转换"考试取得与新加坡内获得法学学位者同样的待遇。四是新加坡的法律服务市场逐渐向外国律师事务所和外国律师开放。

---

[66] 详情请参见赵西巨等:《法学专业医药法类课程的设计与展开》,载范九利主编:《法学教育研究》第 39 卷,法律出版社 2022 年版。

5. 法律职业路径多元化

新加坡的法律职业改革意识到了法学生就业多元化的实际,不再视执业律师为法学生就业的唯一渠道。它将律师资格或法律职业资格的取得与以执业律师执业作了区分,解决了实习培训的过度依附性问题,认可了执业律师之外无须经历实习培训阶段的其他法律职业发展路径的“替代”性。不过,需要注意的是,根据其改革设计,新加坡的法律职业发展路径多元化会是出现在律师资格或法律职业资格的取得之后,而非之前,它依托的仍是法学教育的精英化路线以及随之而来的法律职业资格的高通过率,而不是法律职业资格不能通过之后的被迫转行和无奈之举。在此情景之下,可以想见,在新加坡,执业律师仍是法律职业的主流,仍是法学教育的主要指向,执业律师之外的其他替代性法律职业,如法学学者、公司内部律师,很有可能是律师资格或法律职业资格获得者。

6. 法学教育和法律服务领域特色明显

新加坡地处亚洲,是世界上最具国际化的城市之一,是亚太地区重要的金融、贸易、服务、航运中心和科技创新中心,是得到国际社会认可的国际争议解决中心,它吸引了诸多外国投资者前来设立公司,是许多跨国公司进入亚洲的门户。新加坡的法学教育和法律服务充分利用了这一优势,将亚洲法律、大陆法系法律、公司与金融服务法、知识产权与科技法、国际法与比较法、国际仲裁与争端解决、海事法等练就成了学生研修及其未来执业的特有领域,形成了新加坡法学的独特面貌。

Legal Profession Legislation and Legal Education in Singapore

Zhao Xiju

Abstract: The history of development of legal profession and legal education is not long, but its development has been remarkable. That is partly due to its detailed legislation on legal profession and coordination among several legal organizations. The high-quality legal education offered by law schools in Singapore provides "qualified persons" for bar examinations, and law graduates need to undertake courses, tests and practice training in order to be successfully admitted to the Bar. Recent reforms in Singapore on legal profession will transform the current linear structure of "legal education-qualified persons-bar examinations-practice training-qualified to practice lawyer", and to a diversified legal career path of "legal education-qualified people-examination-obtaining lawyer qualification-practicing as a lawyer or engaging in other alternative legal professions after internship training". The elitism, diversification, professionalism and internationalization, and dynamism of legal education and the legal profession are impressive in Singapore.

Key Words: legal profession; legislation; legal education; Singapore

教 育 法 治

我国高校学生申诉与行政诉讼的衔接机制研究*

冯子轩** 向丹霖***

摘 要:自"田永案"打破高校处理或处分决定不可诉的先例后,高校学生申诉与行政诉讼之间缺乏衔接机制的问题随之暴露,这种衔接机制的缺乏不仅增大了学生维权难度,还影响了高校学生申诉和行政诉讼各自功能发挥。解决该问题,应当将高校处理或处分决定分流为自主管理行为和高校行政行为作为逻辑起点,并根据两者是否具有行政职权因素,分别构建"校内申诉—行政申诉"和"校内申诉—行政诉讼"两步走式的程序适用机制,防止不必要的程序堆叠。

关键词:高校学生申诉 行政诉讼 办学自主权

---

* 基金项目:司法部国家法治与法学理论研究一般项目"人工智能时代环境风险规制的行政程序再造"(项目编号:19SFB2017);重庆市高等教育学会高等教育科学研究重点项目"双一流背景下的人工智能+法律复合专业培养新模式研究:以西南政法大学人工智能法专业为例"(项目编号:CQGJ19A07);重庆市研究生教育教学改革研究一般项目"人工智能+法学学科群建设的实践与探索"(项目编号:yjg203044)。

** 冯子轩,西南政法大学人工智能法学院教授,法学博士。研究方向:行政法学、政府规制(监管)。

*** 向丹霖,西南政法大学人工智能法学院硕士研究生。研究方向:行政法学、教育法学。

行政行为　自主管理行为

一、问题的提出

以“田永案”为代表,高等教育领域的行政诉讼案件日益增长,高校行为不再以“自治”为由拒绝司法审查已成为共识①;除制度层面确立较早的学生申诉制度外,行政诉讼成为高校学生寻求解决校生行政纠纷、维护自身合法权益的又一重要途径。由于《普通高等学校学生管理规定》(以下简称《管理规定》)第59条将学生申诉的受理范围限定为高校处理决定和处分决定,这种处理或处分决定又具有单方性和强制性特征而类似于行政决定,故与高校学生申诉制度对接的诉讼应当是行政诉讼而非民事诉讼或刑事诉讼,即学生申诉制度和教育行政诉讼制度共同构成高校学生权利行政救济制度。作为授权性规范,上述规定授予高校学生以教育申诉权和起诉权,明文宣示高校作出的处理或处分决定不得非法侵害学生的受教育权及其相关权利,否则学生有权依法通过提起申诉或行政诉讼的方式维护其合法权益,从而为高校学生实现权利救济敞开了“法治之门”。

然而,尽管《教育法》《行政诉讼法》《管理规定》等现行法律规范通过建立学生申诉制度和行政诉讼制度,为高校学生依法维权指明了方向,但受特别权力关系理论的长期影响,我国现行教育纠纷解决体系,可供依据且清晰、规范、有序的法规仍难以觅得,造成教育行政和司法实践难以发挥其人权保障之应有功能②:现行法制对哪些行为适用学生申诉、哪些行为适用行政诉讼、如何确定两种救济途径的适用程序等问题均不尽明确,导致实务中救济机关面对校生纠纷案件时,受理情况和处

① 参见程雁雷:《高校学生管理纠纷与司法介入之范围》,载《法学》2004年第12期。

② 参见湛中乐、靳澜涛:《我国教育行政争议及其解决的回顾与前瞻——以“推动教育法治进程十大行政争议案件”为例》,载《华东师范大学学报(教育科学版)》2020年第2期。

理方式都大相径庭③。可以说，因高校学生申诉与行政诉讼的受案范围相关规定不够具体，进而导致两者在程序适用上缺乏衔接机制，增大了两者的适用难度，对高校正常办学、学生依法维权和教育行政机关、司法机关的执法与司法活动均造成不可忽视的不利影响。理顺高校学生权利救济机制，避免“同案不同判”现象，保障学生依法维权和高校正常自主办学，实现教育公平、依法治教，推进高校学生申诉制度和行政诉讼制度之间的衔接，具有现实紧迫性和制度必要性。

二、衔接之规范：高校学生申诉和行政诉讼之现行规范梳理

《教育法》《行政诉讼法》《管理规定》等法律、规章虽然对高校学生申诉和行政诉讼作出了规定，但该两种制度之间在规范上仍存在相互隔绝、欠缺关联性、适用方式不明等弊端，重点表现为受案范围和程序适用顺序方面规定不够明确、具体因而缺乏衔接机制，加大了学生权利救济和教育行政执法和司法难度。理顺高校学生申诉和行政诉讼之间的相互关系，实现两者之间的衔接，应当从受案范围和程序适用两个维度梳理相关法律规范，剖析现行立法在两者衔接方面的不足。

（一）受案范围之规范梳理：高校学生申诉和行政诉讼的受案范围存在重合，但重合部分欠缺规定

判断特定高校处理或处分决定是否属于高校学生申诉或行政诉讼的受案范围，是启动高校学生申诉或行政诉讼的前提条件。梳理两者衔接的规范，首先要梳理两者在受案范围或程序启动条件方面的规范。根据《管理规定》，高校学生申诉的受案范围包括高校处理决定和高校处分决定，前者涵盖招生、入学、学籍管理、教学、转专业、转学、休复学、退学、学业完成与学业证书管理、校园秩序维护、课外活动管理、奖励等高校学生管理活动的方方面面，后者仅限警告、严重警告、记过、留校察看

③ 参见邢斌文：《高校学生丧失学籍后恢复学籍的司法途径探析——基于我国司法实践的经验研究》，载《复旦教育论坛》2021 年第 2 期。

和开除学籍五种形式。根据《行政诉讼法》第 2 条第 2 款的规定,行政诉讼的受案范围仅限于行政行为,不包括非行政行为,具体到高校与本校学生产生的校生行政纠纷,则仅有高校作为法律、法规、规章授权的组织实施的行政行为方可纳入行政诉讼受案范围。从这一角度出发,高校学生申诉和行政诉讼在受案范围上存在重合:高校处理和处分决定中既有可同时适用高校学生申诉和行政诉讼行政行为(如强制退学、不授予学业证书),也有不具有行政法上可诉性、只适用于高校学生申诉的自主管理行为(如评定学生成绩、警告处分)。然而,现行立法仅分别规定了高校学生申诉和行政诉讼的受案范围,所谓与行政行为相重合的高校处理和处分决定主要是由"田永案"等司法案例推演得来,立法至今尚未明定重合部分的范围,导致实践中学生寻求救济和司法机关介入校生行政纠纷的难度仍然较大,"同案不同判"现象并未消失,有待立法或司法解释进一步明确。

(二)程序适用之规范梳理:高校学生申诉和行政诉讼之间程序适用顺序规定模糊

厘清高校处理或处分决定是否属于高校学生申诉或行政诉讼受案范围之后,两者在程序适用上的问题随之产生,对与之相关的法律规范进行梳理此时成为重点。根据《管理规定》第 59 条第 1 款,学生若不服高校作出的处理或处分决定,可以向本校学生申诉处理委员会提起申诉;如果学生不服校内申诉处理机构作出的复查决定,可以依照《管理规定》第 62 条第 1 款向高校所在地省级教育行政机关提起行政申诉;至于行政诉讼,除依法属于行政复议前置或实行行政复议终局的情形,行政相对人和相关人均可直接提起行政诉讼而无须经过申诉、行政复议等前置程序。上述规定的问题在于,对高校学生申诉内部各程序(校内申诉和行政申诉)之间、高校学生申诉程序与行政诉讼程序之间的关系规定较为模糊、缺乏可操作性:其一,《管理规定》第 59 条第 1 款和第 62 条第 1 款采用的均为"可以"而非"应当"或"必须",意味着虽然校内申诉作为行政申诉的前置程序存在,但校内申诉和行政申诉均未被立法强制规定为行政诉讼的前置程序;其二,高校处理或处分决定经过校内申诉处理后，亦只是“可以”提起行政申诉，而并未直接排除行政诉讼的适用；其三，学生不服高校处理或处分决定是否可以不经校内申诉而直接提起行政诉讼，以及高校处理或处分决定经过校内申诉和行政申诉两次审查后学生仍不服行政申诉处理决定是否可以再提起行政诉讼，缺乏明确规定。因此，立法或司法解释就高校学生申诉和行政诉讼之间在程序适用上应当作出更为细致、更具可操作性的规定，理顺各程序适用的顺序，实现程序适用上的衔接。

三、衔接之机理：高校学生申诉与行政诉讼衔接之缘由

在高等教育法律关系纠纷解决实务中，不同救济机关解决方式之所以大相径庭，表面上是因为法律规定不够明确、具体，但究其根源是该问题学界和实务界均存在较大争议，难以在理论和实践中达成共识，进而导致立法实务中法制供给不足，难以为救济机关提供明确依据。由于法律条文本身即具有模糊性和抽象性，不同救济机关以及相同救济机关的不同办案人员对法律条文存在不可能完全相同的理解，也就不可避免地陷入“同案不同判”的法治怪圈。实现高校学生申诉和行政诉讼之间的衔接，不仅要在制度层面分析有关规定的局限，还应当进一步挖掘两者衔接的机理，探明两者衔接的必然性和必要性，如此有利于形成理论共识，进而完善相关立法，明晰高校自主办学和学生权利救济之界限的同时，也为教育执法和司法确立统一标准，推动教育法治在高教领域得以实现。

（一）高校学生申诉之存在缘由：特别权力关系和高校自主办学双重影响

由于高校学生申诉始终是高校学生权利行政救济的主渠道，行政诉讼适用于高教领域校生行政纠纷的时间较晚，故探讨高校学生申诉与行政诉讼的衔接，梳理高校学生申诉制度的存在缘由是谈论其与行政诉讼衔接问题产生机理的前提。1990 年《行政诉讼法》实施之后、“田永案”

发生之前,高校对学生作出的处理或处分决定被一概排除在行政诉讼受案范围之外,被认为不属于司法审查范畴;至于权利救济,主要通过1990年版《管理规定》所确立的校内申诉制度这一学校内部申诉机制或者教育行政部门调解方式处理④。即使"田永案""刘燕文案"等一系列高教领域校生行政纠纷司法判例逐渐打破高校处理和处分决定不具有行政法上可诉性的传统,《管理规定》本身也经过2005年和2017年两次修改,校内申诉制度仍然得以保留,并成为2005年新增的行政申诉程序的前置程序,自此之后,高校学生申诉制度发展为由校内申诉和行政申诉共同构成。高校学生申诉制度之所以至今仍未被废止,时至今日仍然保持着强大的生命力,原因有二:

1. 特别权力关系理论持续影响我国行政法制

特别权力关系理论起源于19世纪的帝制德国,该理论主张学校、监狱、公务员管理关系等特殊行政领域不适用法律保护。彼时德国高校学生与学校之间即构成特别权力关系,高校可以不经法律授权对学生采取管理措施,后者几乎无法寻求司法救济⑤。直到乌勒提出"基础关系—管理关系"理论之后,特别权力关系理论有所松动,法律调整空间得以扩大,包括校生关系在内的特别权力关系理论上存在了法律调整和司法介入的可能性,不再是法治国家中游离于法律规制的"世外桃源";司法实务层面,德国联邦行政法院于1972年作出的一项判决指出,基本权利即使在刑罚执行等特别权力关系中也具有适用空间,非依正式法律不得限制,从而吹响了突破特别权力关系排除基本权利适用桎梏的号角,司法审查得以介入其中。时至今日,特别权力关系理论在德国法学理论界和司法实务界几近绝迹⑥。然而,这项在其起源地德国近乎销声匿迹的理论,在我国公法理论和制度中仍具生命力,如《行政诉讼法》及其司法解

---

④ 参见之凡:《田永退学案 校规与法律的冲突》,载中国法院网2007年11月26日,https://www.chinacourt.org/article/detail/2007/11/id/276888.shtml。

⑤ 参见[德]哈特穆特·毛雷尔:《行政法学总论》,高家伟译,法律出版社2000年版,第169页。

⑥ 参见[德]哈特穆特·毛雷尔:《行政法学总论》,高家伟译,法律出版社2000年版,第169~170页。

释并未将一切行政行为纳入行政诉讼受案范围,我国司法实务亦仅将部分高校处理和处分决定视为行政行为。谈论我国高校学生申诉与行政诉讼之间的衔接,仍然不得不考虑高校与学生之间存在的特别权力关系,不能将一切高校处理或处分决定纳入行政诉讼受案范围。

2. 建立高校学生申诉制度是高校正确自主办学的必然要求

除受特别权力关系影响之外,我国教育法制确立的高校自主办学制度同样是高校学生申诉制度得以建立的影响因素。我国《高等教育法》第 11 条明确规定,高校"依法自主办学,实行民主管理",意味着高校现有法律规定范围内的办学自主权。这种办学自主权是高校享有的一种公法上的权利,而非国家公权力或职权⑦。既然是权利,高校基于办学自主权作出的处理或处分决定就不具有行政管理职权因素,该处理或处分决定自不属于行政行为。当然,高校办学自主权的行使不得损害国家利益、社会公共利益和他人合法权益,高校即使是在自主办学过程中作出的处理或处分决定,按照"有权利必有救济原则",同样应当允许不服该决定的学生获得相应救济。由于这种处理或处分决定不属于行政行为,行政复议和行政诉讼均无介入之空间,由校内申诉和行政申诉组成的高校学生申诉制度应运而生,发挥着救济学生权利和保障高校正确行使办学自主权的制度功能。由于高校学生申诉制度与高校自主办学联系紧密,发挥着行政复议和行政诉讼难以发挥的作用,这一制度仍然具有理论和实践意义,绝不能简单地以行政复议或行政诉讼取代之。

(二)高校学生申诉与行政诉讼衔接问题之产生机理:自主管理行为与高校行政行为的界分使行政诉讼成为解决校生行政纠纷的新渠道,两者并存产生亟待解决的新问题

在我国,虽然特别权力关系和高校自主办学始终对高教领域校生行政纠纷解决机制产生影响,学生申诉制度也一度成为解决高校与学生之间行政纠纷的不二之选,但自"田永案"之后,并非高校对本校学生作出的一切处理或处分决定皆属完全依照办学自主权实施的、不可提起行政

⑦ 参见湛中乐、黄宇骁:《高校自主办学法解释论》,载《华东政法大学学报》2020 年第 3 期。

诉讼的自主管理行为,具有行政权力因素、行政法上可诉性的高校行政行为在司法活动中被成功发掘。与除高校学生申诉制度外,行政诉讼成为另一与之相并列的校生行政纠纷处理机制,并被《教育法》和《管理规定》所肯认。诚然,新的纠纷解决渠道的产生虽然为高校学生维护自身合法权益提供了新的路径,但两种不同制度由于负责主体、介入依据、启动方式、受案范围、适用程序等方面的差异性和模糊性,不仅使大多数不了解相关法律规定的高校学生陷入选择困难,还加大了高校、教育行政机关和司法机关等学生申诉和行政诉讼的受理主体审查相关案件的难度。为妥善解决这些困境,提高校生行政纠纷的解决质量和效率,高校学生申诉与行政诉讼的衔接问题随之产生,解决这一问题对有效化解校生行政纠纷和实现依法治教、依法治校具有举足轻重的意义。

可以说,正是由于行政诉讼的介入,高校学生申诉与行政诉讼得以并存,两种救济机制之间的衔接问题也随之产生,实现两者衔接,应当正确认识以高校办学自主权(权利)为基础的自主管理行为与以教育行政职权(权力)为基础的高校行政行为之间的界限,并以自主管理行为与高校行政行为的界分作为探究两者衔接的逻辑起点。

四、衔接之路径:立足于自主管理行为与高校行政行为的界分推动高校学生申诉与行政诉讼的衔接

尽管《管理规定》对高校处理或处分决定有所涉及,但相关规定较为分散,类型化、体系化程度较低。实现高校学生申诉与行政诉讼的衔接,应当以明确界定高校行政行为和自主管理行为的界限为逻辑起点,并根据两类高校处理或处分决定的各自特点实现两者的程序衔接。

(一)衔接之起点:高校行政行为与自主管理行为之分流

前文已述,高校处理或处分决定根据是否具有行政职权因素的不同,可以分为自主管理行为和高校行政行为两类,其中仅高校行政行为属于行政诉讼受案范围,自主管理行为则不具有行政法上的可诉性。这

意味着高校学生申诉和行政诉讼各自的适用范围有所不同,前者的适用范围涵盖一切高校行政行为和自主管理行为,而后者仅将高校行政行为纳入其中。因此,实现高校学生申诉和行政诉讼的衔接,首要任务是明确高校处理或处分决定中高校行政行为和自主管理行为之界限,实现两类高校处理或处分决定的分流。

1. 分流第一步:析出高校处理或处分决定中的高校行政行为

包括高校行政行为在内的一切行政行为,均须符合以下要件:第一,作出行为者是行政主体。第二,行为作出以实现社会公共利益为目标。第三,行政主体依法定职权(权力)单方面作出,一经作出即产生法律效果,具有强制力。第四,行为之准据为公法规范⑧。比较行政行为应当具备的上述四个要件,高校处理或处分决定具备以下特征:首先,主体地位方面,高校具有双重属性,既是《行政诉讼法》第 2 条第 2 款规定的法律、法规、规章授权的组织,也是《民法典》第 87 条规定的非营利法人⑨,即高校兼具行政主体和民事主体的双重地位;其次,行为目标方面,高校处理或处分决定的作出,是以管理课内外活动、维护校园秩序、为国家和社会培养人才等校内外公共利益为目的,而非高校或其他主体的个人利益,具有显著的公益性;再次,行为特点和基础方面,高校处理或处分决定均由高校单方面作出,且一经作出即发生效力,具有单方性和强制性,但行为基础存在不同,既可能基于教育行政职权(权力)作出,也可能基于高校办学自主权(权利)作出;最后,行为准据方面,高校处理或处分决定既可能直接依照《教育法》《高等教育法》《管理规定》等国家公法规范作出,也可能不直接援引国家法律规范而是直接依据高校自主制定的章程或其他校内规则作出。

可见,高校处理或处分决定与行政行为除行为目标具有同一性外,其他方面并非完全一致,只有高校依照法律、法规、规章授予的教育行政职权,对本校学生作出的具有单方性和强制性,且对学生合法权益产生

---

⑧ 参见应松年主编:《当代中国行政法》,中国方正出版社 2004 年版,第 515 ~ 516 页。

⑨ 高校具有法人地位,属于《民法典》第 88 条规定的“事业单位法人”。相关论述可参见刘复兴、檀慧玲主编:《高等教育法规概论》,首都师范大学出版社 2021 年版,第 74 ~ 75 页。

实际影响的处理或处分决定才是高校行政行为。根据《管理规定》,这些高校行政行为分为剥夺学生在学身份的高校处理、处分决定以及阻碍学生完成学业的高校处理决定两类,前者涵盖不予录取为本校学生、视为放弃入学资格、取消入学资格、不予注册学籍、不予保留学籍、取消学籍、退学等类型,直接涉及学生受教育者身份的得失;后者包括不准予毕业、不按时发给毕业证书、不发给学位证书、不准予提前毕业、不准予结业、不发给结业证书、不发给肄业证书或写实性学习证明、不发给辅修专业证书、撤销和注销学业证书、不依据学业证书获得者申请出具证明书、错发学业证书或学位证书、限制学生获得的学位及学术称号与荣誉等处理决定,直接关系到学生受教育目的能否圆满实现。上述高校行政行为一经作出即产生公民无法获得或失去其已经获得的高校学生身份而无法接受或继续接受高等教育的效果,抑或导致公民无法圆满实现其接受高等教育的目的,对学生合法权益具有直接、重大、实质的不利影响。上述处理或处分决定涉及具有公法性质的《教育法》《高等教育法》《管理规定》等国家教育法律规范规定的招生、学籍管理、学业证书管理等教育行政职权,并非高校办学自主权之衍生权利⑩。高校作出相关处理或处分决定时属于《行政诉讼法》第 2 条规定的法律、法规、规章授权的组织,此类处理或处分决定一经作出即发生法律效力,具有单方性和强制性,其目的在于面向社会各界招收符合国家和学校要求的受教育者、管理所有在校学生学籍、决定是否继续保有受教育者在学身份,具有显著的社会公益性。剥夺学生在学身份的高校处理、处分决定和阻碍学生完成学业的高校处理决定符合行政行为的构成要件,应当纳入高校行政行为之列。

2. 分流第二步,确定其他高校处理或处分决定为自主管理行为

除上述高校行政行为之外,其他高校处理或处分决定均属于自主管

---

⑩ 参见最高人民法院指导案例 38 号、最高人民法院指导案例 39 号、厦门市中级人民法院(2006)厦行终字第 29 号行政判决书、南京市中级人民法院(2008)宁行终字第 54 号行政判决书、龙岩市中级人民法院(2010)岩行终字第 37 号行政判决书、北京市第一中级人民法院(2001)一中行终字第 41 号行政判决书、上海市第三中级人民法院(2017)沪 03 行终 256 号行政判决书。

理行为。所谓自主管理行为,是指高校直接依照自主制定的校内规则,对本校学生作出的具有单方性、强制性、公益性的处理或处分决定,包括不同意转学申请、不同意转专业申请、决定留级、决定降级、不予升级、不予跳级、休学、不同意复学申请、判定学生考核成绩不合格、决定重修、决定补考、不予承认学生修读的课程成绩或学分、将课程考核成绩记为无效、非教学日常管理、不予奖励等处理决定和警告、严重警告、记过、留校察看四种处分决定。

不同于高校行政行为,上述自主管理行为虽然也具有单方性、强制性和公益性,但其一般由高校直接依据本校校内规则作出,与国家教育法律规范授予高校行使的行政职权无直接关联,系高校行使办学自主权的行为;加之,此类行为对学生合法权益不具有直接、重大、实质的不利影响,即使高校作出上述处理或处分决定,学生通过校内规则设定的补救机制即有机会恢复至决定作出前的状态,不可能也无须通过行政诉讼解决。上述自主管理行为既不直接导致学生身份的获得、变更和撤销,也不直接导致其无法圆满完成学业,高校在作出此类处理或处分决定时不是行使教育行政职权的行政主体,而是行使办学自主权(权利)的私主体,司法机关对此亦无管辖权。

至此,高校处理或处分决定成功分流成为自主管理行为与高校行政行为,迈出了高校学生申诉与行政诉讼的程序衔接的第一步,后续实现两者的程序适用机制衔接,应当立足于分流后的高校处理或处分决定,分别构建程序适用机制。

(二)程序适用之衔接:构建自主管理行为的“校内申诉—行政申诉”程序适用机制和高校行政行为的“校内申诉—行政诉讼”程序适用机制

通过将高校处理或处分决定划分为高校行政行为和自主管理行为并以此为基础确定高校学生申诉和行政诉讼各自的适用范围之后,学生如果不服高校针对自己作出的处理或处分决定,有权根据高校行政行为和自主管理行为的各自特点,选择相应的救济机制寻求权利救济,并在此基础上实现程序衔接。为此,应当正确把握高校学生申诉和行政诉讼各自的受案范围——一切高校处理或处分决定和高校行政行为,并结合可能担任学生权利救济机关的司法机关、教育行政机关、高校各自的优势和专业特点,根据高校处理或处分决定对学生合法权益的影响程度,实现程序衔接:

1. 校内申诉应当设定为行政申诉和行政诉讼的前置程序

校内申诉程序是否应当作为行政申诉和行政诉讼的前置程序,理论上存在分歧。例如,有学者认为,校内申诉对于调动高校自我纠错的积极性、避免外部单位对高校内部事务的过度干预而言具有积极意义,可以将之作为行政申诉和行政诉讼的前置程序⑪。但也有学者提出不同观点,以高校处理或处分决定是否影响学术自由为标准,主张校内申诉前置虽然对于维护高校办学自主权——尤其是其中的学术自由权而言具有必要性,但不应当对无涉学术评价的高校处理或处分决定实行校内申诉前置,否则会不当限制学生对救济机制的选择⑫。还有学者以高校处理或处分决定影响学生权利的属性出发,认为针对高校给予学生的影响其受教育权的处分决定实行申诉前置,而对于高校或其教职工实施的侵害学生人身权或财产权的行为则不实行申诉前置⑬。

笔者认为,无论是高校行政行为抑或自主管理行为,无论高校处理或处分决定是否涉及学术评价,无论是影响学生受教育权还是人身权或财产权,校内申诉均应作为行政申诉和行政诉讼的前置程序,理由在于:其一,校内申诉前置是对高校办学自主权的尊重。高校依法享有办学自主权,既包括自主管理教学事务,也包括自主采取措施维护学校秩序和校内师生人身权、财产权等合法权益;自主解决校生纠纷当然也属于高校办学自主权的有机组成部分,这与高校处理或处分决定是否影响受教育权或人身权、财产权等权利和是否涉及学术评价无直接关联。即使是

---

⑪ 参见湛中乐、靳澜涛:《我国教育行政争议及其解决的回顾与前瞻——以“推动教育法治进程十大行政争议案件”为例》,载《华东师范大学学报(教育科学版)》2020年第2期。

⑫ 参见程雁雷、蒋艳:《论我国高等教育法律救济制度的优化》,载《湖南师范大学教育科学学报》2021年第6期。

⑬ 参见孙悠夏、刘亦艾:《我国学生申诉制度的法律定位及法理基础》,载《教育发展研究》2021年第22期。

体现行政职权的行政行为,任何一部法律规范都不会禁止作出该行为的行政主体自行解决纠纷;相反,出于节约国家执法和司法资源、有效定分止争、促进社会和谐的考虑,这种自行解决纠纷的机制往往在制度和实践层面均被肯定。教育行政机关、司法机关等外部机关应当尽可能减少对高校内部事务的干涉,鼓励和支持高校自主解决内部纠纷——尤其是校生之间因人身权、财产权等民事权益产生的纠纷,从而督促高校得以及时自我纠错,维护和谐稳定的校园秩序。这也是高校学生申诉制度在受案范围上涵盖一切高校处理或处分决定的主要缘由。其二,校内申诉前置有利于节约执法和司法资源。具有受理行政申诉职能的省级教育行政机关不仅管理高等教育事务,还管理学前教育、义务教育、高级中等教育、职业教育等事务,尽管均属教育相关事务,但不同学段、不同性质的教育工作具有不同的特点、涉及不同的专业知识;司法机关是适用法律审理案件的机关,其司法人员精通法律专业知识,但“案多人少”等司法资源稀缺的现象在我国司法机关随处可见,倘若大量高等教育领域教育行政纠纷案件进入省级教育行政机关和司法机关,将显著增大两类机关的工作压力,甚至因此降低教育执法和司法效率和质量,反噬学生本身,不利于其合法权益的维护。其三,校内申诉前置能对高教领域校生行政纠纷作出更为科学的裁决。校内申诉的受理机关是高校本身,由学生申诉处理委员会具体负责,高校学生申诉处理委员会由学校及职能部门相关负责人、教师代表、学生代表、法律专家等组成,相对于省级行政机关和司法机关更了解学校的实际情况,具有更多不同学科领域的学术专家、精通学生工作的管理专家和更了解学生本身的其他学生代表。这是校内申诉相对于行政申诉和行政诉讼不可比拟的优势。由这一不同来源、不同身份、不同专业优势的人员共同组成的学生申诉处理委员会,审查内部纠纷案件能够更加科学、合理、公正。

2. 针对经校内申诉处理之后的高校处理或处分决定,根据分流结果设定相应的程序适用机制

尽管校内申诉程序具有若干优势,但其弊端亦不容忽视,例如,高校申诉处理委员会组成人员规定不明、教师代表和学生代表数量较少且大

多具有行政职务或学生组织职务、隶属于高校而不具有独立法律地位、难以保证决定公平等⑭。诚然,高校有权自主解决校内纠纷,但这种自主权是相对而言的,并非绝对不受任何外部监督,倘若高校无法自行解决冲突,引入校外监督机制予以规制具有现实可能性和制度必要性⑮。高校处理和处分决定分流为高校行政行为和自主管理行为,行政申诉和行政诉讼应当以此为基础发挥校外监督作用,针对高校行政行为和自主管理行为的特点为学生提供不同的校外救济机制以供选择。

(1)针对高校行政行为,构建"校内申诉—行政诉讼"程序适用机制,排除行政申诉适用

行政诉讼是解决行政争议的司法程序,当行政相对人认为行政主体实施的行政行为侵犯其合法权益时,有权提起行政诉讼寻求救济⑯。然而,过去受特别权力关系的影响,高校与学生针对高校处理或处分决定产生的行政纠纷可诉性不足,彼时行政申诉系解决此类纠纷的主渠道⑰。自"田永案"之后,此类校生行政争议才逐渐被纳入司法审查范围,这些校生行政纠纷涉及的高校处理和处分决定正是高校作为法律、法规、规章授权的组织基于教育行政职权实施的高校行政行为。针对高校行政行为,按照《管理规定》,学生不服的可以向高校所在地省级教育行政机关提起申诉,但问题在于,高校行政行为本质上属于高校作为法律、法规、规章授权的组织依法行使教育行政管理职权的行为,按照《管理规定》第63条,行政申诉处理机关除维持高校决定之外,只得责令高校作出撤销、变更、重作等决定,无权自行、直接作出这些决定,相比有权直接撤销行政行为的行政诉讼,行政申诉对于高校行政行为的监督力度显然不够。因此,在审查高校行政行为合法性的情况下,行政申诉难以发挥其效用,沿用"校内申诉—行政申诉—行政诉讼"的校生行政纠纷

---

⑭ 参见张金辉:《高校学生申诉制度的实证分析与对策研究》,载《中国青年研究》2012年第5期。

⑮ 参见湛中乐等:《公立高等学校法律问题研究》,法律出版社2009年版,第449页。

⑯ 参见马怀德主编:《行政诉讼法学》,北京大学出版社2019年版,第4页。

⑰ 参见孙悠夏、刘亦艾:《我国学生申诉制度的法律定位及法理基础》,载《教育发展研究》2021年第22期。

解决机制,只会增加学生的维权成本与难度,影响监督高校行使行政职权的效率。妥善解决这一问题,应当构建"校内申诉—行政诉讼"程序适用机制,明确排除行政申诉在高校行政行为中的适用,即学生不服高校针对高校行政行为作出的申诉复查决定,直接向有管辖权的人民法院提起行政诉讼即可,无须再提起行政申诉。

应当注意,排除校内申诉在高校行政行为中的适用,并不意味着行政申诉在解决校生行政纠纷中一无是处,亦无彻底废除或与其他制度整合的必要,只是其在监督高校行政行为的场合,难以有效发挥监督功能。如前文所述,高校处理或处分决定除高校行政行为之外,还有大量的自主管理行为,针对不属于行政行为的自主管理行为,行政诉讼自无权触及,如果完全取消行政申诉制度,倘若高校自主管理行为侵犯学生合法权益,学生将面临投诉无门、救济缺位的尴尬处境,高校办学自主权将成为超然权利,显然不符合权利与义务的一致性原则。基于此,对行政申诉的地位应当进行"再确立"——将之确立为仅解决高校学生合法权益和高校办学自主权(两种权利)之间纠纷的外部救济机制,不再解决学生合法权利和高校教育行政职权(权利与权力)之间的冲突。

(2)针对自主管理行为,构建"校内申诉—行政申诉"程序适用机制,遵循行政申诉终局原则,除行政申诉处理机关不作为外,排除行政诉讼适用

虽然行政行为的内涵处于不断发展之中并不断影响着行政诉讼受案范围的变迁,但行政诉讼受案范围规定的是司法机关对行政行为的监督范围,意即将某一行为纳入行政诉讼受案范围的根本前提是该行为是行政行为,完全具备行政行为构成要素⑱。高校在作出高校处理或处分决定中的自主管理行为时,不是法律、法规、规章授权的组织,行使的不是行政权力而是高校办学自主权这一权利。这类虽具单方性、强制性却不具备行政权力因素的高校处理或处分决定,不属于行政行为,不具有行政法上的可诉性,学生不享有行政诉权,不得提起行政诉讼。高校申

⑱ 参见梁凤云:《行政诉讼法司法解释讲义》,人民法院出版社2018年版,第3~5页。

诉处理机构针对此类行为作出的校内申诉复查决定属于高校行使办学自主权的行为,亦不具备行政权力因素。

当然,高校学生权利救济机制遵循“有权利必有救济”原则,若学生就高校处理或处分决定提起校内申诉后,不服校内申诉复查决定,可以向省级教育行政机关提起行政申诉,通过行政申诉对无法提起行政诉讼的事项寻求救济,即针对自主管理行为,构建“校内申诉—行政申诉”程序适用机制。省级教育行政机关依法作出行政申诉处理决定的,如果决定内容是责令高校撤销、变更或重新作出决定,那么该处理决定仅仅是对原高校处理或处分决定的重述或不予直接变动,系对学生合法权益不产生实际影响的行政行为,依照最高人民法院《关于适用〈中华人民共和国行政诉讼法〉的解释》(以下简称《行政诉讼法解释》)第1条第2款第10项,学生不得针对行政申诉处理决定提起行政诉讼;如果是维持决定,该决定属于行政行为,且若严格依照法律规定则不属于排除行政诉讼适用的情形,但如果司法机关对此予以审查,那么将只能以作为行政申诉处理机构的省级教育行政机关为被告,司法机关只能审查行政申诉处理决定的合法性,高校及其作出的自主管理行为均难以受到有效监督,即使判决撤销行政申诉处理决定并责令行政申诉处理机构重新作出决定,还要经历行政申诉处理决定作出维持决定或责令高校采取相关措施等漫长过程,增加了学生的维权成本,不利于监督高校依法办学。考虑到高校自主管理行为不是行政行为,行政申诉处理机构除维持决定外充其量只是责令高校作出相应决定,司法机关不宜介入其中,为解决这一问题,未来《行政诉讼法》或其司法解释应当明确将此类情形排除在行政诉讼范围之外,明确自主管理行为实行行政申诉终局原则。

(3)行政诉讼对行政申诉的特殊介入:行政申诉处理机关拒绝受理学生提起的行政申诉或受理后不予答复构成具有行政法上可诉性的行政不作为

虽然经过校内申诉程序处理过的自主管理行为实行行政申诉终局,但如果行政申诉处理机关存在行政不作为的情形,行政诉讼就应当发挥其监督行政机关依法履行职责的功能,受理学生就行政不作为提起的行政诉讼案件。《行政诉讼法》第 12 条第 1 款第 6 项确立了行政不作为的司法审查制度,根据这一规定,当行政相对人向有关行政机关提出保护其合法权益申请,具有相应法定职责的行政机关拒绝履行或不予答复,则申请人有权提起行政诉讼[19]。根据《管理规定》第 62 条,省级教育行政机关负责受理高校学生提起的行政申诉,意味着省级教育行政机关作为行政申诉处理机关,具有通过受理和审理学生提起的行政申诉保护学生受教育权及其相关权利的法定职责,无论案涉高校处理或处分决定是否属于行政诉讼受案范围,只要学生不服高校申诉处理机构作出的申诉处理决定而向省级教育行政机关提起行政申诉,省级教育行政机关拒绝受理申诉或虽然受理但在法定期间内未作出答复的,均构成没有依法履行高校学生受教育权保护法定职责的行政不作为。

由于此类行政不作为不属于《行政诉讼法》第 13 条和《行政诉讼法解释》第 1 条第 2 款规定的排除适用行政诉讼的情形,学生有权以行政不作为为由提起行政诉讼,行政诉讼审查对象是行政申诉处理机关的行政不作为而非高校处理或处分决定,司法机关不得以案涉高校处理或处分决定不属于行政行为为由拒绝受理学生提出的行政不作为之诉。由于审查对象是行政申诉处理机关的行政不作为,学生提起行政诉讼应当以行政申诉处理机关而非高校为被告,但高校作为与此类案件处理结果有利害关系的行政相关人,有权依照《行政诉讼法》第 29 条第 1 款的规定以第三人身份参加诉讼。值得注意的是,司法机关对行政申诉处理机关行政不作为的审查并不是对高校处理或处分决定本身的审查,而是对行政申诉处理机关是否依法履行职责的监督,不应以此为由认为司法机关有权直接审查高校作出的自主管理行为。行政申诉程序才是除校内申诉外直接解决高校实施自主管理行为所引发纠纷的渠道。

---

⑲ 参见梁凤云:《行政诉讼讲义》,人民法院出版社 2022 年版,第 99~100 页。

结 语

现行法制下高校学生申诉和行政诉讼之间缺乏衔接机制,对学生维护自身合法权益、高校依法自主办学、教育行政机关和司法机关监督高校依法行使职权均造成了不便。立足于高校处理或处分决定的分流,有利于当前高校办学、教育行政和司法实践明确高校学生申诉和行政诉讼的启动条件,理顺不同类型高校处理或处分决定的程序适用机制,应对因程序的无效堆叠引起的维权成本高、权力监督难等问题。同时,解决高校学生申诉与行政诉讼衔接的问题不仅功在当代,而且利在千秋:在全面推进依法治教的大背景下,《教育法典》的编纂已被提上日程,实现教育法法典化,应当完善现行教育法律制度并实现教育法律规范的体系化。要在未来顺利颁布《教育法典》,实现教育法法典化,更应当充分解决高校学生申诉与行政诉讼之间衔接的问题,以此完善教育纠纷解决法律机制,从而进一步推动教育法律规范的体系化,最终完成编纂《教育法典》的伟大目标,全面实现依法治教,为建成教育强国构建坚实的制度基础。

A Study on the Linkage Mechanism between College and University Students' Appeal and Administrative Litigation in China

Feng Zixuan　Xiang Danlin

Abstract: Since the "Tian Yong Case" broke the precedent that the handling or punishment decision of colleges and universities is not actionable, the problem of the lack of linkage mechanism between college and university students' appeal and administrative litigation has been exposed. The lack of such linkage mechanism not only increases the difficulty of students' rights protection, but also affects the respective functions of college and university students' appeal and administrative litigation. To solve this problem, the logical starting point is to divide handling or punishment decision of colleges and universities into autonomous management acts and administrative acts of colleges and universities, and construct a two-step procedural application mechanism of "internal appeal-administrative appeal" and "internal appeal-administrative litigation" respectively according to whether they have administrative authority, so as to prevent unnecessary procedure stacking.

Key Words: college and university students' appeal; administrative litigation; autonomy of school operation; administrative acts; autonomous management acts

国家教育考试的法律规制*

李茂菊**

摘　要:国家教育考试制度关涉人才选拔与入学机会的分配,对教育管理秩序的维护与公民平等受教育权的保障发挥重要作用。文章以203份与国家教育考试相关的裁判文书为研究案例,据此剖析有关国家教育考试的司法实践中存在的困境。实证分析结果表明,当前存在国家教育考试范围法律位阶较低、法制体系内部缺乏一致性、行政处罚救济制度不够完善等问题。为此,可从厘清国家教育考试管理范围,推进相关法律法规有机衔接,以及完善相应司法监督保障机制三方面加以改进。

关键词:国家教育考试　法律规制　裁判文书

---

* 基金项目:2021年度教育部人文社会科学研究青年基金项目"新高考背景下综合素质评价在高校招生中的应用策略研究"(项目编号:21YJC880034);广东省哲学社会科学规划2021年度项目"'一核一带一区'区域职教高考制度建设理论和实践研究"(项目编号:GD21CJY22)。

** 李茂菊,东莞理工学院教育学院讲师。研究方向:教育政策与法制。

一、问题的提出

国家教育考试制度涉及高等教育入学机会的分配，对公民平等受教育权的保障和教育管理秩序的维护起着重要作用。从现实要求来看，有关国家教育考试违法违规行为乱象丛生，对国家教育考试管理秩序以及国家教育治理提出严峻的挑战。因此，推进国家教育考试立法，规范考试管理机构行政权力的同时，充分保障考生的考试权、公平竞争权、知情权、申诉权、名誉权等权利①，是推进"依法治教"、完善国家治理体系与提升治理能力的关键。

从2004年至2018年，教育部历年工作要点都提及有关教育考试立法的内容②，《国家中长期教育改革和发展规划纲要（2010—2020年）》更是明确提出要制定有关考试的法律，推进教育法治化建设③。在实践中，其实已有地方政府在考试立法方面作出了尝试与探索，如天津与重庆分别于2005年、2007年制定了考试相关的地方性法规，其中《天津市国家教育统一考试争议裁决办法》明确了国家教育考试争议的种类以及裁决委员会的组成、裁决程序等④；《重庆市国家教育考试条例》对报考资格、命题制卷、考试实施、试卷评判安全保密等内容进行细致规定⑤。这些地方探索为国家层面的教育考试立法提供了实践经验。但是，因考

---

① 参见马顺述：《地方立法推进教育考试管理制度改革的研究》，山东师范大学2014年硕士学位论文，第3页。

② 参见《教育部工作要点》，载中华人民共和国教育部网，http://www.moe.gov.cn/jyb_sjzl/moe_164/，最后访问日期：2022年2月26日。

③ 参见《国家中长期教育改革和发展规划纲要（2010—2020年）》，载中华人民共和国教育部网2010年7月29日，http://old.moe.gov.cn/publicfiles/business/htmlfiles/moe/moe_838/201008/93704.html。

④ 参见《天津市国家教育统一考试争议裁决办法》，载华禹教育网2005年6月3日，http://www.huaue.com/fg/200563160833.htm。

⑤ 参见《重庆市国家教育考试条例》，载重庆人大网2012年1月17日，https://cqrd.gov.cn/article? id=250591。

试立法范围调整、调整对象的稳定性等难题,国家教育考试立法至今仍处于搁置状态⑥。

依据规范法学派的观点,司法判决是法律规范的具象化,有助于深入理解法律规范的内涵⑦。裁判文书作为司法过程的终端产品⑧,是审判活动、裁判理由、裁判依据和裁判结果的重要载体⑨,一方面集中反映诉讼双方的争议焦点;另一方面可反映出司法过程面临的困境,对其进行分析可为立法提供实质性参考。基于此,本研究以 203 份与国家教育考试相关的裁判文书作为研究案例,审视国家教育考试司法实践过程中面临的困境,并据此提出相应的法律规制策略。

二、国家教育考试裁判文书的整体考察

本研究所涉及的裁判文书源于"中国裁判文书网"与"北大法宝"。中国裁判文书网始建于 2013 年,主要收录 2013 年以后的裁判文书,散落收集其他年份的裁判文书;"北大法宝"网站在 1985 年由北京大学法律系创建,除了收集大量法律法规,还收集海量裁判文书。本研究以"教育考试"为关键词在"理由"/"裁判依据"字段进行检索,并将检索范围限定在行政案件与刑事案件两类,虽然可能不能完全收集到与本研究主题相关的全部裁判文书,但是如此数量的裁判文书无论从时间、法院层级、地域分布等方面都较为均衡,可见具有良好的代表性。

(一)裁判样本的时间分布

通过对两个网站的检索,截至 2021 年 12 月 31 日,共收集到 266 篇

---

⑥ 参见陈韶峰:《试论国家教育考试立法的疑难问题及其解决方案》,载《内蒙古社会科学》2022 年第 1 期。

⑦ 参见[奥]凯尔森:《纯粹法理论》,张书友译,中国法制出版社 2008 年版,第 90 ~ 91 页。

⑧ 参见方乐:《指导性案例司法适用的困境及其破解》,载《四川大学学报(哲学社会科学版)》2020 年第 2 期。

⑨ 参见许静:《新形势法官分析及司法能力生成研究》,天津科学技术出版社 2018 年版,第 100 页。

裁判文书,通过对无关裁判文书进行剔除与两个网站中相同裁判文书去重处理,最终获取203份与国家教育考试直接相关的裁判文书。裁判文书样本的具体分布情况如表1所示。

表1 裁判文书样本分布情况

分布时间	样本/份	占比/%	法院层级	样本/份	占比/%
2013~2015	35	14.9	最高人民法院和高级人民法院	20	9.8
2016~2018	92	47.7	中级人民法院	63	31.0
2019~2021	76	37.4	基层人民法院	120	59.2

资料来源:笔者对两个网站所检索的裁判文书统计而成。

从样本分布时间来看,裁判文书总量呈上升趋势。究其原因,主要包括两个方面:一方面是相关法律法规的完善,推动了与国家教育考试相关的诉讼有法可依,并作出有效判决。如2015年8月《刑法修正案(九)》的通过,以及相关司法解释针对考试作弊行为作出明确的刑事制裁。另一方面,关于裁判文书公开规定的颁布。最高人民法院于2016年颁布《关于人民法院在互联网公布裁判文书的规定》,第1条就规定"人民法院在互联网公布裁判文书,应当依法、全面、及时、规范"⑩。因此,有关国家教育考试的裁判文书数量明显增加。

(二)裁判文书的法院层级分布

裁判文书的制作主体涵盖了最高、高级、中级和基层四级人民法院。通过统计分析,最高人民法院与高级人民法院共审理案件20起,中级人民法院与基层人民法院分别审理案件63起和120起。概言之,国家教育考试相关的诉讼案件大部分集中在基层人民法院(占比59.2%)与中级人民法院(占比31%)审理,仅有少量案件交由最高人民法院和高级人民法院审理(占比9.8%)。由此也可再次证明,裁判文书具有较好的代表性,因为其基本符合司法争讼在我国四级人民法院审理中的审判现状。

---

⑩ 《关于人民法院在互联网公布裁判文书的规定》,载最高人民法院网2016年8月31日,http://www.court.gov.cn/zixun-xiangqing-25321.html。

有关国家教育考试的诉讼案件所存在的争议仍然较大。具体来看,在203起案件中,一审裁判文书共计131份,二审裁判文书共计58份,其中14起经历了再审程序,占全部样本裁判文书比例约6.9%。由此可以看出,国家教育考试的涉诉案件中仍面临较多争议的点,经常需要提起再审,如“杨某薇与内蒙古自治区教育招生考试中心其他再审审查与审判监督行政裁定书”中,杨某薇提出再审的原因在于,“教育部《国家教育考试违规处理办法》作为部门规章,无权授予事业单位行政处罚权”,而法院则判定事实与适用法律并无不当⑪。另外,从文书的发布日期与审理日期还可以看出,经常出现由基层人民法院同时集中审理多起同类型案件的情况,如2016年10月10日,武汉市中级人民法院同时对基于政府信息公开的6个案件进行二审⑫,这反映了基层人民法院在审理有关国家教育考试相关案件时面临较大办案压力,如果没有有效的法律依据作为支撑,容易出现司法不严的困境。

(三)裁判样本的地域分布

从样本的地域分布情况来看,31个省级行政区域的裁判文书分布数量存在明显差异。其中,样本分布最多的省(市)是北京市,共计30起,排名前5位的其他省份分别是陕西、江西、山东、吉林(分别20起、19起、16起、12起)。偏远省份如山西省、云南省、新疆维吾尔自治区等省份分布数量明显较少,均为1起。

关于裁判文书数量分布的地域差异,或许与各地区人口文化水平、经济发展状况、教育资源分布情况等存在一定正相关关系,如文化水平较高地区的公民可能具有较高的法治意识,更倾向于采取法律手段维护自身权益。不过,这些归因仍需要更为翔实的实证数据以支持,如有研

---

⑪ 参见内蒙古自治区高级人民法院行政裁定书,(2018)内行申40号。

⑫ 参见戴某临与湖北省教育考试院教育行政管理二审行政判决书,(2016)鄂01行终492号;章某铭与被告湖北省教育考试院教育行政管理二审行政判决书,(2016)鄂01行终496号;宋某凡与湖北省教育考试院教育行政管理二审行政判决书,(2016)鄂01行终544号;杨某雨与湖北省教育考试院教育行政管理二审行政判决书,(2016)鄂01行终493号;何某阳与湖北省教育考试院教育行政管理二审行政判决书,(2016)鄂01行终522号;刘某青与湖北省教育考试院教育行政管理二审行政判决书,(2016)鄂01行终490号。

究发现，上海作为经济文化与教育发达的地区，在裁判文书数量上却跟北京相距甚远，仅有5起案件[13]。本研究统计结果虽然与其统计分析结果相类似，但仍需要进行深入论证，如考虑其是否受到数据库收录或其他因素的影响。

（四）裁判样本的条文分布

从法院审理的裁判结果来看，在行政诉讼案件中被频繁援引的法律条文主要有《行政诉讼法》《刑法》《刑事诉讼法》《国家教育考试违规处理办法》等。其中，《行政诉讼法》第49条被援引21次，第69条被援引45次，第89条被援引32次，第91条被援引18次；《刑法》第284条被援引62次，第67条被援引22次，第25条被援引14次；第72条被援引10次；《刑事诉讼法》第225条被援引7次，第200条被援引2次，第236条被援引2次；《国家教育考试违规处理办法》第6条被援引15次，第4条被援引13次，第21条和第27条均被援引5次。总的来说，国家教育考试有关的司法争讼涉及的法律条文总体分布较为分散，涉及的范围较广。

综合裁判样本的时间、法院层级、地域与援引条文分布可以看出，国家教育考试是公民关注的焦点，较为发达地区的关注度高于欠发达地区。从判决结果来看，国家教育考试法制体系完善程度欠佳，执行程序不公正现象仍较为明显，因此，国家教育考试的法治化势在必行。

三、国家教育考试涉案争议焦点举要

从样本总体来看，国家教育考试涉案纠纷类型可分为行政诉讼案件和刑事诉讼案件两大类。在203份裁判文书样本中，行政诉讼案件占了绝大多

---

⑬ 张健（2020）在研究《教育法》司法适用的实践情况时，对1781份裁判文书进行统计分析后发现，上海地区的裁判文书的数量远远少于北京等其他发达地区。参见张健：《〈教育法〉司法适用的实践、法理与完善——基于1781份裁判文书的实证考察》，载《高教探索》2020年第9期。

数,共有121起,占比约为59.6%;刑事诉讼案件共有82起,占比约为40.4%。

(一)行政诉讼案件

从考生诉讼的对象来看,针对国家教育考试相关的行政诉讼案件主要包括两类:一类是考生对大学、教育考试院/招生教育考试中心/教育招生考试院等国家教育考试招生单位或考试管理机构提起的诉讼,即招生单位或考试管理机构认为考生在国家教育考试过程中存在违反相关规定的行为,因此对考生作出取消考试资格、考试成绩、录取资格或学位授予等决定,而考生对该决定不服故提起行政诉讼;另一类是考生与教育主管部门之间的司法纠纷,如考生对省教育厅、教育局、教育部等部门提起诉讼。通过对案件进行分析,行政诉讼案件反映出来的主要争议有:

一是国家教育考试相关的上位法不明确。如在"白某诉北京教育考试院案"[(2016)京0108行初612号]中,白某因北京教育考试院不履行政府信息公开职责违法,向北京市海淀区人民法院提起行政诉讼。在本案中,北京教育考试院辩称,依据《政府信息公开条例》规定,在具体可执行的上位法不明确的情况下,北京教育考试院不具备政府信息公开的主体资格,法院依据《教育法》认为,被告具备信息公开的义务,但是对于政府信息公开需要调查与裁量,故对原告提出的信息公开的诉讼请求不予支持。由此可见,本案中反映了与国家教育考试管理相关的上位法不够明确,关于信息公开的问题也很难在诉讼过程中得到解决。

二是国家教育考试的行政诉讼证明标准模糊。在"东华大学与宗某取消录取资格案"[(2017)沪03行终57号]中,原告宗某不服东华大学作出取消录取资格的处理决定,因此向法院提起诉讼。法院认为,针对考生在入学考试中的违法事实证明标准较为模糊,因此认为东华大学作出取消考生录取资格的决定属于认定事实不清、证据不足,所以应当依法判决撤销。此案双方的争议核心是针对宗某入学考试中有关弄虚作假行为的认定是否成立,其争议焦点实质在于行政诉讼证明标准的适用范围。在司法实践中,行政诉讼证明标准是行政诉讼法的重点法律问题,在国家教育考试管理司法争讼中关涉违法事实认定和法律适用范围。因此,行政诉讼证明标准对证明案件事实所达到的程度尤为关键,是人民法院认定案件事实的核心依据。由此也可看出,当前由于行政诉讼证明标准存在立法缺失,司法实践中对行政诉讼证明标准的采行仍存在较大认知分歧。

三是国家教育考试相关的处分是否属于行政处罚行为存在争议。如在“马某发诉内蒙古自治区招生教育考生中心案”[(2015)呼行终字第00049号]中,马某发认为依据《行政诉讼法》第2条第2款规定,行政行为包括法律、法规、规章授权的组织作出的行政行为,内蒙古自治区招生教育考生中心作出的“当次考试各阶段、各科成绩无效”的处罚不属于《行政处罚法》第8条规定的行政处罚种类,实质上是教育行政管理行为,而非行政处罚行为。经审理,法院认为内蒙古自治区招生教育考生中心根据《国家教育考试违规处理办法》第4条第2款的授权,有权对考试违规行为作出认定与处理,因此被上诉人行政主体适格。在此类司法争讼中,对于原告来说主要通过援引《国家教育考试违规处理办法》《行政诉讼法》等法律规范作为其诉讼请求的重要依据,并在诉讼中根据实际情境对相应规范作出解释。

四是关于国家教育考试的信息公开问题存在分歧。具体来看,一般指国家教育考试管理机构违反了《政府信息公开条例》的相关规定,且相关决定违反了行政司法下的纠错原则,因此侵犯了原告切身利益信息的知情权、参与权、陈述权与监督权,或者原告的受教育权以及姓名权。在有关行政管理相关信息公开的诉讼方面,被告通常根据教育部、国家保密局《教育工作中国家秘密及其密级具体范围的规定》,认为原告请求公开的信息只限一定范围的人员掌握,不得擅自扩散和公开。对于评分标准以外的部分,虽不属于国家秘密,但根据规定应当按照国家秘密级事项管理,在国家教育考试结束之后,该部分信息的知晓范围仍应当受到严格限制。在大部分案件中,法院通常以国家教育考试中的相应答卷和评分标准“不属于国家秘密或国家秘密级事项”这一理由为依据,裁定考生关于信息公开的申请诉求无效[14]。不过,也有部分案件经二审法院判决后撤销了一审的裁定。由此可见,国家教育考试管理人员的正常履职与国家教育考试利益相关者的知情权保障之间,仍然存在不对等的关系。虽然相关法律法规赋予了应考者相应权利,但这些大多属于从属性权利,即行政管理机关在行使权利与承担义务的关系上是不对等的[15]。

综上所述,案件大多是关于考试处理决定、考试科目成绩的有效性、学位授予等处分引发的诉讼或复议案件,主要关涉国家教育考试违规处理过程中的合法性以及信息公开问题。从实践操作来看,部分教育考试招生单位和教育考试机构在作出违规处理决定时,并未将相关事实完全查清查实;在针对相应的违规行为判定时,由于考场环境的复杂性,在未进行全面调查的情况下即作出相关处理决定,既缺乏相应的法律依据,又导致出现相应认定事实不清的问题;在考生寻求司法援助的过程中,法律层面的不完善给考生、大学、考试管理机构、法院等都带来困难。

(二)刑事诉讼案件

在样本裁判文书中,刑事诉讼类文书均为公诉案件,根据案由分类主要可分为考试作弊类犯罪案件和招收学生徇私舞弊罪案件。

在考试作弊犯罪类别中,《刑法修正案(九)》第25条规定了考试作弊类犯罪,新增了组织考试作弊罪,非法出售、提供试题与答案罪,代替考试罪。在代替考试或组织考试作弊方面,被告人的行为触犯了《刑法》的相关规定,应当以代替考试罪或组织考试作弊罪追究其刑事责任,如"樊某慢等代替考试案"[(2017)鲁0103刑初250号]中,作为被告的犯罪嫌疑人明显违反了相关法律条文或行政工作规范,破坏了国家教育考试管理工作的秩序,并造成了恶劣的社会影响。在审理过程中,绝大部分被告人对原告诉因的指控无异议,但被告人通常以具有从轻、减轻的情节为由,请求法庭对被告人作免予或减轻刑事处罚的判决。

---

⑭ 如"郭某圣诉天津教育招生考试院案"[(2015)一中行终字第0048号]中,法院认为,上诉人提出请求依照《保守国家秘密法实施条例》第37条的规定鉴定上诉人查询的个人信息不属于政府信息,更不属于国家秘密的上诉请求,没有法律依据,本院难以支持。

⑮ 参见覃红霞:《高校招生考试法治研究》,华中师范大学出版社2007年版,第45页。

在招收学生徇私舞弊罪案件的裁判文书中，案由通常为工作人员违反国家教育考试相关文件的考务管理程序，未按照职责组织实施国家教育考试组织管理相关工作，在社会上造成了极为恶劣的影响，如在“温某玩忽职守案”[(2016)赣01刑终276号]中，被告违反了国家教育考试管理的相关工作要求、利用职权便利破坏既定规则，由此造成了相当严重的后果。在具体审理过程中，法院能根据案件实际情况作出公正判决。如在“周某某招收学生徇私舞弊案”[(2016)赣0482刑初5号]中，被告人在被口头通知到案之后，能够依据犯罪事实如实供述，依法被认定为自首行为而从轻或减轻处罚。但是，有关辩护人所提出的自身行为对于社会危害后果不大的辩解未能获得法院认可，因为经法院查实其行为对国家教育考试的公正性造成了恶劣影响，严重扰乱了招考工作的正常秩序。法院在审理过程中通过对相关事实的仔细查证，避免了在司法量刑中的模糊性，由此也体现了法院判决严谨务实的态度。

从以上两类刑事案件来看，关于国家教育考试的犯罪相关的规定尚且明晰，基本能为司法实践提供相关的法律依据，不过，仍存在部分待改进的地方：

一是国家教育考试的界定模糊。《刑法修正案(九)》中对于代替考试罪的相关具体罪状描述较为详细，从法条内容来看，文本内容的表述虽然较为明确具体，包括了客观行为、适用范围和法定量刑幅度三个方面，其中“代替他人”和“让他人代替自己”是客观行为，其适用范围是“在法律规定的国家考试中”，但是在司法实践中，这存在较大的模糊性。如在“韩某悦、何某佳代替考试案”[(2016)粤0106刑初1581号]中⑯，当事人双方争论的焦点在于，该项考试是否属于法律规定的国家教育考试。法院裁判文书中对“法律规定的国家考试”的界定受到质疑，正是因为对于“广东省成人高等教育学士学位外语统考科目”乃是根据教育部相关规定而设立的，并不包括在法律的列举式规定范围之内，因而只能通过法律解释予以认可。根据法律条文，《教育法》规定的

⑯ 参见《“法律规定的国家考试”的界定：韩小悦、何汝佳代替考试案》，载广州审判网，http://www.gzcourt.org.cn/cpws/ckal/2017/08/03164723917.html。

国家教育考试是指由国务院规定种类、国家批准实施教育考试的机构承办的考试类型。虽然教育部未明确规定国家教育考试的种类,但在《国家教育考试违规处理办法》中有明文规定。另外,根据《高等教育法》、《学位条例》以及《学位条例暂行实施办法》的相关规定,高等学校作为学士学位授予单位,可根据暂行实施办法制定学位授予工作细则。由此观之,国家教育考试的界定在司法实践中仍存在一定的模糊性,其具体确定还须参照高等学校的相关规定。

二是国家教育考试的违规处理属于行政处罚还是行政处理存在争议。如在"杜某宇诉内蒙古自治区招生教育考生中心案"[(2015)呼行终字第00047号]中,法院认为"当次考试各阶段、各科成绩无效"的处罚不属于《行政处罚法》第8条规定的行政处罚种类,不属于行政处罚,而是教育行政管理行为,被上诉人适用法律正确;而在"李某诉江苏省教育委员会考试作弊处罚案"[(2000)鼓行初字第31号]中,法院认为李某在自学考试中的行为构成行政处罚而不是行政处理[17]。从这两个案件中可以看出,在行政审判案件中,法院关于考试违规行为的法律属性存在分歧,出现"同案不同判"的情况,因此严格区分行政处罚与行政处理,更有利于解决行政审判与行政执法中的实际问题。

三是部分基层人民法院没有及时跟进法律修订,仍然依据修订前的法律进行审判。《刑法修正案(九)》施行后,我国大部分法院已将涉嫌考试作弊犯罪以组织考试作弊罪论处,但迄今仍有部分基层人民法院将其按照非法获取国家秘密罪予以定罪。如"郭某甲、郭某乙、王某某、齐某甲等非法窃取国家机密案"[(2016)0182刑初1号]发生在《刑法修正案(九)》颁布后,法院仍将四人向考生兜售作弊器材认定为是"以窃取的方法非法获取国家秘密,其行为构成非法获取国家秘密罪"。组织考试作弊罪作为《刑法修正案(九)》之后所公布的一项新罪名,在司法实践中存在的一些问题需要从构成要件、罪间判断和既遂标准等方面开展深入研究。

---

⑰ 参见《李某不服江苏省教育委员会教育管理行政处罚案》,载中国审判案例数据库,http://www.chncase.cn/case/case/2164562.,最后访问日期:2022年4月12日。

四是不同法条间规定发生冲突,两类罪名间发生重叠或竞合。如在“陈某鹏、蒋某、熊某招收学生徇私舞弊案”[(2015)洪刑二终字第152号]中,将作案三人组织考生违规报考普通高等学校招生考试判定为招生徇私舞弊罪,其中一般依据《刑法》第418条作出判决。《刑法》第418条规定针对学生的招录过程中的行为,但是未对具体的考试类型加以明确规定,目前仅有2005年最高人民检察院的规定中指明“省级以上教育行政部门组织的考试”,这可视为相应的司法解释。然而,在《刑法修正案(九)》的立法及司法解释中,虽然对于具体的考试类型作了明确规定,但明显可看出两类罪名所涵盖的范围之间存在一定重叠。与此同时,《刑法》第418条中也规定了招收学生徇私舞弊罪罚条的相关内容,这两项法条均为处罚在国家教育考试管理环节中作弊或信息职权犯罪行为的法条,二者之间既有一定的联系也各具特点。另外,《刑法》从多个维度对各类型犯罪进行了相应规定,以此弥补以往法律法规的不足并惩戒此类犯罪的产生,由此一来,不同类型的犯罪相关规定则使得有关《刑法》法条在涉及某一具体犯罪行为时可能发生竞合的问题。

四、国家教育考试司法实践的问题审视

经过对相关裁判文书的考察发现,国家教育考试司法实践中存在的问题可概括为以下三个方面:

(一)国家教育考试法律位阶较低

法律位阶指法律所处的地位,决定着法律效力的高低⑱。国家教育考试法律位阶的提升,一方面体现了对国家教育考试的关注与重视,另一方面将政府责任转为国家责任,对其定位进行正本清源,助推国家教育考试管理实现法治化⑲。

---

⑱ 参见张光宇主编:《法学基础》,中国人民公安大学出版社2013年版,第168页。

⑲ 参见陈光中、褚晓囡:《刑事辩护法律援助制度再探讨——以〈中华人民共和国法律援助法(草案)〉为背景》,载《中国政法大学学报》2021年第4期。

依据相关裁判文书分析,目前国家教育考试所援引的法律法规主要有两类,一类是教育行政部门颁布的行政规章,如《国家教育考试违规处理办法》;另一类是行政性规范性文件,具体是教育部历年关于普通高校招生工作的通知、全国硕士研究生招生工作管理规定等。当前,国家教育考试管理中的重要法律依据之一是《国家教育考试违规处理办法》,其法律位阶是行政规章,在很多时候影响到违纪处罚的法律效力。在上文案例分析中,当事人曾质疑过其位阶及其适用问题,但是法院在最终的裁决中对此进行了回避,最终采用作出成绩无效的判决。

《国家教育考试违规处理办法》第 9 条中对于作弊考生的处罚实质上属于《行政处罚法》中的"其他行政处罚",因而必须根据法律或行政法规来规定下位的相关规章,因此《国家教育考试违规处理办法》的关于作弊考生设置的处罚规定理应遵循上位法的法则规定,否则应视为超出了上位法的授权范围,因此有抵触行政处罚法之嫌。此外,也有被告认为,《国家教育考试违规处理办法》中对于作弊材料的收缴措施与行政强制法的相关设定依据不一致,在法律上违背了"自己不得给自己授权"的原则[20]。由此可见,在国家教育考试管理中由于上位法依据的缺失,而给相关行政法规或规章对制定带来一定限制,因此不能全面有效地对此进行法律规制。

(二)法制体系内部逻辑缺乏一致性

当前,我国对于各类违规国家教育考试行为的处理已经建立了较为完备的法律规制种类,包括《普通高等学校招生违规行为处理暂行办法》《高等教育自学考试暂行条例》以及规定研究生招生的各项工作规定等立法文件。这些文件规范了高等教育领域中的各个环节,确保了招生、学习和考试等环节的公正、公平和规范。但是从上文案例分析可知,在这繁杂的立法种类中,国家教育考试违纪还存在处罚法律规范内容不统一,处罚主体、处罚种类和处罚程度不一致的问题。由此可见,当前与国家教育考试管理相关的法律种类较多,具体涉及专门法、行政规章招

---

⑳ 参见胡建淼:《行政强制法论:基于〈中华人民共和国行政强制法〉》,法律出版社 2014 年版,第 242 页。

生工作通知等方面,也会导致司法实践中的法律规范适用冲突问题,形成“法出多门”的弊端。在国家大力推进法治化进程的背景下,通过有效统一相应的法律和法规来规范国家教育考试管理显得尤为重要。

此外,国家教育考试违纪处罚的相关立法文件中,对于处罚主体与处罚权存在规定不统一的问题,具体包括违纪处罚的主体或名称不统一。例如,《国家教育考试违规处理办法》中规定承办国家教育考试的各级教育考试机构,对违纪作弊进行处罚与《教育行政处罚暂行实施办法》《高等学校招生全国统一考试管理处罚暂行规定》不甚统一。由此可见,这一系列立法文件所规定的享有国家教育考试处罚权的主体并不一致、名称不统一,存在处罚主体不明确或相关规定过于模糊的问题。

(三)行政处罚救济制度不够完善

目前,在国家教育考试立法方面,行政处罚救济机制不完善的问题较为突出。尽管在相关法律文件中已经明确规定考生复核申请的受理和行政机关内部的监督机制,但是对于外部监督机制的规定还不够明确。这种情况可能导致处理违纪违规行为的监督和执行不够及时、公正,不仅影响了全体考生的合法权益,还可能给国家教育考试公信力带来不良影响。国家教育考试对考生未来发展具有重要影响,相关违纪处罚会直接影响考生的入学机会,如果行政处罚的救济机制不健全,对国家教育考试的公正和稳定会造成损害。因此,需要加强行政处罚的救济机制建设,以确保国家教育考试环节的公正、公平和规范进行,维护社会正义和公共利益。

在国家教育考试违纪处罚相关的立法文件中,目前仅有《教育行政处罚暂行实施办法》第 33 条对此作了简要规定,而在与本行为直接相关的最主要参考法律依据即《国家教育考试违规处理办法》中,对违法行政主体法律责任的相关规定并不明确。因此在司法实践中,违法行政行为的法律责任不明确,势必会影响行政处罚的正确实施,也不利于行政执法水平的提升。此外,在国家教育考试中合法权益受到侵害的考生,将会缺乏有效保障,情节严重的将会直接损害考生的受教育权,关乎国家教育考试的公平公正。在行政处罚救济方面,加强处罚救济有助于保障被处罚人的合法权益,也有利于行政处罚决定的合法化与合理化[21]。但由于监督保障机制不完善,多数受处罚的考生并不能及时寻求救济以保障自身的合法权益。例如,现行的《高等学校招生全国统一考试管理处罚暂行规定》只对考生提出申诉进行了明确规定,规定了考生如不服行政机关的处罚决定,可在规定时间内向上一级招生考试主管部门提出申诉。但是,这样的规定对行政处罚的救济机制的建立依然存在一定的局限性,无法对整个处罚执行过程进行全面监督和有效制约,进而影响考生的平等受教育权。

五、对策与建议

依据司法实践案例分析以及相关法律法规逻辑分析,推动国家教育考试管理法治化的策略可从以下三个方面展开。

(一)厘清国家教育考试管理范围

关于国家教育考试的法律规制,其中争议最大、法律规范较为缺失的部分,当属国家教育考试的种类及范围。因此,国家教育考试的种类与范围在司法实践中起着根基的作用,要对国家教育考试相关法律法规进行完善,厘清其种类与范围是首要任务。

在法律层面,与国家教育考试相关的法律法规中关于国家教育考试的范围规定亟待明确。首先,《教育法》没有规定具体的国家教育考试类型,《高等教育法》中的"入学资格考试"相关表述与《国家教育考试违规处理办法》中的"高等学校招生考试""研究生招生考试"的名称不一致。其次,《国家教育考试违规处理办法》第 2 条规定:"本办法所称国家教育考试是指普通和成人高等学校招生考试、全国硕士研究生招生考试、高等教育自学考试等,由国务院教育行政部门确定实施,由经批准的实施教育考试的机构承办,面向社会公开、统一举行,其结果作为招收学

---

[21] 参见张步洪:《行政处罚程序违法的实体化处理与法律责任》,载《国家检察官学院学报》2020 年第 5 期。

历教育学生或者取得国家承认学历、学位证书依据的测试活动。"其中明确了国家教育考试主要有三类,但是其"等"字代表还有其他待解释的考试类型。然而,《刑法修正案(九)》虽然新增三类考试作弊案,但是没有明确国家教育考试的范围,给案件办理带来歧义与困难。最高人民法院、最高人民检察院《关于办理组织考试作弊等刑事案件适用法律若干问题的解释》(以下简称《解释》),采用列举的方式试图明晰国家考试(含国家教育考试)的范围,明确了法律规定的考试的法律是全国人民代表大会及其常务委员会制定的法律;与"普通高等学校招生考试、研究生招生考试、高等教育自学考试、成人高等学校招生考试等国家教育考试"有关的法律规定的考试中涉及的特殊类型招生、特殊技能测试、面试等都属于这个范畴。然而,《解释》又与《国家教育考试违规处理办法》中"面向社会公开、统一举行"相冲突。教育部规定的"全国硕士研究生招生考试"与"研究生招生考试"显然不是同一个范畴。由此可见,与国家教育考试相关的法律法规、部门规章以及司法解释等在其种类和范围的规定上多有不一致与不明确的情况。因此,建议关于国家教育考试的种类与范围中应该不要采用"等"字进行表述,应将其表述为:"国家教育考试包括普通高等学校招生考试、成人高等学校招生考试、研究生招生考试、高等教育自学考试。""前款规定的考试涉及的特殊类型招生、特殊技能测试、面试等考试,属于国家教育考试。"㉒

在厘清国家教育考试范围的基础上,立法还应在形式上侧重加强法律效力,在内容上明确合法的处罚主体、严格的处罚程序、适当的处罚种类以及相应的救济方式㉓,为国家教育考试违纪处罚的顺利实施提供法律保障。为此,应当科学设定处罚种类,同时提高国家教育考试违纪处罚的立法层次。从考务管理实践层面来看,《高等教育自学考试暂行条例》中对违纪行为处罚可以设定以下种类:"警告、取消考试成绩、停考一至三年的处罚"。另外,明确规定应处罚的违纪作弊行为"不同的违

㉒ 陈韶峰:《试论国家教育考试立法的疑难问题及其解决方案》,载《内蒙古社会科学》2022年第1期。

㉓ 参见张涛:《我国国家考试违规处理的比较探析》,载《考试研究》2020年第4期。

纪作弊行为处以相应的处罚”,充分发挥处罚的教育和惩戒功能。从国际上看,关于国家教育考试的处罚主要是对相关的犯罪情况进行详细量刑,明确更为具体的罪名,并处以相应的处罚。如《日本刑法》第159条规定,替人考试属于伪造私人文书罪,可以判处“3个月以上5年以下有期徒刑”㉔。《加拿大刑事法典》第404条规定:“为了使自己或他人获益,而在依法举行或与大学、学院、学校有关的竞赛或资格考试中冒充应试人,或明知而利用该冒考之结果,审理可按简易定罪处罚。”㉕《意大利刑法典》第494条规定:“以为自己或其他人获取好处或者使他人遭受损害为目的,非法的以自己顶替他人,赋予自己或其他人以假姓名、假身份或者具有法律后果的资格,以致陷某人于错误的,如果行为不构成其他侵犯公共信义的犯罪,处以1年以下有期徒刑。”㉖总的来说,在厘清国家教育考试的种类与范围的基础上,明晰相关处罚的内容与形式,是“国家教育考试法”立法应该完成的内容。

(二)推进相关法律法规有机衔接

随着各项法律制度的逐步完善与立法水平的逐渐提升,公民的合法权益和社会公平正义已得到良好保障。从实践来看,针对国家教育考试管理相关问题的条文规定已难以满足依法治考和国家教育考试事业发展需要㉗。当前关于国家教育考试管理的法律条文主要见于行政法规或规章中,其较低的法律位阶造成违纪处罚实施判决中面临不少困难。为此,应进一步推进相关法律法规间实现有机衔接,进一步明确司法过程面临的困境,如判决依据、具体程序以及处罚程度等。

首先,建议参考2005年拟定的《国家教育考试法草案》,吸收《国家教育考试违规处理办法》的精神,由全国人民代表大会及其常委会制定《国家教育考试法》,同时修改《教育法》第20条为“国家实行教育考试

㉔ 张晓霞:《域外禁止考试作弊的法律制度》,载《人民法院报》2020年7月10日,第8版。

㉕ 《加拿大刑事法典》,罗文波、冯凡英译,北京大学出社2008年版,第397页。

㉖ 《意大利刑法典》,黄风译,中国政法大学出版社1998年版,第144页。

㉗ 参见靳澜涛:《我国教育考试立法的现实困境与应然出路》,载《中国考试》2020年第12期。

制度”,其中国家教育考试种类由相关法律规定。上位法的完善,有助于完善国家教育考试行政主体的管辖权以及其应该履行的职责,如在法律层面上明确考试行政主体机构的权责,解决其法律授权依据问题,让具有独立法人资格的招生办、自考办以及实际承办考试事务的单位的行政主体资格得以明确,对其各类处理决定履行相应的责任。其次,完善《行政诉讼法》《行政处罚法》,为相关司法诉讼提供明确的法律依据。如明确行政诉讼证明标准,解决司法实践中对行政诉讼证明标准的采行的分歧;对“成绩无效”处罚是属于行政管理行为或行政处罚行为作出细致规定,避免司法实践中出现“同案不同判”的情况。最后,完善《刑法》《刑事诉讼法》相关修订,避免不同法条间规定发生冲突,导致两类罪名间发生重叠或竞合。例如,《刑法》第 418 条与《刑法修正案(九)》中的招收学生徇私舞弊罪和组织考试作弊罪中对于具体的考试类型没有作明确规定,这种模糊性可能进一步导致罪名的重叠与竞合。

总的来说,加强国家教育考试相关的系统研究,将国家教育考试的相关立法程序置于国家立法操作层面极为必要。具体的思路:一是可以整合相关国家教育考试类型、明确国家教育考试主体,根据国家教育考试法律关系制定专门的法律。二是将国家教育考试进行系统分类,明确制定不同类型的考试法律。

(三)完善相应司法监督保障机制

从相关裁判文书案例分析中可知,在司法实践中,目前我国考生在面对国家教育考试招生单位或管理单位等提起诉讼,在经济实力、举证能力等方面不具备明显的优势,因此救济效果也不理想。

在裁判文书分析中,提到的白某诉讼相关单位的案件中,原告诉讼了天津教育考试院、北京教育考试院、教育部等各大单位,按照相关法律法规,原告都未诉讼成功;在“郑某惠诉教育部案”[(2016)京行终 4409 号]中法院认为,郑某惠提出的申请教育部履职行为属于《信访工作条例》所界定的信访活动范畴,教育部是否对其作出回应或答复均对其权利义务不产生实际影响,故郑某惠所诉事项不属于人民法院行政诉讼受案范围。概言之,考生无论权益是否受到实质性损害,获取相关救济与赔偿仍然十分困难。

在现行的司法实践中,关于国家教育考试违纪处罚相关立法问题存在的阻力,给相关违纪处罚工作的开展带来了一定的困难。针对违纪行为进行有效处罚,在有助于营造公平公正的考试环境保障考生的合法权益的同时,也能保证行政机关正确行使处罚职权。在国家进行立法完善的基础上,应坚持权力制约的方式,健全行政监督机制,以确保行政处罚的正确行使。此外,也应建立更加完善的、畅通的救济途径。为了有效化解国家教育考试的相关司法纠纷,应当在相应的立法中与现行的《行政复议法》和《行政诉讼法》有机衔接,明确规定有关国家教育考试的复议、诉讼等相关法律救济方式。

除此之外,可参照已有的地方立法经验,推行教育仲裁模式。例如,可参照天津市于2005年通过地方立法设置高校招生录取争议裁决委员会和国家教育统一考试争议裁决委员会,来有效解决国家教育考试相关问题的争议。在现实情形中,由于国家教育考试的相关复议或诉讼周期耗时较长,考生因此难以通过司法救济来保障受教育权,教育仲裁由于程序简便,其专业化和中立性程度更高,有助于简化争议解决程序,可以最大限度地为保障考生受教育权争取有效时间。

On the Legal Regulation of the National Education Examination

Li Maoju

Abstract: The national education examination system is related to talent selection and the allocation of enrollment opportunities, playing an important role in maintaining the order of education management and ensuring citizens' equal right to education. The article takes 203 judicial documents related to national education exams as research cases to analyze the difficulties in judicial practice related to national education exams. The empirical analysis results indicate that there are currently problems such as low legal status of the national education examination scope, lack of consistency within the legal system, and inadequate administrative penalty relief system. To this end, improvements can be made from three aspects: clarifying the scope of national education examination management, promoting the organic connection of relevant laws and regulations, and improving the corresponding judicial supervision and guarantee mechanism.

Key Words: national education examination; legal rules and regulation; judgment documents

管理经纬

大学生投入概念与测量进展分析

陆根书[*]　温　双[**]

摘　要：随着高等教育普及化的发展，大学生投入状态备受关注，学生投入研究成为高等教育领域研究热点。通过对2000～2020年大学生投入研究国际文献的回顾，发现学生投入内涵可以分为四类，分别是将学生投入看作积极的行为表现、积极的心理状态、有正负两极的连续体，以及包含行为、情感、认知的元概念。对学生投入的测量指标包括学术—行为投入指标、学术—心理投入指标、社会—行为投入指标、社会—心理投入指标四个方面，不同的方面存在不同的进展与问题。我国学生投入研究还需要对其进行全面深入的了解，发挥学生投入研究在人才培养与高等教育发展中的实践意义。

关键词：学生投入　实证研究　文献综述　VOSviewer

学生投入是影响学业成就的重要变量，是衡量

---

* 陆根书，西安交通大学人文学院教授、博士生导师，中国西部高等教育评估中心主任。研究方向：教育政策经济分析、学生学习与发展、高等教育评价研究。

** 温双，西安交通大学人文学院博士研究生。研究方向：学生学习与发展、高等教育评价研究。

高等教育质量的重要指标。学生投入调查与研究在美国发展起来后,受到世界各地的广泛关注。2018年6月,时任教育部部长陈宝生指出,要加大学生投入力度,提高人才培养质量。2019年10月,教育部发布《关于深化本科教育教学改革全面提高人才培养质量的意见》,指出要让"学生忙起来","增加学生投入学习的时间,提高自主学习时间比例"。① 大学生投入问题受到重视,增加学生投入是我国高等教育改革发展需要解决的一个问题。

目前,学术界学生投入研究还存在诸多争议之处。对学生投入如何界定、内涵是什么、包括哪些维度、有效测量指标是什么还没有形成定论。这就限制了学生投入研究的科学化发展,也阻碍了其实践价值的发挥。因此,对已有的研究进行梳理、分析和总结至关重要。本研究旨在通过系统综述的方法,基于四大外文期刊数据库收集样本文献,了解学生投入的发展态势,分析学生投入研究视角及内涵,厘清学生投入结构和测量指标。以期对学生投入进行深化理解与系统归纳,对指导教育实践有所裨益。

一、文献收集与概况分析

(一)文献收集情况

为了全面地反映大学生投入研究现状,本研究运用系统综述的方法,选取了Springer Link、Web of Science、EBSCO ERIC、Elsevier ScienceDirect四个外文数据库,以"student engagement""school engagement""academic engagement"为关键词进行全文检索,时间设定为2000~2020年,具体检索过程如图1所示。通过对四个数据库的文献进行系统性检索,共获得符合条件的实证研究论文258篇,本研究将这258篇论文作

① 《关于深化本科教育教学改革全面提高人才培养质量的意见》,载中华人民共和国教育部网2019年9月29日,http://www.moe.gov.cn/srcsite/A08/s7056/201910/t20191011_402759.html。

为研究对象展开分析。

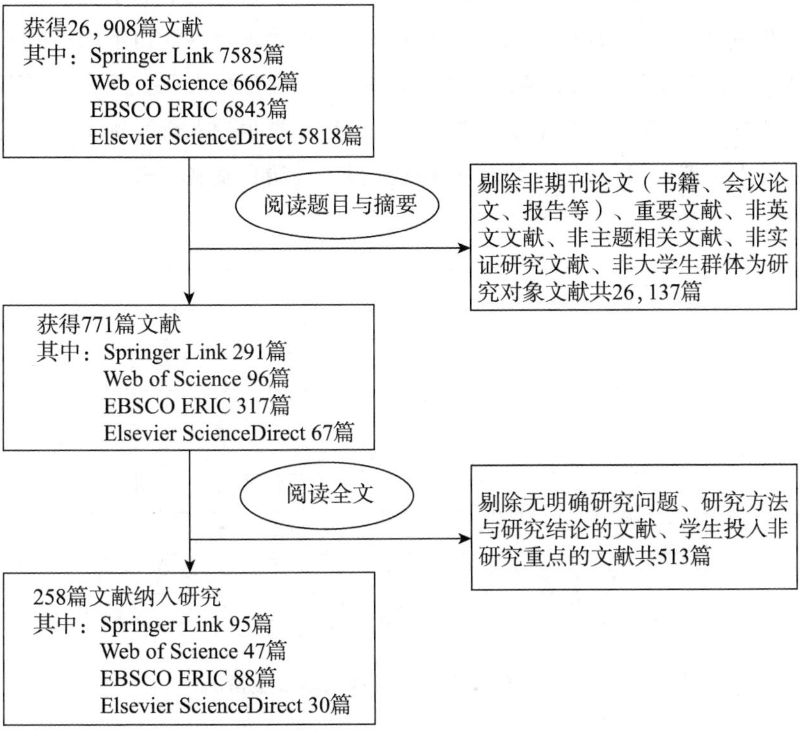

图 1　学生投入实证研究文献检索流程

（二）研究概况

1. 2000 ~ 2020 年研究数量情况

2000 ~ 2010 年，学生投入研究数量较少，样本文献每年发表数量少于 10 篇。进一步分析该阶段的研究文献，发现该时段的研究主要基于大学生体验问卷（the College Student Experiences Questionnaire, CSEQ）调查、美国学生投入度调查（National Survey of Student Engagement, NSSE）等大规模调查数据展开，默认佩斯（Pace）的“努力质量”（the quality of student effort）、阿斯汀（Astin）的“学生投入”（student involvement）以及库（Kuh）的“学生投入”（student engagement）概念。少有学者提出新的概念内涵，也较少自行开发问卷。

2011~2020 年学生投入研究进入迅速发展阶段,特别是 2018 年以来学生投入文献大量出现。在这一阶段,不同学科视角下的学生投入概念开始出现,除了教育学视角的研究,心理学、管理学等视角下的研究不断丰富。对学生投入的考察更加丰富和深化,学生投入调查问卷呈现多样化特点,小规模的学生投入调查开始出现。学生投入研究场景也从线下投入扩展到线上投入,针对学生线上投入的调查发展起来。(见图 2)

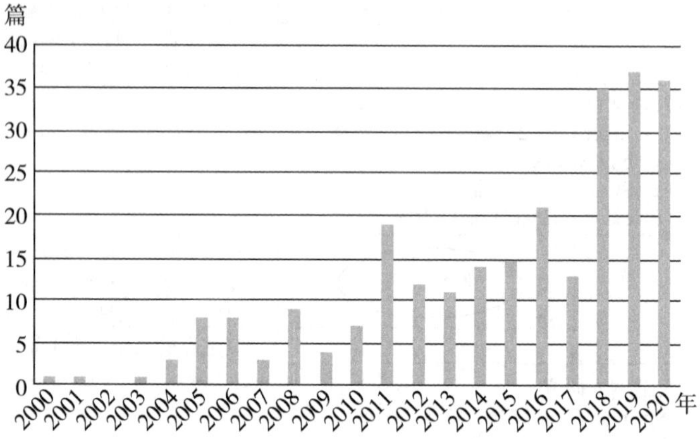

图 2　学生投入实证研究文献数量情况

2. 主要研究者情况

为了准确了解大学生投入领域主要的、具有影响力的研究者,利用 VOSviewer 对 258 篇样本文献进行了作者密度分析,在样本文献中有 2 篇及以上研究成果的学者共 57 位,分布于美国、澳大利亚、中国、韩国等多个国家。其中,库与派克(Pike)是研究文献数量最多,且总链接强度最强的两位作者。

3. 主要期刊分布情况

258 篇样本文献分布于 91 个期刊,发文数量前五位的期刊如表 1 所示。其中,发文数量最为集中的两个期刊分别为《高等教育研究》(Research in Higher Education)和《高等教育》(Higher Education),分别发表学生投入主题的实证研究论文 42 篇和 31 篇,是学生投入研究发文的主要阵地。《学习和个体差异》(Learning and Individual Differences)、

《高等教育评估与评价》(Assessment & Evaluation in Higher Education)、《高等教育杂志》(The Journal of Higher Education)等期刊也发表了较多的学生投入研究文献。除此之外,不同学科、不同视角的加入使学生投入研究得到拓展和延伸,《教育心理学》(Educational Psychology)、《计算机与教育》(Computers & Education)等期刊也发表了多篇学生投入研究文献。

表 1　学生投入研究发表数量前五位期刊情况

期刊	数量
《高等教育研究》(Research in Higher Education)	42
《高等教育》(Higher Education)	31
《学习和个体差异》(Learning and Individual Differences)	7
《高等教育评估与评价》(Assessment & Evaluation in Higher Education)	7
《高等教育杂志》(The Journal of Higher Education)	6

二、学生投入概念内涵分析

分析样本文献对学生投入概念的界定,发现学生投入概念可以分为四类,第一类强调学生的积极投入行为,第二类关注学生积极的心理投入,第三类将学生投入看作一个有正负两极的连续体,第四类认为学生投入是具有行为、情感、认知等的元概念。

(一)学生投入是一种积极的行为表现

把学生投入看作一种行为表现的研究主张个人的想法或感受会通过行为表现出来(Astin,1999②),关注学生花费在教育活动中的时间和

② Astin, A. W., *Student Involvement: A Developmental Theory for Higher Education*, Journal of college student personnel 4,1984,p. 297 – 308.

精力,阿斯汀学生投入(student involvement)[③]、佩斯努力质量(the quality of effort)[④]等经典概念都是如此。库从该角度出发作出了一个被广泛认可的定义,他们将学生投入界定为"学生投入在与大学期望结果相关的活动上的时间和精力,以及机构如何引导学生投入这些活动"。[⑤] 样本文献中派克、胡(Hu)、艾辛顿(Ethington)等学者的研究中引用了这一概念。这一视角下的研究多基于 NSSE 数据,以及研究型大学的学生体验调查(Student Experience in the Research University,SERU)、盖茨千年学者项目(the Gates Millennium Scholars, GMS)等调查中关于学生投入的数据。

行为视角下的学生投入内涵表明学生投入是可观察的行为问题。大型调查活动倾向于这一内涵的原因在于这一视角下展开的研究对行为的关注是具体的,也是可干预的,使用学生投入行为的数据及其分析可以作为政策改进、机构完善的工具。当教育结果达不到预期时,可以根据行为测量情况建议干预的途径。但是随着学生投入研究的发展,有学者指出仅基于行为的研究忽略了个体的内部复杂性,无法全面反映大学生投入状态。[⑥] 特别是行为投入与心理投入之间可能会存在差异,这种差异会降低那些旨在提高学生投入度和学习体验的实践的有效性。[⑦] 基于此,不同视角的研究逐渐发展起来。

(二)学生投入是一种积极的心理状态

第二类研究认为学生投入是一种积极的心理状态。这一内涵源自

---

③ See Astin, A. W., *Student Involvement: A Developmental Theory for Higher Education*, Journal of college student personnel 4, 1984, p. 297 – 308.

④ Pace, C. R., *Achievement and the Quality of Student Effort*, National Commission on Excellence in Education (ED), Washington, DC, 1982.

⑤ Kuh, G. D., *The National Survey of Student Engagement: Conceptual Framework and Overview of Psychometric Properties*, Bloomington, Indiana University Center for Postsecondary Research and Planning, 2001.

⑥ See Axelson, R. D. & Flick, A., *Defining Student Engagement. Change*, The Magazine of Higher Learning 1, 2010, p. 38 – 43.

⑦ Zhang, Z., *Undergraduate Student Engagement in China and the UK*, Doctoral dissertation, University of Manchester, 2016.

工作投入理论,将投入看作一种"心理存在"(psychological presence)或"完全存在"(to be fully there),类似于"心流"(flow)的概念。代表性的研究者是肖夫里(Schaufeli),将投入定义为一种积极的、令人满意的、与工作有关的心态,是一种持久、普遍的情感认知状态。投入的特征是活力(vigor)、奉献(dedication)和专注(absorption),肖夫里用这三个指标进行了学生投入的研究。样本文献中托内纳(Ketonen)等使用肖夫里设计的量表进行了学生投入的测量。[⑧] 在这项研究中,学生投入被界定为:个人在学习中的意义和动机,与根据这些方面进行自我调节的意愿和能力,以及所涉及的情感体验。

将学生投入界定为一种积极心态,关注学生个体的内在复杂性,为学生投入研究提供了新的思路。但也还有一些问题没有解决。首先是面临与行为视角下的研究相同的质疑,即单一视角无法全面、系统地反映学生投入状态。其次,将投入定义为心态,而心态和表现可能并不一致,这种概念下的测量可能会使心理投入丰富但实际表现不足的学生被纳入高投入群体之中。

(三)学生投入是从消极到积极的连续体

学生投入研究的发展也从关注学生的积极投入延伸到了消极投入,这类研究主要基于动机理论。马丁(Martin)指出,倦怠与投入是一个连续体的两极,不能分开。尹(Yin)的研究引用马丁的动机—投入轮(the motivation and engagement wheel)理论框架,学生投入包括动机与投入两部分,具体分为适应良好的动机(adaptive motivation),指学生对学习持有的积极取向与态度,适应良好的投入(adaptive engagement)指学生对学习持有的积极行为投入,适应不良的动机(maladaptive motivation)指阻碍学生学习的态度与取向,以及适应不良的投入(maladaptive engagement)指学生问题性学习行为。[⑨] 斯金纳(Skinner)等人的研究将

---

⑧ See Ketonen, E. E. et al., *Am I in the Right Place? Academic Engagement and Study Success during the First Years at University*, Learning and Individual Differences 51, 2016, p. 141, 148.

⑨ See Yin, H., *What Motivates Chinese Undergraduates to Engage in Learning? Insights from a Psychological Approach to Student Engagement Research*, Higher Education 5, 2018.

学生投入分为行为投入(behavioral engagement)、情感投入(emotional engagement)、行为不投入(behavioral disaffection)、情感不投入(emotional disaffection),其中,行为不投入包括被动、放弃、退缩、心不在焉、心烦意乱、精神脱节、毫无准备等,情感不投入包括无聊、不感兴趣、沮丧、悲伤、担心/焦虑、羞愧、自责。[10]

从仅关注学生积极投入的多少,到开始关注学生消极投入状态,这类研究认为一个学生理想的投入状态不仅是在积极方面表现良好,而且应在消极方面得分很低。[11] 该类研究为学生投入内涵加入了更加丰富的层次,深入了学生投入的内在机制,更加形象地反映了学生投入活动的个体状态。此类研究也挖掘了学生消极投入对学生发展的影响。但是,这类研究是动机视角下的研究,投入与动机的界限模糊。另外,概念内涵从积极到消极的拓展也使学生投入的测量与评定更加困难。

(四)学生投入是包含行为、情感、认知等的元概念

也有越来越多的研究将学生投入作为一个包含行为、情感、认知等的多维概念,试图全面反映学生投入状态。被讨论最多的是弗雷德里克斯(Fredricks)提出的学生投入是一个复杂的、多方面的结构,包括行为投入(behavioral engagement)、认知投入(cognitive engagement)与情感投入(emotional engagement)三个维度。[12] 行为投入侧重于学生参与学术、社交和课外活动的程度。情感投入是指学生对老师、同学、学术和机构的情感反应。认知投入与学生的精神投入有关,包括深思熟虑和愿意付出必要的努力来理解复杂的概念和克服困难的技能。在样本文献中,伯奇(Burch)、古努克(Gunuc)等学者都借鉴了这一思路。伯奇等人对认知投入进行细化,进一步将认知投入拆分为课堂认知投入与课外认知投

---

⑩ See Skinner, E. et al., *Engagement and Disaffection in the Classroom: Part of a Larger Motivational Dynamic?*, Journal of educational psychology 4, 2008.

⑪ See Martin, A. J., *Motivation and Engagement: Conceptual, Operational, and Empirical Clarity*, In S. L. Christenson, A. L. Reschly & C. Wylie Eds., Handbook of Research on Student Engagement, Boston, MA: Springer, 2012, p. 303 - 311.

⑫ See Fredricks et al., *School Engagement: Potential of the Concept, State of the Evidence*, Review of Educational Research 1, 2004, p. 205.

入,认为学生投入包括四个因素:情感投入(emotional engagement)、行为投入(physical engagement)、课堂认知投入(cognitive engagement in class)和课外认知投入(cognitive engagement out of class)。[13] 古努克等试图提出涵盖各个维度的整体定义,将学生投入界定为学生为实现成功的学习结果,对学习过程以及课内外学术和社会活动作出的心理、认知、情绪和行为反应的质量和数量,包括价值观(valuing)、归属感(sense of belonging)、认知投入(cognitive engagement)、同伴关系(情感投入 – Ⅰ)(peer relationships <emotional engagement – Ⅰ>)、与教职员工的关系(情感投入 – Ⅱ)(relationhips with faculty members <emotional engagement – Ⅱ>)和行为投入(behavioural engagement)等维度。[14]

这类研究认为将学生投入作为单一维度进行处理是有问题的,因为这些因素是动态嵌入单个个体中的,而不是孤立的过程。[15] 忽视其他方面只从一个维度入手解释学生投入的差异是不完整和无效的。[16] 该类研究结合多个学科、多重视角,试图全面刻画学生投入状态。但这类研究也使学生投入成为"包罗万象"的概念集合,目前还无法避免各子维度之间概念重叠、内涵模糊等的问题,这也增加了学生投入测量的难度。

三、学生投入测量指标分析

问卷调查法是学生投入研究中使用最多的研究方法,样本文献中有84.9%的研究选择这一方法。表2列出了至少有两篇样本文献使用过

---

⑬ See Burch et al., *Student Engagement: Developing a Conceptual Framework and Survey Instrument*, Journal of Education for Business 4,2015, p.25.

⑭ See Gunuc, S. & Kuzu, A., *Student Engagement Scale: Development, Reliability and Validity*, Assessment & Evaluation in Higher Education 4, 2015, p.27.

⑮ See Fredricks et al., *School Engagement: Potential of the Concept, State of the Evidence*, Review of educational research 1,2004,p.59 – 109.

⑯ See Yin, H., *What Motivates Chinese Undergraduates to Engage in Learning? Insights from a Psychological Approach to Student Engagement Research*, Higher Education 5, 2018, p.32.

的量表。为了更加清楚的对学生投入测量指标进行归纳,本研究根据测量内容与数据类型,将测量指标分为学术—行为投入指标、学术—心理投入指标、社会—行为投入指标与社会—心理投入指标四类。学术投入与社会投入的区分参考了汀托(Tinto)的大学生退学模型中学术融合和社会融合的概念。学术融合包括满足学术体系的明确标准以及对学术体系规范的认同;社会融合主要通过非正式的同伴团体协会、半正式的课外活动以及与学院内的教职工(非学术)互动来实现。[17] 行为投入与心理投入的区分依据阿斯汀提出的数据分类方法,行为数据与直接可观察的活动有关,心理数据与个人的内部状态或特征有关。[18]

表 2　问卷调查样本

量表	作者	学术—行为投入	学术—心理投入	社会—行为投入	社会—心理投入
大学生经历调查问卷(The College Student Experiences Questionnaire, CSEQ)	佩斯(Pace)等(1982)	√		√	
全国学生投入度调查(National Survey of Student Engagement, NSSE)	库(Kuh)等(2000)	√		√	
乌得勒支工作投入度量表——学生版(the Utrecht Work Engagement Scale-Student, UWES-S)	肖弗里(Schaufeli)等(2000)		√		

⑰ See Tinto, V., *Dropout from Higher Education: A Theoretical Synthesis of Recent Research*, Review of educational research 1, 1975, p. 89 – 125.

⑱ See Astin, A. W., *What matters in college?*, JB., 1993, 31.

续表

量表	作者	学术—行为投入	学术—心理投入	社会—行为投入	社会—心理投入
学生课程投入度调查表(the Student Course Engagement Questionnaire, SCEQ)	汉德尔斯曼(Handelsman)等(2005)	√	√		
研究型大学的学生体验(Student Experience in the Research University, SERU)	弗莱克斯(Flacks)等(2004)	√		√	
大学学生投入度调查表(University Student Engagement Inventory, USEI)	马洛卡(Maroco)等(2016)	√	√		
动机和投入量表——大学/学院版(the Motivation and Engagement Scale-University/College, MES-UC)	马丁(Martin)(2001)	√	√		
学习中的投入与不投入量表(the Engagement Versus Disaffection in Learning Scale, EDLS)	斯金纳(Skinner)等(2008)	√	√		
学生投入量表(the Student Engagement Scale, SES)	里弗(Reeve)等(2011)	√	√		
在线学生投入度量表(Online Student Engagement Scale, OSE)	迪克逊(Dixson)等(2010)	√	√		
学生投入量表(the Student Engagement Scale, SES)	古努克(Gunuc)等(2015)	√	√	√	√

(一)学术—行为投入指标

学术—行为投入的测量指标主要基于建构主义学习理论以及有效教学理论。建构主义学习理论建构性、合作性的学习观是学术—行为投入的重要内核。阿斯汀曾指出,相较于传统教育理论倾向于将学生置于信息接收者的被动角色中,学生投入理论强调学生在学习过程中的积极参与。[19] 在 NSSE、SERU 等量表中学术挑战(academic challenge)、分析理解(participation for analytical understanding)等指标是对学生主动建构性学习的考察。师生交流(experiences with faculty)、合作学习(learning with peers)等是合作性学习观的体现。

奇克林(Chickering)和加姆森(Gamson)"本科教育良好实践七原则"也对学生学术—行为投入的测量产生了重要影响。奇克林和加姆森在总结了最有可能有利于学习效果的教学活动研究的基础上,提出了七条本科教育良好实践原则,分别是(1)师生互动(student-faculty contact);(2)合作学习(cooperation among students);(3)主动学习(active learning);(4)提供及时反馈(providing prompt feedback);(5)强调任务时间(emphasizing time on task);(6)传达高期望(communicating high expectations);(7)尊重不同的人才和学习方式(respecting diverse talents and ways of learning)。[20] 这一理论直接影响了 NSSE 调查指标的设定,将学生学术—行为投入研究与教育实践更加紧密地联系在一起,促使学生投入成为评估教育质量的框架,塑造能够促进学生学习的大学环境。[21]

(二)学术—心理投入指标

学术—心理投入的测量指标主要可以概括为两类,第一类是动机视角下的研究,主要测量学生的情感投入,如斯金纳(Skinner)等人的研究认为高质量的学习是行为和情感的结果。其中,情感投入的测量指标包括热情(enthusiasm)、兴趣(interest)、享受(enjoyment)、满足(satisfaction)、自豪(pride)、活力(vitality)。[22] 这类研究存在的问题是对情感投入的测量不是具体情境下的情绪状态,这就无法得知个体情绪来

---

[19] See Astin, A. W., *Student Involvement: A Developmental Theory for Higher Education*, Journal of college student personnel 4, 1984, p. 297 – 308.

[20] See Chickering, A. W. & Gamson, Z. F., *Seven Principles for Good Practice in Undergraduate Education*, AAHE Bulletin, March, 1987, p. 3 – 7.

[21] See *NSSE's Conceptual Framework (2013)*, Accessed (September. 19, 2022), https://nsse.indiana.edu/nsse/about-nsse/conceptual-framework/index.html.

[22] See Skinner, E., et al., *Engagement and Disaffection in the Classroom: Part of a Larger Motivational Dynamic?*, Journal of educational psychology 4, 2008.

源是什么,对测量的准确性有待进一步讨论。此外,情感投入与动机的内涵相似,但是相关研究又没有动机研究那么系统和具体,其学术价值大打折扣。最后,将投入与动机混为一谈,可能会导致投入前因与投入本身相混淆。

第二类是由工作投入发展而来的研究,主要是使用肖夫里的乌得勒支工作投入度量表——学生版(the Utrecht Work Engagement Scale-Student, UWES-S)进行测量,将学生学术—心理投入解构为活力(vigor)、奉献(dedication)和专注(absorption)三大测量指标。[23] 这类研究对学生心理投入的测量不受具体情境的限制,反映了学生长期、稳定的心理状态。但是,这类研究往往将 UWES-S 作为单独的量表测量学生投入,单以心理投入确定学生投入度的高低,可能会产生与学生投入行为不一致的结果,因此将其与行为投入指标结合起来可能会有更好的效果。

(三)社会—行为投入指标

根据汀托的大学生退学模型,社会—行为投入主要包括参加校园团体、协会,参与课外活动以及非学术的社交活动。[24] 其中,佩斯等的大学生经历调查问卷(The College Student Experiences Questionnaire, CSEQ)考察了学生对社团活动、体验艺术、音乐和戏剧以及与教职工、同辈的交流经验等项目。[25] 科茨(Coates)的学生投入问卷(The Student Engagement Questionnaire, SEQ)也考察了学生参与社交俱乐部和社团、在课外与教职工会面等社会—行为投入项目。[26]

除了汀托的大学生退学模型提及的社会—行为投入指标,还有研究考察了学生管理学校的社会投入行为。管理学校是芬恩(Finn)的参

㉓ See Schaufeli et al., *The Measurement of Engagement and Burnout: A Two Sample Confirmatory Factor Analytic Approach*, Journal of Happiness studies 1, 2002, p. 71 – 92.

㉔ See Tinto, V., *Dropout from Higher Education: A Theoretical Synthesis of Recent Research*, Review of educational research 1, 1975, p. 89 – 125.

㉕ Pace, C. R., *Achievement and the Quality of Student Effort*, National Commission on Excellence in Education (ED), Washington, DC, 1982.

㉖ See Coates, H. C., *Student Engagement in Campus-based and Online Education: University Connections*, London, Routledge, 2006, p. 31.

与—认同模型中学生参与行为的四个维度之一,其他三个分别为在正式学习中的积极参与,学生对课前、课中或课后进行额外的投入以及参与学校生活的社交、课外活动和体育活动。[27] 例如,在NSSE中就有对学生管理学校行为的考察,题项如“在一个学生组织或团体中担任正式领导职务”。[28]

另外也有研究关注到了学生宿舍活动的投入[胡(Hu),2010]、校园周围事件和活动的投入[科茨(Coates),2006]等。可见社会—行为投入的考察比较广泛,反映了学生在大学校园活动的方方面面。但是学生投入研究发展的初衷在于解释院校资源与学生发展结果之间的中介机制,因此筛选出对学生发展影响较大的投入项目。

(四)社会—心理投入指标

社会—心理投入的测量指标源于社会控制理论。社会控制理论关注越轨群体,重视社会联系。社会联系是指一个人与传统社会之间的联系,也就是一个人对传统社会的依附。越轨行为的发生是人与社会关系弱化,社会联系对人的牵制作用削弱的结果。社会联系包括依恋(attachment)、奉献(commitmant)、卷入(involvement)、信念(belief)四个要素。[29] 汀托的大学生退学模型是经典的社会控制理论视角下的研究,该模型提出了学生承诺的概念,并表明承诺直接影响对学校相关任务和活动的投入。反过来学生对学校相关任务和活动的投入又会影响目标和机构承诺。二者相互作用共同影响学生的退学决定。查普曼(Chapman)和帕斯卡雷拉(Pascarella)对汀托的模型进行了验证,其中,对承诺的测量指标包括“从这所大学毕业对我来说很重要”以及“你有多确定你上这所大学是正确的选择”等题项。[30]

㉗ See Finn, J. D., *Withdrawing from School*, Review of educational research 2,1989, p.117 – 142.

㉘ See *NSSE's Conceptual Framework* (*2013*), Accessed (September. 27, 2022), https://nsse.indiana.edu/nsse/about-nsse/conceptual-framework/index.html.

㉙ See Finn, J. D. & Cox D., *Participation and Withdrawal among Fourth-grade Pupils*, American Educational Research Journal 1,1992, p.141 – 162.

㉚ See Chapman, D. W. & Pascarella, E. T., *Predictors of Academic and Social Integration of College Students*, Research in Higher Education 3,1983, p.295 – 322.

芬恩也从社会控制理论视角出发提出了参与—认同模型(Participation-Identification Model)。在这个模型中,投入是通过在学校的认同和参与来定义的。认同是指归属感和学校教育的感知价值。[31] 古努克等对归属感和感知价值进行了量化处理,通过“我觉得自己是校园的一部分(归属感)”和“我相信大学对我有益(感知价值)”等题项进行了测量。

四、研究结论与启示

(一)研究结论

从20年间学生投入的研究文献看,学生投入研究文献数量丰富,特别是2018年以来文献数量骤增。样本文献分布于91个期刊,作者来自30个国家,受到不同领域、不同国家的广泛关注,是高等教育领域的研究热点。

行为视角下的研究是目前学生投入研究的主流。行为视角下的研究考察学生的投入行为表现,认为心理状态通过行为表现出来。在这一理念的指导下,NSSE等大型学生投入调查活动开展起来,对学生“投入时间与努力数量”进行考察。澳大利亚、加拿大、中国等多个国家引入了NSSE并开展本国的研究,该类调查资料成为学生投入实证研究的主要数据来源。这类研究中的学生投入度易于测算,学生投入特征明了可见,能迅速且清晰地为高等教育质量评估提供参考。实现了高等教育实践与学生投入研究的良好沟通,为学生发展提供了可预测、可干预的路径支撑。但是随着学生投入研究的发展对这一视角下的研究质疑也越来越多。这类研究关注学生做了什么而不是他们如何体验,在不知道学生体验状态的情况下概括学生投入可能是片面和无效的。个体的内部

[31] Markopoulos, E. et al. ,*Measuring Student Engagement and Commitment on Private Academic Institutions Using Fuzzy Logic Expert System Metrics Applications*, in International Conference on Applied Human Factors and Ergonomics, Springer, Cham, 2019, p. 163 – 173.

复杂性决定了将投入作为单一维度进行处理是有问题的,因为可能会存在学生心理状态与行为表现不一致的情况。此外,心理不投入但行为投入与心理和行为均投入的个体学习与发展是否存在差异也引发了讨论。

学生投入多维概念的建构成为新的研究趋势。同时考察个体心理状态与行为表现的学生投入研究不断出现。引起广泛讨论的是弗雷德里克斯(Fredricks)提出的行为—认知—情感投入三维模型。在这一模型的基础上,发展出了里弗(Reeve)等人行为—认知—情感—主体的四维模型,[32]古努克等人价值观、归属感、认知投入、同伴关系(情感投入－Ⅰ)、与教职员工的关系(情感投入－Ⅱ)和行为投入六个维度的全模型等。另也有一些研究对学生行为投入与心理投入的考察从量的区别拓展到质的差异,如尹等人提出的“适应良好”(adaptive)与“适应不良”(maladaptive)的学习投入之间的区别。[33] 这类研究弥补了单一视角研究的局限,反映了学生投入的内隐与外显两个方面,旨在全面、系统地刻画学生投入状态。但是这类研究还不成熟,存在诸多问题。首先,不同维度之概念模糊,内涵混用。例如,行为—认知—情感三维模型指导下的研究,有些研究行为投入与认知投入之间存在学习策略概念的混用,而有些研究认知投入与情感投入研究引用了动机的内涵。其次,学习策略、动机等概念被引用到学生投入的研究中,但相关研究并未对这些概念进行系统化的处理,使学生投入领域内这些概念与其本身领域内的研究相比更加单薄和僵化。例如,有研究基于动机视角考察学生的心理投入,关注学生的情绪状态,但并不考虑学生情绪状态的来源,没有具体情境的考察,对学生的情感投入只能一知半解。最后,将动机等概念包罗在学生投入概念之下,使学生投入内涵更加混乱,学生投入前因与其本身混为一谈。可见,学生投入多维概念的发展还有很长的路要走。

学生投入研究是对个体丰富表征的考察。根据已有研究中学生投

[32] See Reeve, J. & Tseng, C. M., *Agency as a Fourth Aspect of Students' Engagement during Learning Activities*, Contemporary Educational Psychology 4, 2011, p. 30.

[33] See Yin, H., *What Motivates Chinese Undergraduates to Engage in Learning? Insights from a Psychological Approach to Student Engagement Research*, Higher Education 5, 2018, p. 17.

入的测量指标,学生投入包括了学术—行为投入指标、学术—心理投入指标、社会—行为投入指标与社会—心理投入指标四个方面。有研究强调学生投入包括身体和心理上的投入,特别是高等教育阶段学生投入的构建除了关注学生在课堂投入中的情况,也应侧重社会/校园空间对学生发展的影响。[34] 从社会投入与学术投入两个部分考察学生投入情况,能够比较全面地了解大学生的投入样态。学生在课堂内外的经历可能存在相互依存的关系。[35] 马切斯(Marchese)和麦金尼斯(McInnis)进一步指出,学生不是通过丰富的课外活动来补充学生生活,而是管理一种生活方式,在这种生活方式中,大学学习只是其中的一部分,甚至可能不是主要部分。[36] 仅关注基于课堂的认知发展会忽略本科教育的重要部分。已有的研究结果表明,对学生发展发挥作用的不仅是学术投入,也包括社会投入。[37][38][39] 虽然目前的研究已对学生社会投入情况进行了调查,但对学生社会投入维度的测量指标差异较大,哪些社会投入指标对学生发展至关重要还没有达成共识。因此,对社会投入的测量还有待完善,重点关注对学生发展影响较大的指标,这样对高等教育实践和改革更有裨益。

(二)研究启示

近年来,在学生投入的概念结构、测量指标等方面不断有新视角下的研究出现,一方面促进学生投入研究更加系统和全面,另一方面也使得学生投入成为一个更加宽泛的概念。这就提醒我们:第一,在进行学

㉞ See Gunuc, S. & Kuzu, A., *Student Engagement Scale: Development, Reliability and Validity*, Assessment & Evaluation in Higher Education 4, 2015, p. 587 – 610.

㉟ See Coates, H. C., *Student Engagement in Campus-based and Online Education: University Connections*, London, Routledge, 2006, p. 31.

㊱ See Coates, H. C., *Student Engagement in Campus-based and Online Education: University Connections*, London, Routledge, 2006, p. 30.

㊲ Astin, A. W. (1993). What matters in college?. JB., 385.

㊳ See Holland, A. & Andre, T., *Participationin Extracurricularactivitiesin Secondaryschool: Whatis Known, Whatneedsto be Known?*, Review of Education Research 57, 1987, p. 437 – 466.

㊴ See Coates, H. C., *Student Engagement in Campus-based and Online Education: University Connections*, London, Routledge, 2006, p. 32.

生投入研究时首先要对概念进行准确的界定,涵盖所有视角与结构的学生投入研究很难实现,需要基于研究目的与现实条件从一个或几个角度着手展开分析;第二,在全面厘清学生投入内涵的基础上抓主要方面,重点关注对学生发展影响最大的投入指标。

大学生投入问题已经成为中国高等教育研究的一个重要议题。中国高等教育已进入普及化阶段,中国高等教育质量及大学生的发展质量备受关注,学生投入研究无疑是了解高等教育实际情况的重要抓手。就我国的大学生投入研究而言,自 2009 年清华大学的研究团队借鉴 NSSE 的经验进行了中国大学生投入调查,行为视角下的中国学生投入研究发展起来,与之相关的研究报告与学术论文开始见诸于国内外期刊。除了行为视角的研究,更多视角的学生投入研究有待发展。对学生的心理与行为投入进行全面深入的了解,才能更好地发挥学生投入研究在人才培养与高等教育发展中的实践意义。

An Analysis of the Concept and Measurement Progress of University Students' Engagement

Lu Genshu　Wen Shuang

Abstract: With the development of the universalization of higher education, the engagement state of university students has attracted much attention, and the study of student engagement has become a research hotspot in the field of higher education. Through a review of international literature on university student engagement research during 2000 – 2020, it is found that the connotation of student engagement can be divided into four categories, which are viewing student engagement as a positive behavioral performance, a positive psychological state, a continuum with positive and negative polarities, and a meta-concept containing behavior, emotion, and cognition. The measurement of student engagement includes four engagement indicators: academic-behavioral, academic-psychological, social-behavioral, and social-psychological, with different progress and problems in different aspects. The research on student engagement in China still needs to be understood comprehensively and thoroughly, so as to bring into play the practical significance of student engagement research in talent cultivation and higher education development.

Key Words: student engagement; empirical research; literature review; VOSviewer

“双一流”建设背景下法律硕士研究生课程建设研究*

郭艳利**

摘　要：“双一流”建设背景下，一流法治人才培养离不开一流的课程建设。经过多年的探索，依托法学学科，在我国法律硕士研究生的课程建设的实践过程中，课程内容相对稳定，较好地覆盖了法学专业所需的必要知识，突出了分类培养和职业化的理念；注重实践能力的培养，“双师”计划逐步实施，案例教学法成为法律硕士教学的主导方法；考核方式较为灵活，评价标准体现了学术性与实践性的统一。但也存在课程目标与社会需求脱节；课程设置两极分化，结构失衡；课程实施过程弱“学术性”与“实践性”；课程考核方式随意，考核结果没有发挥分流淘汰作用的问题。造成这些问题的原因是多方面的，既有目标层面的，也有课程内容设置层面的；既有课程之间关系和体系建设方面的，也有建设标准和机

* 基金项目：2020 年陕西省研究生教育综合改革研究与实践项目“‘双一流’战略背景下陕西高校法律硕士研究生课程建设的理论与实践研究”（项目编号：YJSZG2020082）的阶段性成果；陕西省教育厅研究生综合改革研究项目“新文科建设背景下法律硕士研究生协同育人培养模式研究”（项目编号：YJSZG2023115）。

** 郭艳利，西北政法大学高教所副研究员。研究方向：高等教育、学位与研究生教育研究。

制方面的原因。因此,需要对标“双一流”建设,培养卓越法律人才;分类建设、分类培养,构建分类课程模块;加强课程之间的逻辑性与关联性,构建科学的课程体系;完善课程建设机制,加强课程过程管理,构建法律硕士研究生课程体系等有效措施予以改进。

关键词:法律硕士研究生　课程建设　“双一流”

2015年,国务院发布《统筹推进世界一流大学和一流学科建设总体方案》,提出了建设“世界一流大学、世界一流学科”(以下简称“双一流”)的战略目标和要求,为法学学科的发展提供机遇与挑战。2018年,教育部、中央政法委推出《关于坚持德法兼修实施卓越法治人才教育培养计划2.0的意见》进一步提出“做强一流法学专业,培育一流法治人才”的具体要求。而课程学习是我国研究生教育的重要特征,是保障研究生培养质量的必备环节,在研究生成长成才中具有全面、综合和基础性作用。一流的法学学科建设、一流的法治人才培养,离不开课程建设。

一、法律硕士研究生课程建设的现状

从1996年部分高等法学院校招收法律硕士(非法学)试点到目前法律硕士(非法学)与法律硕士(法学)并行招生,我国法律硕士的招生规模不断扩大。截至2018年3月,我国共有法律硕士专业学位授权点243个。[①] 随着法律硕士招生规模的不断扩大,规模扩张和质量提升速度不一致的矛盾日益突出,为提升法律硕士研究生教育质量,国家、政府和高校从各个层面进行了改革,其中课程建设是法学学科建设的重要内容之一,是实现法律硕士培养目标的有效途径,与研究生的培养质量密切相关,日益受到重视,各培养单位日益加大了对法律硕士研究生课程建设的人力和物力投入,课程建设的质量和水平都有所提高。

---

① 参见陈灿祁、樊洁:《“双一流”建设背景下法学研究生教育改革研究》,载《当代教育理论与实践》2020年第4期。

(一)法律硕士研究生课程设置:依托法学学科,课程内容相对稳定,突出了分类培养和职业化的思想

1999 年全国法律硕士专业学位教育指导委员会出台了《法律硕士专业学位研究生指导性培养方案》。2006 年,全国法律硕士专业学位教育指导委员会对 1999 年的培养方案进行了修订,教育部发布了《关于转发〈法律硕士专业学位研究生指导性培养方案〉及其修订说明和〈法律硕士专业学位论文规范〉的通知》(学位办〔2006〕39 号)。2009 年,根据教育部《关于做好全日制硕士专业学位研究生培养工作的若干意见》(教研〔2009〕1 号)文件精神,有关专业学位教育指导委员会组织专家制定了《全日制硕士专业学位(分类别)研究生指导性培养方案》(学位办〔2009〕23 号),补充了法律硕士(法学)研究生培养方案。2017 年,为贯彻习近平总书记系列重要讲话精神,特别是习近平总书记在考察中国政法大学时的重要讲话精神以及全国高校思想政治工作会议精神,深入推进法律专业学位研究生教育综合改革,全国法律专业学位研究生教育指导委员会再一次对法律硕士研究生的培养方案进行了修订,启用了新的《法律硕士专业学位研究生指导性培养方案》(以下简称《培养方案》)。

2017 年的《培养方案》,对法学和非法学研究生的培养方案进行了调整。法律硕士(非法学)研究生的总学分由 75 学分调整为 73 学分,必修课课程由 12 门增加为 13 门,部分课程也有调整。最主要的变化是为增强法律职业能力培养,必修课程中增加了《法律职业伦理》课程。学位论文由 10 学分变为 5 学分。再次突出了法律硕士专业学位注重实践应用能力培养的特点。

法律硕士(法学)研究生的总学分由 57 学分调整为 54 学分,必修课程由 27 学分调整为 18 学分,选修课程由 10 学分调整为 16 学分,增加了选修课程的占比,符合法律硕士(法学)研究生已经具备一定的法学知识的特点,注重扩展研究生的知识面。同样,必修课程中增加了《法律职业伦理》课程。

从培养方案的修订可以看出,课程设置在遵循法律教育规律的基础上,从中国法律教育和法律职业发展的实际出发,以法律职业素养或资质作参照标准,重点解决职业伦理与职业技能的关系、能力复合型与知识复合型的关系、重实践与宽基础之间的关系。②

2021年,教育部学位管理与研究生教育司、司法部律师工作局联合发出《关于实施法律硕士专业学位(涉外律师)研究生培养项目的通知》(教研司〔2021〕1号),随本通知还下发了《法律硕士专业学位(涉外律师)研究生指导性培养方案》,课程分为必修课和强化模块课,设置了专业课程模块、职业能力模块、素质提升课程(讲座)模块,突出了专业性。加强了实践训练,实践课程学分为19学分。内容上加强了外国语言、国际政治、国际关系、国际经贸、世界历史、跨文化交流等课程教学。

(二)法律硕士研究生课程组织:注重实践能力的培养,"双师"计划逐步实施,案例教学法成为法律硕士教学的主导方法

2017年的《培养方案》,法律硕士(非法学)研究生的实践课程的学分由12学分调整为15学分,专业实践期由2~3周调整为6个月;法律硕士(法学)研究生的实践课程学分为15学分,实践期由1年调整为6个月。2021年涉外律师培养方案,实践课程的学分为19学分。再次突出了法律硕士专业学位注重实践应用能力培养的特点。

随着法律硕士培养对实践能力养成重视程度的提高,"双导师"制在法律专业学位教育中的作用日益凸显。为契合法律硕士研究生培养的特点,2013年作为"卓越法律人才教育培养计划"重要内容之一的"双千计划"全面启动,高校与法律实务部门通过人员互聘,选聘1000名左右具有较高理论水平和丰富实践经验的法律实务部门专家到高校法学院系兼职或挂职任教;同时,高校选聘1000名左右法学专业骨干教师到法律实务部门兼职或挂职,参与法律实务工作,形成了高校与法律实务部门合作育人的教学模式。

基于法律硕士研究生教育的特点,其教学方式以课程教学为主,开始重视实践教学,着重理论联系实际的实务能力的培养,进而在法律硕士研究生的课程组织过程中案例教学、模拟法庭、法律诊所等教育形式

② 教育部《关于转发〈法律硕士专业学位研究生指导性培养方案〉及其修订说明和〈法律硕士专业学位论文规范〉的通知》(学位办〔2006〕39号)。

被引入课堂教育。其中,案例教学的比重日益增加。2014 年起,依据《中国专业学位教学案例库中心法律硕士分中心建设规划》和《法律硕士研究生教学案例编写要求》,法律硕士专业学位研究生教育加强了对案例教学的要求,从 2015 年到 2021 年共有 233 个案例入选案例库。③其中,各个专业的法学案例库都呈现逐年增长的趋势,特别是国际法案例 2020 年增加了 27 项,凸显了我国法学教育国际化的需求,也表明了国际法课程在法律硕士研究生课程建设中的地位越来越高。

近年来,随着"互联网 +"的发展,利用互联网、司法大数据、人工智能技术、线上与线下相结合的混合式教学模式、虚拟仿真实验室全程化、同步化、协同化的实践教学等新的教学形式也被逐步引入法律硕士研究生的课堂教育中。

(三)法律硕士研究生教育的课程考核与评价标准:考核方式较灵活,评价标准体现学术性与实践性的统一

法律硕士研究生的考试方式规定为"必修课的考核分为考试和考查两种形式,其中考试课不得低于总科目的 80%。考核办法可以灵活多样,重在考察学生运用所学专业理论和知识,发现、分析、判断和解决实际问题的专业能力和方法,减少对机械性记忆的考核"④。2017 年修订后的《培养方案》中规定"必修课的考核分为考试和考查两种形式",取消了考试课在总科目中的占比要求。给予课程考核更为灵活的方式,并不局限于考试,研究论文、调研报告、案例分析等都被逐步纳入法律硕士研究生课程考核之中。

法律硕士研究生教育的质量标准是其培养目标的细化、量化,既是衡量人才培养质量的准则,也是法律硕士研究生教育评价的标准,更是课程评价的基准。2017 年的《培养方案》明确了法律硕士研究生的质量标准,对法律硕士研究生的道德品质、学术能力、实践能力等方面进行了

③ 法律专业学位案例库,载教育部学位与研究生教育发展中心网,https://case.cdgdc.edu.cn/case/enterCategoryCaseCenter.do? categoryId = 0351,最后访问日期:2021 年 12 月 25 日。

④ 教育部《关于转发〈法律硕士专业学位研究生指导性培养方案〉及其修订说明和〈法律硕士专业学位论文规范〉的通知》(学位办〔2006〕39 号)。

规定。要求,法律硕士“掌握中国特色社会主义理论体系,遵循法律职业伦理和法律职业道德规范”,“全面掌握法学基本原理,特别是社会主义法学基本原理”,具备从事法律职业和法律事务工作的能力,“能够运用外语从事法律相关工作”。这些质量标准,体现了学术性与实践性相统一的特点,也是研究生课程评价的标准。

二、法律硕士研究生课程建设中存在的问题

实践中,法律硕士研究生课程建设取得了一定成效,但目前部分高校仍然没有转变只重科研忽视课程的实际倾向,对法律硕士研究生课程建设的重视程度不高,法律硕士课程建设中仍然存在一些亟须解决的问题。

(一)课程目标与社会需求的契合仍有一定的差距

法律硕士研究生的培养目标随着时代的发展其内容也具有不同的内涵,但适应社会发展需求是这一目标的基本范畴。近些年,《培养方案》对法律硕士培养目标进行了明确的规定,即“培养立法、司法、行政执法和法律服务领域德才兼备的高层次的专门型(复合型)、应用型法治人才”。同时,又根据专业基础不同,对培养目标进行了细化,将法律硕士(法学)人才培养目标定位为“专门型、应用型法治人才”,将法律硕士(非法学)人才培养目标定位为“复合型、应用型法治人才”。但在实践操作层面,目前法律硕士的培养并没有完全贯彻其精髓,两类法律硕士研究生的培养目标实质上差异性不明显。因此,具体的课程目标也是不清晰的,在突出强调“专门型”和“复合型”差异化的同时,对于“应用型”法治人才的培养与社会需求的契合仍存在一定的差距。具体体现在实践课程教学方面表现为课程设置基本相同,虽然部分学校作了一些调整,依据专业方向不同,实践课程有所侧重,但其主要内容仍然以法律文书写作、模拟法庭、法律谈判和法律检索为主,而目前大量的法律硕士研究生毕业后所从事的工作更多的是律师等法律实务工作,由于与之相适应的律师实务、法律职业核心技能课程较少,法律硕士研究生的实践应

用能力提升存在“短板”。更有甚者将法律硕士教育异化为扩大创收与增加教师福利的手段,依据本学院教师的情况来设置课程,偏离了法律硕士培养的宗旨与目标。[⑤] 这就割裂了课程对人才培养的支撑作用,课程目标与社会需求的契合度不高。

(二)课程设置两极分化,存在结构性失衡

目前,法律硕士(法学)与法律硕士(非法学)的课程设置与《培养方案》基本一致,特别是在必修课程设置方面基本与其保持了一致。各校的差异化课程主要体现在选修课程和实践课程方面。根据专业方向不同,各高校开设了不同的专业选修课和方向培养课。但由于学校学科发展的水平不一,法律硕士研究生课程设置存在两极分化的问题。一方面,一流法学专业院校,法律硕士研究生课程改革走在了前沿,课程设置具有一定的特色化、交叉化和国际化,设有相应的特色课程、专题课程和进阶课程,既以法学一级学科设置专业课程,贯彻了以学位要求和培养目标设置课程的思想,又体现了课程的学科优势和行业特色。课程设置强调实践能力和法律职业能力的培养,与法律职业资格考试具有一定的衔接,除基础实践课程,还设有特色化训练课程。课程设置贯彻分类培养的思想,两类课程设置具有一定的差异性,法律硕士(法学)的课程强调专业性与方向性,法律硕士(非法学)的课程强调系统性与进阶性。但在课程的国际化方面,仍有一定的不足,由于学校层次、地域等的差异性开设相关高端国际化课程的院校比较少。

另一方面,与之相对应的是一些普通院校两类专业学位的课程设置极为雷同,在课程的深度和广度方面,程度不同地忽略了法律硕士(法学)接受过系统法律本科教育的前提,法律硕士(法学)课程的设置与法学本科的课程也并无多大差别,“课程设置过于统一、老旧、雷同,学术理论前沿更是少有涉及”;[⑥]尤其在自选课和特色方向选修课方面没有差

---

⑤ 参见张洪成、黄瑛琦:《全日制法律硕士研究生课程体系和教学方法改革探索》,载《学位与研究生教育》2014年第10期。

⑥ 陈灿祁、樊洁:《“双一流”建设背景下法学研究生教育改革研究》,载《当代教育理论与实践》2020年第4期。

异性。同时,实践课程偏理论化,没有区分法律硕士“法学”和“非法学”的差异性。对于法律硕士(非法学)研究生来说,其理论课程设置比例又明显不足,为了突出体现院校特色及差异性,一些学校甚至将法学一级学科的必修课变为二级学科的选修课,忽略了课程学习的系统性,用方向课代替了必修课。部分学校把两种类别的研究生放在一起合班授课。

这种差异性导致了法律硕士研究生培养的质量的参差不齐,存在结构上的失衡,部分不具备条件的培养单位占据了一定的教育资源,却没有达到培养目标和学位设置的基本要求,影响了我国法律硕士培养的整体水平。

(三)课程实施过程弱“学术性”与“实践性”

一方面,研究生课程在实施的过程中,会存在与探究高深知识相背离的现象,这种弱“学术性”的倾向,在法律硕士研究生的课程实施过程中更为突出。一是定位于专业学位研究生培养,在课程教学过程中弱学术化,除了前述法学专业一流学科院校在选修课程中强调前沿性与研究性,一般的普通院校法律硕士研究生的课堂仅是课程的讲授并不注重学生学术思想的培养。二是实践课程的简单理论化,将研究生的实践等同于本科生的实习,更多地在于参与而非创新,实践课程的探究性不强。

另一方面,课程实施过程中也未能重视实践能力的培养。一是案例教学的实践指导作用发挥不够充分。案例教学是法学教育的特色之一,在法律硕士研究生的授课过程中,越来越多的教师会运用案例教学法,但更多的是用于“佐证课程知识,对以学生为中心的案例分组讨论、角色模拟等教学方法的运用比较少,学生学习的积极性与主动性明显不足”⑦。二是在实践课程层面,大部分高校法学专业的导师同时负责两类研究生的培养,因此,法律硕士研究生的实践课程也是由法学专业的导师来讲授的,而这些导师缺乏实践指导经验,在课程讲授的过程中往往不自觉地更注重理论的讲解,课程组织形式单一,无法有效提升学生的实践能力。

---

⑦ 卢明威、李图仁:《法律硕士研究生实践教学现存不足及解决措施》,载《学位与研究生教育》2017年第3期。

(四)课程考核方式随意,考核结果没有发挥分流淘汰的作用

对于法律硕士研究生的课程考核,一些学校并没有贯彻分类培养的思想,将专业型与学术型研究生的考核标准一致化,注重期末考试,平时成绩的比例较低,忽视了法律硕士培养目标的特殊性。具体课程的考核标准随意性也较大,实践性不足,考核结果不能真正体现法律硕士研究生的特点。⑧

同时,课程考核结果并没有发挥分流淘汰的作用。课程设计是一项系统的、科学的工作,由于课程建设在研究生教育中的受重视程度不高,又缺乏系统的研究生课程建设机制,课程设计之初,课程考核的定位就不明确,考核的结果如何应用也就不清晰,因此,研究生课程考核也没有发挥分流淘汰作用。法律硕士的课程考核也存在同样的问题。目前,法律硕士研究生的课程考核的结果,只是研究生“评优”的条件,而没有作为分流淘汰的依据。

三、法律硕士研究生课程建设中存在的问题分析

造成这些问题的原因是多方面的,有目标层面的、课程内容设置层面的、课程实施方面的、建设标准和机制方面的原因。

(一)课程目标不完善,目标定位不清晰

课程目标是“通过具体的学科内容、一定的教育教学活动或者学习者共同体成员的相互影响,使学习者在某一时间内将发生的性质不同和程度不同的变化结果”⑨。整体而言,课程目标要素在其内涵上是一个目标体系,包括培养目标、培养方案目标、教学目标等。目前,法律硕士研究生的课程目标较为宏观,更为注重课程目标的质量要求,对数量的要求没有相对具体的规定,因此,缺乏具体的可操作性的课程目标设置。

---

⑧ 参见李劲、谭英:《法律硕士研究生课程教学改革研究——以成果导向教育为理念》,载《辽宁工业大学学报(社会科学版)》2019 年第 1 期。

⑨ 罗尧成:《研究生教育课程体系研究》,广东高等教育出版社 2010 年版,第 119 页。

同时,具体的课程目标也比较模糊,没有从知识、技能、方法、能力、价值观等方面对法律硕士研究生的培养进行解读与设定,导致整个培养过程缺乏科学化的目标指导。因此,课程目标在与社会接轨时,缺乏细化的、可操作性的纽带。

同时,面对社会发展需求的快速变化以及法律硕士研究生的规模增长,法律硕士研究生的课程目标并没有适应社会发展需求,更注重研究生法律知识与方法的传授,对实践能力、法律职业伦理的养成重视不足,课程目标更重视法学学科的发展需求,忽视了“社会”和“学习者”的需求,因此,导致法律硕士的培养与社会需求的契合存在一定差距。从具体的目标定位上来说,由于部分课程设置内容趋同、授课教师相同,课程设计之初就未考虑二者的区别,因此法律硕士研究生法学和非法学的课程目标从本质上来讲并没有严格的区分。

(二)课程设置的本科化与学科化倾向明显

从法律硕士课程的结构来看,法律硕士(非法学)的必修课程与本科课程基本相同,法律硕士课程基本涵盖于法学本科 14 门核心课程中,课程名称基本相同。从内容上来说,虽然课程的设置充分考虑了学生学科背景的差异性以及法学学科学习的系统性,但由于多数授课教师兼任本科教师与硕士生导师,加之对于非法学背景的研究生来说,一些概念与范畴,他们并不能很好地理解,因此,导师在授课过程中对于课程内容的把握更倾向于本科式教学,帮助学生建立起基本的法律概念。

在选修课程方面,法律硕士研究生的课程则在一定程度上为了凸显其专业性,日益细化,一般以二级学科设置专业方向课,课程设置的学科化倾向明显。由于课程要素局限于法学学科,课程体系中跨学科课程和方法论课程的占比也较低,因此,法律硕士研究生的课程设置存在结构性失衡,课程体系建设的科学性不足。而法学学科的日益细化必然与学科融合交叉甚至跨大类交叉方向存在矛盾。[⑩]“双一流”和新文科建设背景下,这种矛盾将会日益突出。

---

⑩ 参见冯辉:《“改革开放四十年与中国法学教育:法学课程体系改革与完善”高峰论坛会议综述》,载《经贸法律评论》2018 年第 1 期。

(三)课程之间的逻辑性与关联性不强

从学科自身发展的角度来说,课程之间是纵向递进的关系,课程学习的过程是依次递进的过程;从课程自身建设的角度来说,课程之间是横向关联的关系,课程学习的过程是条件关联的过程。我国法律硕士教育起步较晚,课程建设经历了由各高校自主设课到法学教育指导委员会统一设课、不断修订的过程,逐渐形成了由必修课、选修课、实践课等构成的课程体系。课程之间虽具有一定的时序性和关联性,但由于整体课程规模不大、师资不足以及认识的不同,整个课程体系的逻辑性与关联性存在一定的欠缺,导致整个课程实施也存在一定问题。纵向上,课程与课程之间的递进关系不明显。由于缺乏递进关系的课程体系,进阶课程设置明显不足,导致课程的学术性与前沿性无法在课程体系的递进关系中得以体现,因此课程实施过程中弱“学术性”就凸显出来。横向上,课程之间的关联关系不紧密,课程与课程之间的条件关系不明确,理论课程与实践课程之间的条件关系不明确,实践课程设置没在关照相应的理论课程,理论课程设置也没有对应相应的实践课程,这种逻辑关系的断裂必然导致学术能力培养和实践能力培养之间的脱节,实践能力培养的质量必然受到影响,弱“实践性”的问题也就显现出来。

(四)课程建设标准与机制不完善

目前,部分高校在人才培养方案中对人才培养的质量标准进行了明确论述,但课程质量指标并没有被纳入学科发展质量和人才培养质量衡量之中。课程建设质量标准的缺失,导致课程设置标准混乱,有以一级学科设课的,也有按照二级学科设课的;有贯彻跨学科设课思想的,也有不贯彻这一思想的,甚至忽略培养目标和学位要求,因人设课的。这种混乱的设课标准,必然导致法律硕士研究生课程建设质量参差不齐。

同时,课程建设机制也不完善。缺乏严格的新开课程申报、审批机制,更缺乏对已开课程定期审查机制。新开课程的论证是一项系统、科学的工作,需要从目标定位、对象适用、课程内容、教学实施、考核评价方式、师资力量、预期效果等多方面予以论证。目前,法律硕士研究生的课程开设,更多地注重课程内容、教学设计、师资力量,轻目标定位、对象适用和预期效果,“为课设课”。对于已开设的课程则缺乏常态化的调整机制,不能做到及时调整和改进。同时,考核、评价机制也相对不完善。考核、评价机制大都只涉及方式和内容,标准比较笼统,没有细化的标准。过程考核、结果的反馈与落实机制缺失,没在课程考核层面形成真正意义上的分流或淘汰。

四、法律硕士研究生课程体系构建

从经验课程论,理性课程论、实践课程论,到批判课程论,课程论发展的过程中,其研究取向从“原理建构”转为重视实践,再到重视社会批判,课程与社会发展的关系日益密切。而注重社会实践是法学学科的特点之一,因此法律硕士研究生教育的课程设置必然需要紧密联系社会实践,联系当前我国社会发展的国情,切合“双一流”建设的发展、“新文科”建设的要求,进行课程建设。

(一)对标“双一流”建设,培养卓越法律人才

“双一流”建设方案中提出:“坚持立德树人,突出人才培养的核心地位,着力培养具有历史使命感和社会责任心,富有创新精神和实践能力的各类创新型、应用型、复合型优秀人才。”培养卓越法律人才,应对标“双一流”建设人才培养目标,密切联系社会发展实践,结合法学学科的特点,在社会主义价值观养成的基础上,以学生为中心,不仅注重知识与方法的传授,同时关注学生全面能力的提升。贯彻分类培养的思想,坚持服务需求、立德树人,培养研究生坚定的政治信念、服务国家和民族的精神;以法律硕士研究生成长成才为中心,以打好知识基础、加强能力培养、有利长远发展为目标,尊重和激发法律硕士研究生学习兴趣,注重培育独立思考能力和批判性思维,全面提升创新能力和发展能力,培养立法、司法、行政执法和法律服务领域德才兼备的高层次的专门型(复合型)、应用型法治人才。

在操作层面上,具体的课程目标应该有量化的规定且更为微观、细

致，实现课程目标的可操作性。无论是理论课程还是实践课程，都应该从知识、技能、方法、能力、价值观等维度对其课程目标进行分解并量化为具体的指标。例如，实践课程的课程目标应该明确规定学生参加实践活动频次、实践导师占导师总体的比例等，便于操作。

（二）分类建设、分类培养，构建分类课程模块

课程建设不能仅从课程本身的层面来说，而要从学科本身的生长方式来看。法律硕士课程的建设需要依托法学学科发展，依托法律硕士研究生教育的特点和规律，综合考量，整体规划，不能单就课程论课程，要在一流法学学科建设的背景下，统筹协调学科建设与课程建设之间的矛盾，发挥课程建设对学科发展的推动作用，做强一流学科，培养一流法治人才。

不同类型的院校，应结合学校自身发展实际进行有效的课程建设。一方面，对于法律硕士教育比较成熟的院校，其课程建设应该在现有基础上突出其文化内涵，彰显文化自信，坚持"一课双责"，各门课程既要传授专业知识，又要注重价值引领，传递向上向善的正能量，构建法律职业伦理课模块；坚持跨学科、跨专业，打破学科过于细化的限制，结合法律硕士（法学）和法律硕士（非法学）的特点，构建新兴交叉课程模块；坚持培养复合型、应用型法治人才，注重案例教学，建设专业案例库，构建实践课程模块；坚持国际化法治方向，秉持共享理念，贡献中国模式，构建国际化课程模块。每一个课程模块又包含基础课程模块、提升课程模块和创新课程模块。每一个课程模块的建设都需要从课程设计、组织和评价等方面进行全面规划，结合现代信息技术，搭建"互联网 + 法学教育"的线上和线下课程模块。实现"学术性"与"实践性"在课程教学中的有机统一。

另一方面，对于其他院校，其课程建设则应该注重具体课程本身的完善，建设一流课程。其一，课程建设依托学科背景，根据学科发展的规律，设置课程内容，对于一级学科必修的课程，贯彻课程建设系统性的原则，保障其完整性与高效性，夯实基础知识，不能为了突出特色而舍本逐末；其二，彰显研究生教育的特点，优化课程设置，根据学生的原专业，依托学校的教育资源开设一系列选修课群,将选修课定位于法学与这些专业的交叉领域,彰显学校特色,强化课程对学科的推动作用;其三,贯彻分类培养的思想,根据两类研究生的不同特点设置课程内容,对于法律硕士(法学)的课程设置,应在学术性基础上强化其实践性,注重提升学生的实践能力,对于法律硕士(非法学)的课程设置,应在实践性的基础上强化其学术性,注重提升其学术研究能力。

(三)加强课程之间的逻辑性与关联性,构建科学的课程体系

课程体系建设是在课程模块建设基础之上,对课程之间关系的整体设计与梳理。科学化、体系化的课程之间应该具有较强的逻辑性与关联性,才能保障整个课程实施的效果。因此,在纵向上,需要梳理法律硕士研究生课程之间的逻辑关系,强化课程之间的递进关系,建设高层次的进阶课程。通过提升课程深度与难度,在学术的前沿性与创新性方面,凸显研究生教育与本科教育的差异性,体现研究生教育的特点,提升研究生的学术与科研能力。在横向上,需要建立课程之间密切的条件关系,课程之间应该互为条件。参加进阶课程的学习应该在完成一些基础课程学习的基础上,基础课程是进入进阶课程的必要条件;实践课程的学习应该在完成相应理论课程学习的基础上,理论课程是进入实践课程必要条件。以哈佛大学法学院2022年秋季课程为例,《公司、所有权和资本获取的比较视角》课程要求上课的学生必须具备以下先决条件的任何一项:《公司法》的先前课程,《HLS的平行公司》课程,或与公司治理或财务有关事项的先前经验,[11]才能参加本学科课程的学习。《高级谈判:逃犯谈判》课程,要求在冬季或春季注册参加《谈判研讨会》的学生才有资格参加今年秋季的逃犯谈判。[12] 这种条件关系具有内在的逻辑性,课程与课程之间在专业知识体系下存在相互联系、相互补充的关系以及递进关系,保障了课程设置的体系化,进而保障了课程实施的质量。

---

⑪ See *A Comparative Perspective on Corporations, Ownership, and Capital Access*, Accessed (July. 5, 2022), https://hls.harvard.edu/courses/a-comparative-perspective-on-corporations-ownership-and-capital-access/.

⑫ See *Advanced Negotiation: Fugitive Negotiation*, Accessed (July. 5, 2022), https://hls.harvard.edu/courses/advanced-negotiation-fugitive-negotiation/.

(四)完善课程建设机制,加强课程过程管理

课程建设是一项系统工程。需要培养主体全面承担课程建设的责任,对课程建设进行系统规划。完善法律硕士研究生课程建设机制需要在投入、管理、考核和评价机制等方面加强。

首先,应完善课程投入机制,加大对课程建设的投入,多渠道筹措资金,扩大课程开发投入的力度,统筹课程资源,开展“法学+”课程资源统筹与建设,契合“新文科”建设的契机,促进法学学科的跨学科发展,推动法律硕士研究生教育的深化改革。

其次,应完善课程管理机制,加强课程管理,建立新开设课程的申报、审批机制,不因人设课、因课设课。注重过程管理,进行定期的课程审查,邀请法学专家、实务部门人员和研究生共同参与对已开课程的定期审查,及时调整,保障课程质量和培养质量。建立课程建设奖励机制,将研究生课程建设纳入学校和院系工作考核、评价的指标体系当中。

再次,应完善课程考核机制。创新考核方式,注重考核形式的多元化,考核方式多样;细化考核标准,保障考核的有效性和可操作性;注重过程考核,关注研究生的学习投入;注重分类考核,在基本标准的基础上,对于法律硕士(法学)的考核增加“实践”考核的占比,对于法律硕士(非法学)的考核则增加“学术”考核的占比;注重考核结果的落实,实现分流淘汰。

最后,应完善课程评价机制。课程评价是对课程设计、课程体系实施过程的价值和效果的分析与判断。有效的课程评价应该将形成性评价和总结性评价有机结合,并以形成性评价为主;应将质性评价和量化评价有机结合,结合法学学科的特点,以侧重质性评价;将外部评价和内部评价有机结合,侧重研究生的评价,注重研究生的学习体验。实现课程建设与研究生教育的最终目的。

Research on the Curriculum Construction of the Master of Law in the Background of Building the “Double First-Class” Universities

Guo Yanli

Abstract: In the background of the project of building the “Double First-Class” Universities in China, the cultivation of first-class rule of law talent cannot be separated from the construction of first-class curriculum. After years of exploration, in the practice of curriculum construction for postgraduates of Master of Law in China, the following advantages have been formed in the discipline of law: (1) the content of the curriculum is relatively stable, better covering the necessary knowledge required by the legal profession, highlighting the concept of classification and vocational training; (2) the legal education focuses on the cultivation of practical ability, the dual teacher program is implemented step by step, and the case method has been implemented; (3) the assessment methods are more flexible, and the evaluation standards reflect the unity of the academic and practical attributes. However, there are also some problems in legal education, such as: (1) the disconnection between course objectives and social needs; (2) the polarization and imbalance of the curriculum; (3) the lack of attention to the integration of the “academic” attribute and the “practical” attribute in the teaching process; (4) the arbitrary way of course assessment, and the results of the assessment do not play a role in the evaluation; (5) the course assessment method is arbitrary, and the assessment results do not play the role of triage and elimination. The reasons for these problems are multifaceted, including the level of objectives, the level of course content, the relationship between courses and system construction, as well as the construction standards and mechanisms. Therefore, the author suggests that legal education needs to cultivate excellent legal talent according to the standard of the "Double First-Class" construction. In addition, legal education should be carried out in a categorized way and the curriculum modules should also be built with classifications. In addition, in legal education the logic and correlation between courses should also be strengthened in order to build a scientific curriculum system. Finally, the curriculum construction mechanism and curriculum process management should also be strengthened systematically for the postgraduates of the Master of Law.

Key Words: Master of Law; curriculum construction; "Double First-Class"

学问人生

“必然”与“应然”相融通：赵馥洁先生治学之路与学术思想述略

朱风翔*

摘　要：赵馥洁先生以读书、教书、写书作为其活动和事业的自我总结。他以教授马克思主义哲学和研究儒学发展演变作为治学起点，数十年来从历史的角度考察传统价值观的演变历程，在历史演变中梳理中国传统价值观念的整个发展脉络，探讨了中国哲学体系中价值论与本体论、认识论、历史观、人生论的融通问题及其所形成的中国传统哲学的特质问题。作为研究中国传统哲学的陕西学人，先生对关学学派特别是创始人张载其人其学给予了分外的关注，把研究张载及关学作为治学的重要内容。先生在大学从教，经过半个多世纪的实践、探索和思考，日积月累地形成了关于对教师这一职业的体会和理解，凝练为“师道的自觉”。先生概括自己几十年来的学术研究心得，总结为“学科论域的自爱之情”“学说观点的自知之明”“学术方法的自觉之用”“学问心态的自得之乐”四个方面，统称曰“学问的自得”。

---

* 朱风翔，《西北政法大学学报》编辑，文化与价值哲学研究院研究员，文化安全研究方向博士研究生。研究方向：中国传统哲学价值论、文化安全。

关键词:赵馥洁　传统哲学价值论　师道的自觉　学问的自得

年逾80高龄的西北政法大学资深教授赵馥洁先生长期在高校从事哲学教学和研究,是国内著名的价值哲学和中国哲学史专家,主要学术贡献是开拓性地研究了中国传统哲学价值论,建构了中国传统哲学价值论的理论体系和演变历史,受到了学术界的高度评价。笔者有幸跟随先生攻读中国哲学专业的硕士和文化安全研究方向的博士学位,并担任先生的科研助手,长期得到先生的谆谆教诲,受益无穷。

少年志趣在囊萤

赵馥洁先生出生在陕西富平的一个耕读之家。其祖父藏书颇丰,既有儒家经典"十三经"等,还有《史记》《汉书》《后汉书》《三国志》《资治通鉴》等大量历史书籍以及不少古代诗词文集,先生从小浸染其中。在中小学阶段,先生的语文特别是古典文学课学得好,中学期间还读了不少中西方文学作品。高中毕业时,在老师的建议下报考了哲学专业。在大学系统学习哲学后,先生对哲学产生了浓郁的兴趣和深厚的情感。大学四年中,除却专业课程学习,还阅读了大量中国古代哲学的典籍。[①]大学毕业后,1964年至1979年,先生先后在西北政法大学和陕西师范大学任教,在此期间,系统阅读了大量马列哲学原典与中国古代哲学、历史和文学著作,逐渐酝酿、沉淀了学术研究的方向。

先生自我总结,在大学生活的半个多世纪中,其活动和事业概而言之,就是读书、教书、写书。先生体会到,教师是职业定位,学者是事业定位,而读书人是文化定位,要做好教师和好学者,首先必须做一个好的读书人。先生平生特别服膺法国文学家罗曼·罗兰的一句话:"从来没有人读书,只有人在书中读自己,发现自己或检验自己。"先生说,在书中读

① 参见周敏主编:《陕西社科名家风采》,陕西人民出版社2011年版,第126~127页。

自己,就是把书作为心灵的一面镜子,作为自己的精神营养,作为自己精神境界和人格品位升华的阶梯。在阅读中,用书中所蕴含的崇高思想、高尚道德和伟大精神,来观照自己、度量自己,从而达到对自我的深刻认识和正确判断,实现对自我的重新发现和重新校正;用人类所创造的丰富知识、灿烂文化和宝贵经验,来滋养自己、充实自己,从而使自己的视野更开阔、思想更活跃、精神更丰富、才能更优化;让自己的心灵与书中那些真、善、美的人物和真、善、美的境界相互贯通,彼此交融,休戚与共。②

2017年,时值西北政法大学80周年校庆,先生决定将自己的藏书捐赠给学校,供师生共同使用,充分发挥功能。学校在图书馆设立了专门的阅览室来安置、珍藏这些图书,先生命名为“立心书屋”,以体现秉承关学宗师张横渠先生“为天地立心”的崇高使命,并写诗《捐赠图书有感》:

少年志趣在囊萤,慧海茫茫无限情。逝水波催诗笔老,芳园雨润蕙兰清。立心使命承先哲,传火征途望后生。万卷莫愁常寂寞,人间总有读书声。

会得儒家真意蕴

20世纪80年代以前,先生在大学课堂里教授马克思主义哲学,开设了《辩证唯物主义历史唯物主义原理》、《反杜林论》导读、《矛盾论》导读等课程。此后,先生一直从事中国哲学史的教学研究,讲授“中国哲学原著选读”“中国哲学史方法论”等课程,并对先秦诸子进行深入研究,有多篇论文发表,如《论墨子》(《中国哲学史论文集》,吉林人民出版社1979年版)、《“道”的历程》(《学术月刊》1984年第4期)、《庄子思维方式的特征》(《人文杂志》1986年第2期)等。诸子中研究最深入的,当

② 赵馥洁:《在书中读自己——经典阅读的意义》,载宋觉主编:《西北高教评论》第2卷,中国社会科学出版社2016年版。

属儒家哲学。先生相继参加了赵吉惠教授主持的《中国儒学辞典》和中国大百科全书出版社编辑出版的《中国儒学百科全书》的撰写工作,并与赵吉惠教授等共同主编了《中国儒学史》(中州古籍出版社 1991 年版)。

先生参加主编的《中国儒学史》一书,是改革开放以来国内外第一部全面系统论述儒学发生、发展和演变史的开拓探新之作。全书以儒学演变的历史形态为主线,以中国传统文化史为背景,对儒家思想形成发展的全过程,及其在中国传统文化中的重要地位和作用,进行了深入精到的剖析和具有新意的诠释。在该书中,先生主要撰写了先秦"儒家别宗的荀子学派"和"儒学哲理化的《易传》",并对春秋战国时期儒学形成和初步发展进行了概括总结。先生指出,孔子建立的以仁、礼为基本结构的理论体系标志着儒学的形成。以孟子为代表的思孟学派,从内在心性方面发展了孔子的学说,把理想社会和高尚人格都建立在内在的心理感情原则之上,遵循的是一条由"内圣"到"外王"的路线。荀子学派则是从外在规范方面发展了孔学,讲"群"、谈"分"、说"礼"、明"法",把"礼"提到"法之大分,类之纲纪"的高度,使孔学中重人为、重社会的传统得到很大的充实。《易传》的作者着重在世界观上为孔子的仁、义、礼、智提供哲理根据,抓住"道"的概念展开其哲学体系,通过综合儒家各派和道、法、阴阳各家的因素,为儒学建构了一个初步的世界观基础。先生认为,后来的汉儒学术主要由荀子一派所传授,宋儒主要接续了孟子所疏导的源流,而他们都以阐释《易传》哲学作为世界观的前提。先秦儒学乃是中国儒学之源,整个中国儒学史的圣泉都是从这个源头流淌而出的。③

通过对儒学发展演变的钩沉抉隐,先生体认到儒家倡导的道德价值观在汉以后的封建社会中成为中华民族价值观的轴心,北宋关学是儒学在秦地的发展高峰,从而为他以后进行中国传统哲学价值论和关学的深入研究奠定了重要基础。

---

③ 参见赵吉惠等主编:《中国儒学史》,中州古籍出版社 1991 年版,第 151 ~ 212 页。

价值精研生硕果

20世纪80年代中期，先生意识到价值问题是中国哲学里一个非常重要且学术界尚未认真研究的问题，于是明确把中国传统哲学价值论作为自己的研究方向，展开系统研究，相继发表了《价值论是儒家哲学的核心》（《哲学动态》1988年第8期）、《儒家哲学的价值论》（《人文杂志》1988年第3期）、《儒家的价值目标论》（《西北政法学院学报》1988年第3期）、《论〈易传〉的价值观》（《人文杂志》1989年第6期）等论文。

1989年，先生申报的国家社科基金课题“中国传统哲学价值观研究”获批，课题的最终成果《中国传统哲学价值论》1991年由陕西人民出版社出版。该书分为“价值原理”“学派取向”“范畴系列”三篇，对中国传统哲学的价值论进行了系统深入探究。先生认为，就哲学形态而论，中国传统哲学基本上属于价值哲学，其本质特征为自然与人伦合一、知识与道德融合、宇宙法则与治世规范统一、必然原理与应然判断贯通，并构建了中国传统哲学价值论的理论体系：以人为本位，以道德为主导，以功利和权力为两翼，以“自然无为”为补充，以群己和谐、天人和谐为真善美统一的理想境界的价值观念体系。④ 这一理论体系中包含着人贵于物、义重于利、德高于力、群己和谐、天人合一、善统真美六大基本价值观念。

该书出版后受到哲学界特别是价值哲学界和中国哲学史界学者的广泛关注，《人民日报》《光明日报》《陕西日报》《西安日报》《中国社会科学》《哲学动态》《人文杂志》《管子学刊》《理论导刊》等全国14家报纸杂志发表了报道和书评。张岱年、萧箑父、李锦全、李德永、刘学智、周桂钿等中哲史专家高度评价了该成果“开拓创新”“填补空白”的学术价值。张岱年先生来信鼓励说：“关于中国哲学史上的价值观，我只写了几

---

④ 参见赵馥洁：《中国传统哲学价值论》（增订本），人民出版社2009年版，第5、9～13页。

篇论文,你却写成了一部专著,而且论述深细。可赞!可佩!"此后,很多著作、论文都署名引用了该书的学术观点,不少中国哲学史学科点也将该书列为研究生的重要阅读著作。

先生在自己开拓的中国传统哲学价值论的专业领域继续耕耘、不断推进,一直保持着学术上的生命活力。一方面从历史的角度考察传统价值观的演变历程,从历史演变的角度探讨中国传统价值观念的整个历史脉络。其研究获批陕西省社科基金立项,成果是2006年由中国社会科学出版社出版的《价值的历程——中国传统价值观的历史演变》一书。另一方面探讨了中国哲学中价值论与本体论、认识论、历史观、人生论的融通问题及其所形成的中国传统哲学的特质问题。同时还思考和探讨了在全球化背景下中华价值与全球价值关系以及传统价值观的现代意义问题,对中华民族传统价值观念和世界上其他民族、其他文化的价值观的共性、殊性问题进行了研究。其成果汇集为《中华智慧的价值意蕴》一书,2002年由中国政法大学出版社出版。2009年,先生将重点探索中国传统哲学价值思维方式的研究成果予以修改、充实,作为"价值思维篇",收入人民出版社再版的《中国传统哲学价值论(增订本)》。

先生通过对中国传统哲学价值论的持续研究,进一步加深了对中国传统哲学特质的认识,先后在《光明日报》《人文杂志》等报刊发表一系列文章阐明这些观点,其中多篇被《新华文摘》等转载。先生提出,"必然"原理与"应然"原则相融通是中国传统哲学的基本特质。所谓"必然"原理指探讨存在本质、发展趋势、客观过程、必然规律的哲学理论,包括本体论、历史观、认识论、人性论等理论领域;所谓"应然"原则指论述价值观念、价值取向、价值目标、价值理想的哲学思想。在中国传统哲学中这两方面的内容是相融合相贯通的。先生认为,中国传统哲学这种"必然"与"应然"相融通的特质所蕴含的思维经验和哲学智慧,至今仍有着重要的启示意义。突出优点是克服了价值与事实、"实然"与"应然"相割裂相对立的西方哲学思维方式,将主体人的价值意识如情感、意志、信念、理想、德性、情操、美感等直接投射到客观事物之上,从而使主体与客体融而为一。相融通特征的重大意义是形成了中国传统哲学的人本宗旨,其本体论并非以宇宙的本质为认识的根本目标,而是借"天道"以明"人道";其认识论并非以认识的来源和规律为探讨的最终归宿,而是借"知行"以说"道德";其方法论并非以世界的运动过程和规律为研究的至上兴趣,而是借"阴阳"以言"治平";其历史观也并非以历史发展的客观必然性为思考的终极意义,而是借"理势"以论"至治"。重要作用是锻铸了中国哲学的实践性品格。同时,先生也指出,中国传统哲学价值思维的最大缺陷是将价值泛化,以"应然"遮蔽"实然",即以价值存在掩盖客观事实甚至取代客观事实,以价值评价制约事实认知甚至代替事实认知。⑤

李锦全先生题诗高度肯定和赞扬了赵馥洁先生在价值哲学领域开拓性的卓越成就:"沉潜学海尽无涯,百二山河又一家。价值精研生硕果,人生常乐灿朝霞。"

共仰横渠高境界

作为研究中国传统哲学的陕西学人,对于北宋时期兴起于关中,历时800多年的关学学派,先生给予了分外的关注,特别是对创始人张载其人其学,尤其情有独钟。先生说:"探索关学深邃哲理、弘扬关学优秀精神,对于我这个生于关中、居于关中的学人来说,是热爱也是敬仰,是乡情更是责任。"⑥自20世纪80年代以来,先生就把研究张载及关学作为治学的重要内容,相继在报纸、杂志和会议文集发表关学研究的学术论文近30篇,出版专著2部。

先生非常重视对关学的学术研究和精神弘扬,组织和举办了多次全国性、国际性的学术会议,编辑出版了多部学术会议文集,并对关学的文献整理和编辑出版有着鲜明的自觉意识和责任感。20世纪80年代末期至21世纪初,先生在任陕西省哲学学会会长和陕西省社科联主席期

---

⑤ 参见赵馥洁:《论中国哲学的特质》,载《光明日报》2014年6月17日,第16版。

⑥ 赵馥洁:《关学精神论》,西北大学出版社2014年版,第215页。

间,曾多次呼吁并向多家出版社建议编辑出版关学文献和典籍,并提出要把关学文献和典籍丛书编辑成历史上站得住、学术界用得上、社会上传得广、出版界叫得响的优秀图书。这些建议终于在 2007 年得到西北大学出版社的积极响应和切实实施,经多年努力,成功编辑出版了《关学文库》(2014 年),受到学术界、出版界的好评。

时年先生年逾古稀,亲自担任《关学文库》编委会副主任,悉心指导和热情参与文库的整个编写过程。同时,在汇编整合以往研究关学论文的基础上,先生撰写了以关学精神为核心的《关学精神论》一书,收入文库正式出版。该书通过对关学精神的基本特征、哲理意蕴和人格境界的系统论述,全面阐述了关学精神。先生把关学的基本精神概括为"立心立命"的使命意识、"勇于造道"的创新精神、"崇礼贵德"的学术主旨、"经世致用"的求实作风、"博取兼容"的治学态度和"崇尚节操"的人格追求六个方面。⑦ 先生进行关学研究的学术旨趣,一方面着眼于从关学哲理中发掘思想智慧,另一方面注重在关学精神中汲取精神营养。先生认为,关学所承载的优秀人文精神保持着恒久的生命力,至今值得我们继承和弘扬。

2020 年,适逢关学宗师张载千年诞辰,为了纪念这位中国历史上著名的哲学家,弘扬关学的深湛智慧和优秀精神,先生撰写了《关学哲人诗传》,由陕西人民出版社正式出版。先生说:"关学哲理的精神宗旨、精神气象,庄严而博大;关学哲人的精神情操、精神境界,崇高而宏伟。可绘以图像,而非丹青所能尽现;可叙以文字,亦非言词所能尽述。然而何不赞之以诗?诗者,可言文之所未言,亦可现画之所难绘也。此《关学哲人诗传》所由作也!"⑧该书选取关学代表学者 34 人,作赞诗 34 首,撰传记 34 篇。每位哲人的赞诗之后,都有诗义的概括阐发和诗句的详细注释,阐释全诗的意蕴;每篇传记则概叙哲人之生平简历和人格风范,突出其精神品格和道德情操。

先生认为,关学是封建社会后期关中文化和三秦文化的精神标杆、

⑦ 参见赵馥洁:《关学精神论》,西北大学出版社 2014 年版,第 6 ~ 19 页。
⑧ 赵馥洁:《关学哲人诗传》,陕西人民出版社 2020 年版,第 1 页。

思想标尺和学术标志。张载及其关学的后继者们，不但创新了哲学智慧，而且培育了优秀的治学精神和人文精神。关学的精湛智慧和优秀精神呈现着一种雄浑而博大、崇高而坚实的独特学术气象。关学的智慧和精神使秦地长期以来由周秦汉唐所积淀的以追求功利为主的价值观念有了精神道义上的价值探寻，使长期着力于形下之器建构的秦地文化内涵有了形而上学的内容，使关中地区以质朴敦厚、雄浑粗犷为标志的民俗风貌和人格特色具有了思想深度，在“秦中自古帝王州”的历史传统中开出了关学八百年的儒学学脉传承。

春雨情怀千木秀

先生从事大学教育50多年，在超过半个世纪的实践、探索和思考的过程中，日积月累地形成了关于做教师的体会和理解，先生称之为“师道的自觉”。⑨ 具体体现在如何处理师与人、师与道、师与生的三类关系上，分别是“为人师表”、“转识成智”和“教学相长”三个方面的自觉。所谓“为人师表”的自觉，是指作好教师首先要成为做人的榜样。教师的为人如何，学生会有切身感受，会永远记得，而且会传向社会。所谓“转识成智”的自觉，包括两个方面：一方面是教师将传授的知识转化升华为智慧；另一方面是引导教育学生将所学的知识转化升华为智慧。前者是后者的前提和条件。教师只有对自己所传授的课程及其内容有深沉的热爱、深入的理解、深切的体悟、融会贯通的把握和得心应手的运用，才能内化于心、转识成智。先生说，在教学中，教师所传授的知识，应当不但是自己知道的，而且是自己独立思考过的；教师所讲授的理论，应当不但是自己记得的，而且是自己真正理解了的；教师所教授的技能，应当不但是自己操作过的，而且是有自己的体会感受的；教师所用的话语，应当不但是出之于口的，而且是发之于心的。给学生传授知识时，再进而引

---

⑨ 参见赵馥洁：《师道自觉与师德自觉》，载王瀚主编：《法学教育研究》第7卷，法律出版社2012年版。

导和启发学生在获取知识的过程中,学会立场、观点和方法,学会知识的运用和实践。所谓“教学相长”的自觉,也包括两个方面:一是伦理方面,学生应尊敬老师,老师应关爱学生。二是真理方面,老师指导教育学生,学生启发促进老师。先生指出,在教学过程中,对学生的认知规律、思维能力、理解障碍、心态情绪,要有准确深入的了解和设身处地的理解,从而有针对性地引导、启发、感染学生,达到与学生情绪互通,思维互动,知识互化。在互动互化的基础上启发思考、激发想象、引发兴趣、催发灵感,增强学生学习和探索的主动性、独立性、创造性,激励学生提出新问题和新见解,再促使教师进行新研究新思考,实现教学相长。

先生认为,学风是学者治学的目的、态度和方法综合一体而形成的有稳定性的精神倾向,是学者主体精神素质在治学中的表现。学风是学者的内在精神的外化,学风的内在根据是学者的主体精神素质。学风修养的自觉是学者人格的自我认识和自我确证。先生提出,学风涉及的内容非常多,其中有十种弊病应该警惕和防止:一曰戒满,满则无求;二曰戒骄,骄则无识;三曰戒惰,惰则无进;四曰戒浮,浮则不深;五曰戒躁,躁则无得;六曰戒急,急则不达;七曰戒粗,粗则易错;八曰戒袭,袭则无创;九曰戒奇,奇则常谬;十曰戒名,名则难实。[⑩] 先生以此《学风十戒》自勉并勉励学生。先生认为,做学问必须平心静气,独立进行深入思考和研究,不能去凑热闹,更不能去出风头,也不能随意跟潮流,要克服浮躁之气。学问不是热闹的事情,治学必须耐得寂寞。先生在《中国传统哲学价值论(增订本)》后记中写道:“学问乃寂寞之道,著书属寂寞之业。平生治学,创获无多;多年著述,乏善可陈,唯有一点,差可自许,聊以自慰,曰:耐得寂寞。”[⑪]

先生概括自己几十年来研究的体会心得,总结为“学科论域的自爱之情”“学说观点的自知之明”“学术方法的自觉之用”“学问心态的自得

⑩ 参见赵馥洁:《学风十戒》,载《陕西教育》1982年第10期。

⑪ 赵馥洁:《中国传统哲学价值论》(增订本),人民出版社2009年版,第461页。

之乐"四个方面,统称曰"学问的自得"。[12] 先生认为,学科是研究的对象、领域和范围,学者要形成自己的学说观点,首先要执着和热爱自己研究的学科论域;学说是研究者提出的学术见解和学术观点,学者对个人提出的学术观点(学说)的自我评价则要慎重、清醒和冷静;学科论域引导研究的视野,学术观点启示研究的方法,学者在研究过程中应自觉化理论为方法来研究理论和现实中的诸多问题。先生指出,"自得之乐"是学者在研究学问的过程中,自己学有所得、学有所获、学有所悟之后而感到的快乐、愉悦心态。自得之乐的境界是一个学者学科选择、学说研究、学术应用和学问人生高度统一的境界,是学者的学业追求与人生志趣合一无碍的境界,是学者德与业、道与术、知与行、体与用融会贯通的境界。先生谦虚地说:"与这种至上境界,我的距离还相当遥远。但我愿竭毕生之力,不断追求。虽不能至,心向往之!"

先生曾任陕西省社会科学界联合会主席(2005~2010年)、陕西省哲学学会会长(1997~2005年)等诸多学术兼职,多年来不遗余力地进行马克主义哲学、中国优秀传统文化、价值哲学的宣传、教育以及学术交流活动,尤其为参与组织陕西省哲学学术交流活动付出了很多的心血,为推动陕西省和全国哲学社会科学学术活动的开展、促进哲学社会科学学术交流和学术繁荣不断作出新的贡献。

先生求真务实、潜心治学的科学态度,勇于探索、锐意进取的创新精神,严肃认真、敢于担当的责任意识,孜孜不倦、甘为人梯的大师风范,无私奉献、勇攀高峰的人生境界,为我们树立了榜样,是我们学习的楷模。

---

[12] 参见赵馥洁:《学问的自得——在中国传统哲学价值论学术研讨会上的发言》,载宋觉主编:《西北高教评论》第6卷,中国社会科学出版社2019年版。

On the Integration of "Inevitability" and "Necessity"

—An Overview of Zhao Fujie's Academic Research Experience and Thought

Zhu Fengxiang

Abstract: Professor Zhao Fujie takes reading, teaching and writing as a self-summary of his activities and career. Starting from teaching Marxist philosophy and studying the development and evolution of Confucianism, he has kept exploring the evolution of traditional values from a historical perspective for decades, sorted out the entire venation of traditional Chinese values in the course of historical evolution, and discussed the integration of axiology with ontology, epistemology, the view of history and life wisdom in the Chinese philosophical system, as well as the characteristics of the Chinese traditional philosophy formed by them. As a scholar of traditional Chinese philosophy in Shaanxi Province, Zhao paid special attention to the school of "Guanxue" (the Guan School), which originated in the name of the Guanzhong area, especially its founder Zhang Zai, and regarded them as an important part of his studies. After more than half a century of practice, exploration and thinking at the university, he has accumulated a lot of experience and understanding about the career of teaching, which is condensed into "the self-awareness of the teacher's profession". He summarized his academic research attainment over the past decades and concluded it in four aspects: "self-respect in the field of discipline", "self-knowledge of doctrinal perspectives", "self-awareness in academic methods", and "self-fulfilment of learning attitude", which are collectively referred to as “self-fulfilment of scholarship”.

Key Words: Zhao Fujie; axiology in traditional philosophy; the self-awareness of the teacher's profession; self-fulfilment of scholarship

《法学教育研究》稿约

《法学教育研究》创办于2009年，是国内较早系统关注法学教育研究的专门性学术出版物，由西北政法大学高等教育研究所主办、法律出版社定期出版。2017年起本书每年出版4卷，现已入选南京大学CSSCI来源集刊。

宗旨：本书恪守科学性、实践性、创新性、开放性原则，集中出版法学教育教学研究成果，探索法学教育教学规律，促进法学教育事业的发展。

主要栏目有理论探讨、教学研究、比较研究、教育法治、教材体系、管理经纬、学问人生、教育法制、法务反哺、法学资讯、书评等。

《法学教育研究》致力于搭建高水平的学术探讨平台，所有来稿均以学术价值为遴选标准。敬请作者来稿时提供：(1)中英文题目及作者姓名，标题尽量确切、简洁；(2)中英文摘要(不超过200字)；(3)中英文关键词(3～5个)；(4)作者简介(含姓名、工作单位、职称、学历学位、研究方向、通信地址、邮政编码、联系电话、电子邮箱)，如果来稿系作者承担的省级以上科研基金项目，请注明项目名称和编号；(5)正文；(6)注释。

注释：是对文内某一特定内容的进一步解释或补充说明。用①②③……数字标注序号，采用当页脚注整篇连续编号形式。著作类包括“序号,著者:《书名》,出版社出版年,起止页码”。论文类包括“序号,作者:《题目》,载《报刊名》出版日期或期号”。

声明:《法学教育研究》已许可中国学术期刊(光盘版)电子杂志社在中国知网及其系列数据库产品中以数字化方式复制、汇编、发行、信息网络传播全文。《法学教育研究》已许可北大法宝法学期刊数据库以电子形式对本书进行制作、以不脱离于数据库的形式进行传播和销售;《法学教育研究》被北京万方数据股份有限公司、万方数据电子出版社数据库收录,相关著作权使用费和稿费一并支付;《法学教育研究》已被维普网全文收录。如无特别说明,作者提交文章发表的行为即视为同意上述声明。

本书的微信公众号为 fxjyyj-xfd,定期发布相关信息,敬请关注。本书的网络采编系统现已开通,网址为 http://fxjy.cbpt.cnki.net,请通过网络采编系统投稿。

联系方式:

E-mail: fxjyyj@126.com

电话:029-88182796

地址:西安市长安区西长安街 558 号

西北政法大学长安校区 80 号信箱

邮编:710122

关于《法学教育研究》封面改版的说明

1987 年,司法部部属院校西北政法学院校内出版物《教学研究》编辑部拟将出版物名称改为《政法教育研究》。为做好更名工作,《教学研究》编辑王健老师受主编张蕴华之托,于 1987 年冬赴京请时任中国法学会名誉会长、全国人大法律委员会副主任委员张友渔先生给出版物题字,张先生欣然同意。① (见图 1) 更名后的《政法教育研究》1988 年第 1 期收录了时任司法部部长蔡诚的寄语以及周强、陈明华、徐德敏、常远、贺海仁等人的文章。(见图 2)

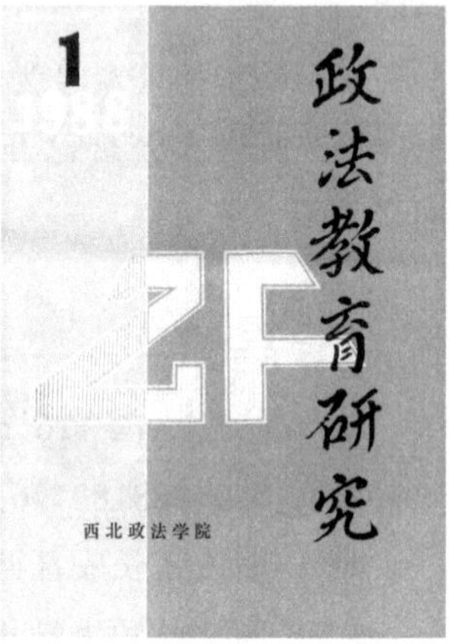

图 1　张友渔先生题字

2009 年,西北政法大学在《政法教育研究》基础上创办了《法学教育研究》。此次《法学教育研究》改版的封面题字,使用了张友渔先生为《政法教育研究》题字中的"法""教""育""研""究",以及张先生给《河北法学》题字中的"学"字。②

封面及封底的"法学教育研究"篆书印痕系时任我校宣传部部长王贤老师请陕西人民书画院书法篆刻研究院副院长刘五四先生为出版物所刻。(见图 3)

---

① 参见王健:《以法为教》,高等教育出版社 2018 年版,第 1 页。

② "张友渔同志题字",载《河北法学》1983 年第 1 期。

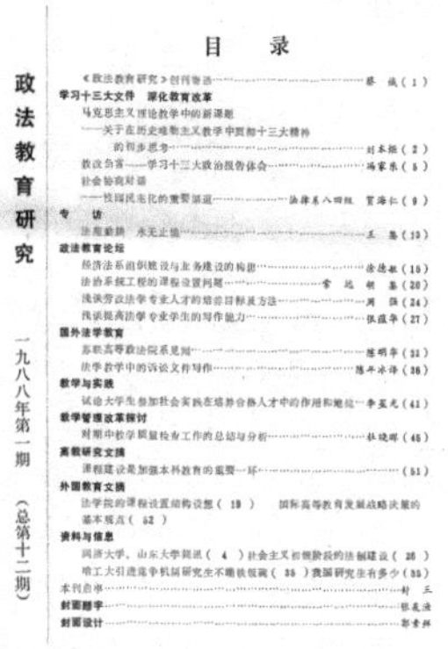

政法教育研究

一九八八年第一期（总第十二期）

目 录

《政法教育研究》创刊寄语……蔡诚（1）
学习十三大文件 深化教育改革
马克思主义理论教学中的新课题
——关于在历史唯物主义教学中贯彻十三大精神的初步思考……刘本经（2）
敢改负责——学习十三大政治报告体会……冯家乐（5）
社会协商对话
——推进民主化的重要渠道……法律系八四级 贾海仁（9）
专 访
法海新航 永无止境……王[illegible]（13）
政法教育论坛
经济法系组织建设与业务建设的构想……徐德敏（15）
法治系统工程的课程设置问题……常远 胡基（20）
浅谈劳改法学专业人才的培养目标及方法……周强（24）
浅谈提高法学专业学生的写作能力……张蕴华（27）
国外法学教育
苏联高等政法院系见闻……陈明华（32）
法学教学中的诉讼文件写作……陈平冰译（36）
教学与实践
试论大学生参加社会实践在培养合格人才中的作用和地位……李玉光（41）
教学管理改革探讨
对期中教学质量检查工作的总结与分析……杜晓晖（45）
高教研究文摘
课程建设是加强本科教育的重要一环……（51）
外国教育文摘
法学院的课程设置结构设想（19） 国际高等教育发展战略决策的基本观点（52）
资料与信息
同济大学、山东大学简讯（4）社会主义初级阶段的法制建设（26）
哈工大引进竞争机制研究生不睡铁饭碗（35）我国研究生有多少（55）
本刊启事……封三
封面题字……张彦滨
封面设计……郭青林

图 2 《政法教育研究》1988 年第 1 期目录

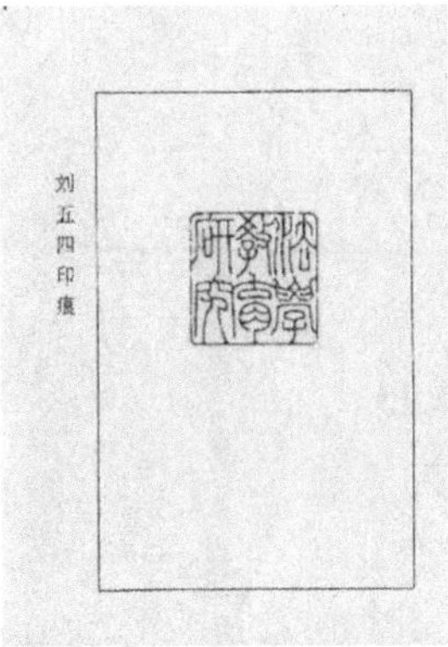

图 3 陕西人民书画院书法篆刻研究院副院长刘五四先生为出版物所刻“法学教育研究”

此次出版物封面改版得到法律出版社及编辑曲杰老师的大力支持。借此文字，对在出版物不同发展阶段作出贡献的诸位先生表示感谢。

特此说明。

《法学教育研究》编辑部

2023 年 7 月 15 日

图书在版编目(CIP)数据

法学教育研究. 第四十二卷 / 范九利主编. -- 北京:
法律出版社, 2023
(法学教育研究)
ISBN 978-7-5197-8326-6

Ⅰ. ①法… Ⅱ. ①范… Ⅲ. ①法学教育—研究—中国
Ⅳ. ①D92-4

中国国家版本馆CIP数据核字(2024)第014420号

法学教育研究(第四十二卷)
FAXUE JIAOYU YANJIU (DI-SISHIER JUAN)

范九利　主编

责任编辑 孙东育　曲　杰
装帧设计 李　瞻

出版发行 法律出版社
编辑统筹 学术·对外出版分社
责任校对 李慧艳
责任印制 陶　松
经　　销 新华书店

开本 710毫米×1000毫米　1/16
印张 23.25　　**字数** 324千
版本 2023年12月第1版
印次 2023年12月第1次印刷
印刷 北京新生代彩印制版有限公司

地址:北京市丰台区莲花池西里7号(100073)
网址:www.lawpress.com.cn
投稿邮箱:info@lawpress.com.cn
举报盗版邮箱:jbwq@lawpress.com.cn

销售电话:010-83938349
客服电话:010-83938350
咨询电话:010-63939796

书号:ISBN 978-7-5197-8326-6
定价:98.00元

凡购买本社图书,如有印装错误,我社负责退换。电话:010-83938349